从上海圣约翰到联合国

凌节生 著
李昆之 译

My Journey from Shanghai
to the United Nations

By Jack Chieh-Sheng Ling

商务印书馆
The Commercial Press

图书在版编目(CIP)数据

从上海圣约翰到联合国/(美)凌节生著．李昆之译．—北京：商务印书馆，2015
ISBN 978-7-100-11228-4

Ⅰ.①从… Ⅱ.①凌…②李… Ⅲ.①凌节生－自传 Ⅳ.①K837.128.2

中国版本图书馆CIP数据核字(2015)第082089号

所有权利保留。
未经许可，不得以任何方式使用。

从上海圣约翰到联合国

〔美〕凌节生 著

李昆之 译

商 务 印 书 馆 出 版
(北京王府井大街36号 邮政编码100710)
商 务 印 书 馆 发 行
北京新华印刷有限公司印刷
ISBN 978-7-100-11228-4

2015年6月第1版　　　开本787×960 1/32
2015年6月北京第1次印刷　印张19½ 插页3
定价：48.00元

阿富汗，读书的女孩马拉拉

印度，骄阳下的农民

巴基斯坦，忧郁的父亲、抽泣的孩子（打疫苗）

秘鲁，看摊儿的小女孩

目 录

前 言 / 3

第 一 章　成长于上海 / 7
第 二 章　邻里和学业 / 23
第 三 章　香港 / 37
第 四 章　曼谷，天使之城 / 57
第 五 章　求学美国 / 77
第 六 章　东归之行 / 97
第 七 章　担起儿基会在亚洲的工作 / 109
第 八 章　巴尔玛莎那县的里奇·考尔德勋爵 / 137
第 九 章　纽约总部 / 151
第 十 章　拉博伊斯的任期与儿基会第一夫人 / 169
第十一章　实地工作 / 179
第十二章　与名流共事 / 195
第十三章　传播策略 / 211
第十四章　回到中国，格兰特的管理工作 / 221
第十五章　加入世卫组织的工作 / 239
第十六章　中国同胞和我的访华经历 / 263

第十七章　进入学术界 / 271

第十八章　任职杜兰大学，防治碘缺乏病 / 279

附记　　做一个国际公务员 / 297

后记 / 307

前言
并非自传，而是一位国际公务员的回忆录

在我看来，这本书算不上我的自传，然而书中所述都是我个人的回忆，能从事三种截然不同而又相互关联的职业，实属我的幸运。

我祖籍广东，出生在上海。1943年考入圣约翰中学，1946年直升圣约翰大学。未及毕业，为躲避战火，在1949年来到香港。我曾在香港当过记者，时间不长，但是工作强度很大，那段时间还作为联合国认证的战地记者奔赴朝鲜战场，并且经历了一次车祸。后来，我在联合国当了三十多年的国际公务员，先后为联合国儿童基金会和世界卫生组织这两个颇受世人欢迎的机构工作。刚进儿基会时，我还是普通事务人员，后来平步青云，晋升为专员，到了四十多岁，成了正司长，处理全球信息公关事务。作为国际公务员，我曾在八十多个国家开展工作。更有意义的是，我在工作中帮助很多发展中国家处理衰竭性疾病、营养不良症等健康问题，还在经济欠发达地区扫盲，普及妇幼保健知识。虽然并非所有的工作都达到了预期目标，不过，我亲眼看到，我们征服了致人伤残的接触性传染病雅司病；我亲眼看到，粒性结膜炎和肺结核在很多国家得到控制；还看到，为了让孩子们健康成长，校餐的营养更加丰富。

后来，为给朋友帮忙，我开始在纽约城市大学做晚间兼职教员，教授广播系统对比研究。在儿基会工作的假期里，我在斯坦福大学作

为访问学者教授发展传播学。后来我提前从联合国退休，在学术界当了18年的全职教授。1986年，我接受了路易斯安那大学的任命，作为传播学客座教授在拉斐特任职。接着，在哥伦比亚大学的师范学院和纽约城市大学雷曼分校作为兼职教授短暂地工作过一段时间。1989年，我来到杜兰大学的公共卫生与热带医学院，担任国际传播中心主任。我在杜兰大学工作了近十五年。在这所大学里，我专注于研究工作，并且培养了很多在职的卫生和发展官员。他们来自十多个国家的卫生与发展部门。我研究传播培训计划，旨在动员社区发展，这是我于60年代在儿基会发起的行动，在我的职责所及，"社会动员"行动达到高潮。而我在杜兰大学开设课程正是要教授为推动发展而采取的传播策略和传播活动。退休后，我被任命为国际卫生与发展领域的荣誉教授，杜兰大学还设立了一个以我命名的奖项，奖励国际学生。

20世纪80年代中期，我加入了抵抗碘缺乏的全球运动。从2000年到2006年，当了两届国际控制碘缺乏病理事会主席，这是一个非政府性质的科研机构，在消除碘缺乏病的持久行动中，理事会全力投入。碘缺乏病是全球几亿儿童智力低下的主要病因，只需服用足够的碘盐就可以防止这种疾病。

作为一个生长在上海的广东男孩，我曾看着地图，对遥远的尼泊尔、塞拉利昂、秘鲁充满好奇。当时真想象不到，有一天我会环游世界，真正到访那些国家。作为一个上海的孩子，我想象不到自己会参加1965年在奥斯陆举办的诺贝尔和平奖颁奖典礼；想象不到自己在20世纪后半叶与著名的艺术家密切交往，其中包括超级偶像马龙·白兰度，多才多艺的演员、作者、导演、讲故事高手彼得·乌斯季诺夫，还有伟大的流行歌手凯特·斯蒂文斯。1971年，在孟加拉国还没正式建国之前，我和甲壳虫乐队的乔治·哈里森短暂合作过，一起办演唱会。我还为宣传1979年世界儿童年，与拳王阿里和球王贝利合作过。我还为宣传儿童事业到访过很多国家。我可真幸运！

我的人生并非一帆风顺，也有跌宕起伏，有风光，也有失意。不过大体看来，我还是很幸运的，抓住了很多机遇。也许，那些希望走出国门、追求国际事业的青年人会从我的人生经历中学到些经验。

我本来也没打算写自己的生平，因此也从来没为了写自传而记笔记。正文中的生平全部基于一些旧文件，一些报告，还有我的回忆。虽然我将漫长的职业生涯投入到了国际发展和公共卫生领域，不过在我内心深处，我还是一名记者。这是我的第一份职业，工作要求就是报道重大事件的时候不偏不倚，准确、如实、客观。我上了年纪，记忆力减退，具体的时间和人名拼写可能不大准确了。生理上的衰老带来了无心之过，还有一些疏漏，这是一个上了年纪的人必须付出的代价。我既不能给出所提到的所有人的全名，又不能给出一些事件的具体日期，这严重违反了新闻学的重要信条。我要向我的老师道歉，他们若是了解我如今违背了那些原则，大概当时也不会让我及格吧。我还要向我的编辑道歉，他们定会让我填补缺失细节的。若是我的疏漏冒犯到读者您，我先向您道歉，这些责任由我一力承担。

【第一章】

成长于上海

凌氏

我姓凌，两点水的凌。自报家门的时候，很多人都误以为我姓两个木的林。林，这个姓氏更为普遍。但其实我的"凌"字和其他字放在一起的时候也会有很多不同的意思。比方说，"凌"字前面放个"欺骗"的"欺"，便成了欺凌压迫的意思；"凌"后面放个骑在马上的"驾"，就是凌驾于某事物之上了；"凌"与"空气"的"空"，或是"云朵"的"云"连在一起，便是凌空、凌云，腾云驾雾之高飞了。尽管早年先后在上海和香港生活过，受过殖民统治，有了些压迫的意味，但是我不会说自己是受了压迫的人。相反，我倒觉得自己策马向前，跨过了一些人生中的障碍，还得到了几刻凌云高飞的享受。

我是农历八月初三在上海出生的，照格列高利历，也就是世界通用的阳历来说，我的生日是九月廿四。1930年，我生日那天恰是秋分，由此，祖父赐名"节生"于我，义为"节气生人"。

破碎的上海

那时的上海被瓜分成很多部分。以英国为首的几个国家管辖公共租界，繁华的商业区也在此范围内。公共租界以外，法国独占一部分，那里有气派的宅子、幽静的林荫道。日本人也有自己的辖区。由国人管辖的只有上海的旧城，也称为南城。此般情形在21世纪的今天是无

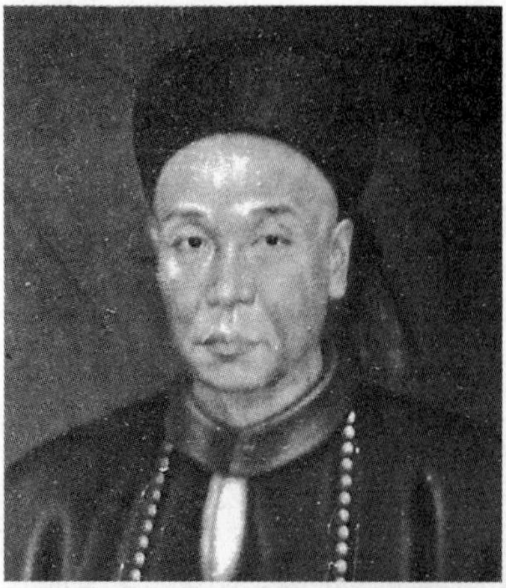

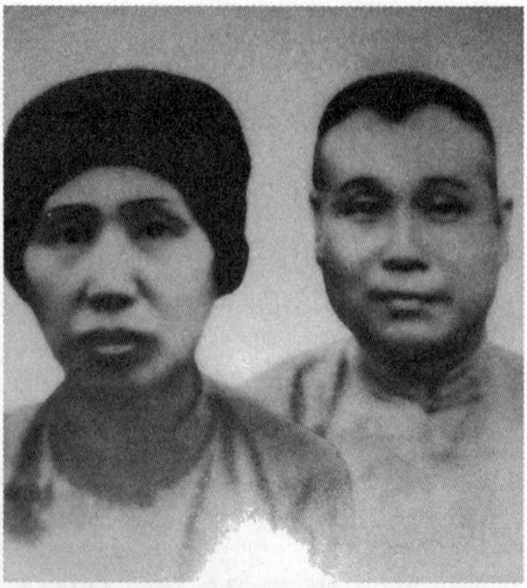

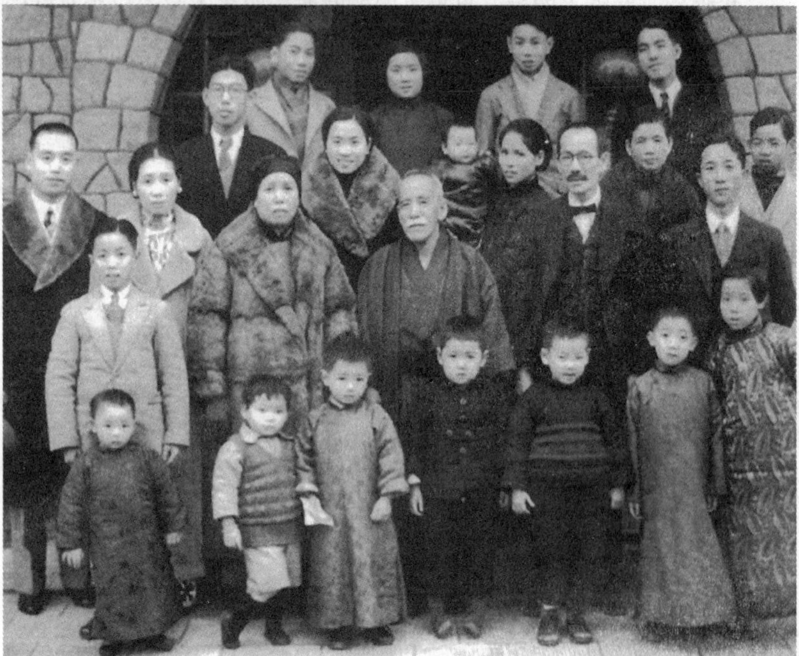

1	2	4	5
3			

1 祖父的爷爷,是清末广东一位富有的商人,曾在县衙里捐了个官。
2 祖父和他心爱的妻子。他是一位失意的学者,后做了买办,事业兴盛。
3 外祖父陈谟(戴眼镜、留小胡子)和他的3个妻子和19个晚辈(作者在前排左三)。他在东京帝国大学拿到医学学位,并在日本留学期间加入同盟会,回国后参加了孙中山的大革命。
4 父母婚后照片,摄于上海虹口。父亲从商,母亲是那个年代较早进入学堂的女性,他们也是那一代人中最早自己选择婚姻伴侣的。
5 兄弟姐妹:
  哥哥,在学校里很活跃,是运动健将,校足球队的守门员。复旦大学毕业,现居旧金山。最后一个工作是旧金山市商会的财务主任。我很佩服他。他总是保护我。
  大妹妹,上海医学院毕业,退休后不久就因肺癌去世。
  小妹妹,她的先生沈智刚是加利福尼亚大学戴维斯分校土木系主任,后在香港科技大学任职土木工程系。
  我与小妹关系较接近,与哥哥关系更近。

法想见的。尽管我心知,由大鼻子老外来管辖我们的土地是不合情理的,但对于一个在法租界里长大的孩子来说,这就是现实。

每每见到大鼻子老外,我便心存好奇,却也忧虑害怕。我们街坊四邻还有几个外国人呢。法国人驾车出行,而一些白俄流亡者则蓬头垢面,偶尔醉醺醺的。离我家不远有个带花园的宅子,里面住着个白头发的高个子法国人,这一天,他对我笑了笑,第二天却又出乎意料地怒视着我。其实我也不能确定第二天那个充满敌意的家伙就是前一天那个很友好的外国人。那时在我看来,欧洲人长得都差不多。他们的个头都高高的,他们的鼻子都比咱们中国人的大,只能靠衣着将他们区分开来。那时真没想到,多年后我初访美国,一些美国人也偶尔将我和别的中国人搞混,因为他们看我们和我小时候看欧洲人一样,根本分不出谁是谁!

殖民主义给我的教训

我第一次与殖民主义发生冲突是在十岁那年,也是在上海。那年夏天一个炎热的下午,我在放学路上看到离我家仅半个街区的地方聚着一大群人。一向好奇的我挤进人群,伸着头,想看看到底发生了什么事。只见一个黄包车苦力哭着乞求那个深肤色的警察,而那警察正要把车座上的垫子取下来。法租界里的大部分警察都是从越南来的,那时越南也是法国的殖民地。没收垫子就意味着那个车夫不能拉客人了,还得去警察局交了罚金才能要回垫子。大家都同情那个车夫,有些人便开始对着警察叫骂。有人喊道:"你这丧了国的奴才!"这句话是指,所有越南人都是法国人下贱的"奴才"。

在一群破衣烂衫的、愤慨的旁观者中间,身着挺括校服的我极为显眼。警察以为我就是那个骂他的人,他径直走过来,扇了我一巴掌。我惊吓不已,退了几步。那警察拿着垫子扬长而去。围观人群作鸟兽散。那是我得到的第一个政治教训,我将其归咎于殖民主义。难道是我与生俱来的好奇心使我卷入与越南警察的冲突之中吗？是这份好奇在我心中播下种子，使我对于新闻业产生兴趣吗？做新闻也正是对于公众关心的事件展开调查。那么，是这番经历将愤怒深植我心，使我反抗殖民主义吗？这愤怒也体现于我日后在香港反对殖民思想的行动中。

凌氏家族，我的祖父

凌氏家族源于广东省番禺县，临近广东省省会广州。

凌氏的鼻祖是位将军，名凌震。这位将军战死沙场，其尸首却遍寻不到。这个名字与文学经典《水浒传》中一位英雄的名字异常相近，值得推敲。《水浒传》的故事基于宋朝末期的历史事件，其中的凌振将军以善造火炮闻名，得号"轰天雷"，是一百单八将中的一员。一百单八将由宋江带领，在腐朽的宋王朝末年打抱不平，替天行道，抵抗辽国的侵略，保卫国家。他们都是绿林好汉。谁知道凌震将军是否为鼻祖，也许只是加到族谱上为我们增色而已。

不过，我的一位堂兄弟说自己做了调查，坚持认为凌震真的是凌氏鼻祖，但这位将军却支持辽国入侵，建立元朝。他被流放到蛮荒之地，后代也羞于承认其犯下的叛国罪，便没有为其张罗像样的葬礼。相反，后代还决定在族谱上写道，其尸首不知所终。

我的祖父是凌氏大家族六兄弟中最小的一个。我确信祖父也有很多姊妹，但是我却全无了解。在祖父的年代，女儿都没什么价值，她们婚后就成了别家的成员。后来凌氏家族为谋求更好的生活，迁到福建省的省会福州，在那里兴旺起来。我祖父的祖父很富有，在县衙里捐了个官。祖父作为兄弟中唯一一个严肃认真的学者，在儒学上继续深造，通过了笔试，爬上了迈向清廷的第一级阶梯。考取秀才之后，还没来得及参加第二轮考试，即乡试，也没来得及接着去京师参加会试，满清的统治便瓦解了。震惊于这一重大转变，祖父极不情愿地转投了商界。

略通英文，加之作为正直儒生的无瑕美誉，祖父便成了一个德国公司在福州的买办。买办这个词是由葡萄牙语而来，意为采购者。中国的买办，其作用在于，承包商需要通过他们与外国公司进行交易。他们在中外商业交往之中是举足轻重的人物，负责员工的雇用和解雇，还负责采购、装运货物和销售。合同也要他们经手，而他们则从每笔交易中抽取佣金。

祖父在福州工作出色，德国公司聘请他出任上海"汉运"的买办。但是作为一位谦谦君子，一介儒生，面对早期资本主义和商界里的不正当行为，他不知所措。

他回忆起有那么一次交易，他的一位富裕的兄长也参与其中。那位兄长是葡萄牙航运公司的买办，私下收了红包，就让货船超载。祖父指责自己的兄长，说道："你怎么能这样做？万一船沉了，你必须给遇难者的亡魂一个交代！"

祖父在不惑之年便退休了，潜心修习经典、写诗练字。他将衣钵传给了父亲，这种做法在当时并不罕见。

祖父反对中华民国的国父孙中山，管他叫"孙大炮"。取这个骂名是指革命党人总是大声空谈，喊口号。在祖父看来，孙中山的共和主义致使满清统治瓦解，断送了他的仕途。但同时，祖父也对穷人表现出了强烈的怜悯之情。一次，我俩驻足窗前，惊讶于几个建筑工人的高危作业。在夏天的热浪里，他们赤膊攀爬新楼工地上的竹木脚手架。祖父转身对我说："这些工人冒着生命危险建造的住房，却是他们这辈子也没机会住的。生活真是不公平啊！"

祖父还是个情感丰富的人。以他的地位，要是换作别人，定会娶上几房小老婆或是添几个妾。但祖父只钟情于祖母。祖母55岁时因传染病去世后，祖父伤心不已，几日里水米不进。他还写了首动情的诗来追忆与祖母共度的时光，并以叠句结尾："劳卿久待，恕我迟来"。显然，这首刻在祖母墓碑上的诗打动了一些过客，他们在教堂的地下室里留下诗篇，颂扬祖父对亡妻的爱与忠诚。68岁那年，祖父因心脏病辞世，他定是上天堂与爱人团聚去了。

我对祖母有些模糊的印象。我上四年级的时候，她久病辞世。还记得蓝袍道士到我家，以焚香的烟气和挥舞手臂的动作施行驱邪之法。如你所料，祖母对孙辈都很和善，但她最喜欢的孙子当然是我的大哥，祖母的长子长孙。她裹过小脚，属于与祖父同县的冯氏家族。祖母亡故那天，我们都围在病榻前哀哭。

作为忠诚的儒生，我的祖父可能算得上是悲天悯人的保守派。他若能活到新中国成立，可能会被贴上反动分子的标签。当过买办的他会被揪出来，作为剥削阶级中的一员。讽刺的是，他要能活到21世纪的今日，活在改革开放和实行社会主义市场经济的中国，他又能恢复名誉，对于国家的经济发展来说，他与外国公司的经贸联系和知识则会成为优势！

我是次子

我是家里的次子。作为长子长孙，我的兄长是凌氏家族里我们一支的继承人。最近有研究表明兄弟姐妹之间存在耐人寻味的相互影响。要是当时有所了解就有意思了，但在那时，哥哥的地位不容我置疑。他是家里的老大，因此得到了特殊的关怀。一次，我为了自己最爱吃的菜而与哥哥打架，连家里的厨子都跟我说，哥哥才是老大。但我却不以为然，一有机会就要求得到平等的待遇。就有那么一件我力争平等的事，母亲数度将其引为笑谈，直到我十几岁，才不再提。那是四岁的哥哥不小心割破拇指，便用绷带包扎好伤口，而两岁的我为了得到我那份绷带，也想割一个同样的伤口。

我们大家庭三世同堂，居于法租界里的一幢三层洋房里，窗框都是钢的。住在三层的是：祖父，一位不情不愿的大买办，又是退出学界的读书人；祖母，一位裹着小脚的妇人；叔叔，一位牙医；还有两位还在上初中的姑姑。我的父母、兄长、我自己、两个姊妹住在二层。一层则设有会客室、祭祖的灵堂、厨房和供三个仆人住的狭小卧室。每层都有盥洗室。

父亲是商人

我的父亲早年便接替祖父，凭借自己的能力成为成功的商人。他主要做机械工具生意，也就是大五金生意。

父亲要在商场上跟外国人打交道。自然而然地，他接受了很多西式生活方式。他穿定制的西服，白色的衬领是单独浆过的。这样，打上领带后，打结的部分会微微立起来。父亲是在上海虹口的广东人聚居区与母亲相识，也是在那里对母亲展开追求的。那时，婚姻包办依然是风俗惯例，父母却自由结合。虽然父亲在当时是摩登青年，却依然遵守惯例，认可祖父掌管家庭经济的权力。作为家里的顶梁柱，父亲担起责任，资助我的叔叔和姑姑完成学业。

父亲开一辆英国车，停在我们弄里七排房子间的唯一一个车库里，就在亚尔培路[*]558号，离俗称为"看你穷"的逸园赛狗场不远。父亲喜好交际，慷慨大方，从富商大班到门房门卫，他都和善有礼，友好相处。他天生就是个商人，在上海不断发展的制造业里有着自己的业务关系网。于是在大上海，他所经营的由德国制造的机械工具都溢价销售。而后，他从买办成为一家德国公司的初级合伙人，那家公司有诸多代理业务，也代理克林根堡的钢铁厂。我小时候认得一个德语词，那就是Shultz（舒尔茨），那是父亲合作伙伴的名字！我见过他一次，红彤彤的脸，银白色的头发。显然，舒尔茨是个反纳粹主义者，但是父亲对政治不感兴趣，只要哪个公司能冒着战火将货物送到他客户那

---

[*] 亚尔培路，今陕西南路。

里，他就跟哪个公司做生意，基本上都是印刷公司或是烟草公司。

父亲这位年轻的买办在做生意的时候要用英语，他早就认识到英语将会成为世界通用的语言，便要求自己的孩子学习英语，鼓励我用英语写日记。我用英语写日记还能从父亲那里得到额外的零花钱，就算写写很普通的日常活动也能拿到奖励。我能有兴趣学好英语，当归功于父亲，而熟练掌握这门语言也大大有益于我事业的发展。

父亲的生活方式是典型的大上海式，饮食奢华，宴客铺张。他付小费出手大方，因此他总是得到侍者和门童的特殊礼遇。就算晚年退休后居住在美国，他也从未在他最钟爱的餐馆等过桌，这让我惊讶不已。要是排着长队，领班就会带父亲从后门进去，显然他经常打赏那位领班。

父亲享年85岁。

母亲是位严母

尽管在大家庭中的这个小家庭里，总是父亲一锤定音，但照顾我们，关心我们学业，给我们树立规矩的，却是妈妈。母亲的确用鸡毛掸子的把儿抽打过男孩子以作惩罚，却没有打过女孩子。但是我记得有一次，她觉得我得挨一顿抽，我就绕着餐桌躲，跑了好多圈，最后她也不追了，竟放声大笑！

在母亲的年代，进入学堂的女孩子还不多，她却是个模范生。我们从阁楼上找到一些母亲的文章，上面有数不清的、一串串的红圈圈。那是老师标出来的，对于母亲的文采以及秀美书法表示认同或者嘉奖。到了母亲八十多岁，她最后一批同辈同胞中的一位告诉我们，母亲曾是第一批接线员。根据清末民初的传统观念，女性不能做抛头露面的工作，她却破了戒。当时，遵从风俗的姑娘都深居简出。我敢肯定我那位革命党人外公定是赞成她这项进步之举的。

我上小学的时候，哥哥和同学由于误会打了起来，母亲令自己的儿子道歉，明智地解决了问题。一日晨会时，校长选她为"模范母亲"，我还记得自己当时有多骄傲。

对于我在学业上追求深造一事，母亲给予热切鼓励。我刚进入圣方济学院*勿略学院时，有很多需要用蘸水笔手书的作业。在严苛的方济会修士看来，用自来水笔是偷懒的做法。于是，母亲常常凌晨起床帮助我。毋庸置疑，她对我在学业上的追求有着深远影响。后来我将自己在斯坦福大学写的硕士学位论文献给我的母亲。

我父母于20世纪60年代移民美国，定居在加利福尼亚州奥克兰市。父亲逝世后，母亲又生活了17年，享年101岁。

我的兄长

我成长的那片地区通水通电，但是大部分家庭都没有抽水马桶，凑合着过日子。黎明时，清空木制恭桶的粪车总是将我吵醒。尽管早年间家里的厨子跟炭炉较过劲，但我刚十几岁时，家里就安装了煤气炉。我家餐厅里立着一台光鲜的棕色电冰箱，木制冰箱便被摆在了阁楼里。这些现代化设施，再加上我家的汽车，相较于街坊四邻，我家的经济水平多少要高一些。

离我家不远，有些住在棚户区里的贫民。他们都是从江苏或者浙江的贫困地区迁过来的，就住在临时搭建的棚屋里。棚户区的孩子怨恨我们这些生活较为富裕的孩子，这是可以理解的。我们管那些孩子叫"野蛮小鬼"。有些小鬼对我们冷嘲热讽，向我们发出挑战。我哥哥素以强硬著称。他的名号是"凶神小广东"，他总保护我。

有一次，那些粗鲁的孩子中间有个小鬼，手拿长针头，试图刺伤我哥哥，哥哥完全有本事把这个小鬼扔一边去。还有一次，我也加

---

* 圣方济学院，英文名St. Francis-Xaverior School，耶稣会传教士苏念澄办于同治十三年（1874年），初在公馆马路（今金陵东路），后扩建，在虹口南浔路、法租界福熙路（今延安中路）有校址，今为北虹中学、时代中学。

入争斗，还带了一把尖刀。幸好这场群架没打起来，不然定会有人受伤。但是有一次，我独自一人走在巷子里，迎面碰上一群破衣烂衫的小鬼，我惊声尖叫，定是那叫声吓到了那群小鬼，我才得以毫发无伤地跑到学校。我为哥哥的运动员体格感到既骄傲又妒忌：小学中学时，哥哥都是校足球队的守门员。而我到了高中快毕业时才得以加入少年垒球联队。作为长子，哥哥尽了孝道，在父母晚年无微不至地照顾二位老人。

我的姊妹

我的两个妹妹并没在家里获得过什么关注。毕竟，她们是无足轻重的女孩子！就像所有的中国家庭族谱一样，凌氏族谱也没提家里的女儿，却将儿媳妇列入其中，可想而知，那是因为儿媳妇能生儿子的缘故！父亲那位在香港居住的堂兄送我一本族谱，那位堂兄在20世纪30年代涉足故事片制作，将家财挥霍一空。依据那本族谱，我是广州市郊番禺县深井村凌氏的第二十五代子孙。而我的两个妹妹和两位姑姑都没被列进族谱！

要问祖父头脑中有没有男权主义思想，他给我的两个妹妹所取的名字便是有力证据。我大妹名"若雄"，意为"几乎与男子一般优秀"。两年后，二妹降生，得名"又雄"。尽管母亲对于自己女儿的名字感到愤慨，但也无能为力，因为取名字的大权握在祖父母手里。祖父去世后，母亲终于有所行动，将"雄"字改成了读音相近的"融"。

我大妹在上海拿到了医学学位，而后在20世纪60年代的香港推行计划生育工作，是这方面的先驱。她婚姻破裂，夫妻二人闹得很厉害；家庭不幸，儿子死于一桩悬案。笃信基督教使她得以克服这些困难。退休没多久，大妹就因肺癌去世了。她从不吸烟，不过她的前夫和她原先保险公司的同事都吸烟。被动吸烟可能是她的死因。

二妹自打13岁就开始独立生活了，那时我父母还在上海。她读书很好，但是高中毕业就不得不中断学业，开始工作了。而后二妹成功竞争到联合国在曼谷的一个职位，我们还合住了一段时间。20世纪50年代后期，她搬到旧金山，与一位工程学教授喜结连理。那位教授是加利福尼亚大学戴维斯分校土木工程系的系主任，还在香港科技大学设立了土木工程系。二妹在怀着她第二个女儿的时候住在一个大杂院里，一位邻居得了轻型麻疹，没有外部表征，于是二妹的孩子一生下来就有心脏功能缺陷。经过一系列精细复杂的手术，那个孩子活到了20岁，是加利福尼亚大学伯克利分校材料科学专业的学生，前程似锦。但却在进行另一次矫形手术时，就在手术台上，不治身亡了。我的二妹是我所知的最敏感的人，由于孩子先天性畸形，那些年她经历了许多艰难困苦，却依然能看开，实在令人钦佩。

陈氏一族，外公

我的母亲姓陈，这是个大姓。母亲的家族也来自广东。我的外公是当时举足轻重的人物。在清末满清统治垮台前的那段日子里，县政府每年都举行考试，选出最有学问的读书人，第一名有机会留学日本。外公陈氏得了个第四。但是第一名决定不去留学而是接受白银作为奖励。第二名意外身亡。第三名选择数额略少的现金奖励。于是我的外公便有资格出国留学了。在日本，他加入了孙中山建立的革命组织——同盟会。外公在久负盛名的东京帝国大学拿到了医学学位，又回国参加孙中山的大革命，是位有准将军衔的军医。

由于外祖母当时生了两个女儿，还没有子嗣，她便亲自为丈夫挑选了一个妾。那个妾的父亲是个赌徒，据说把自己的女儿典押给了债主。那个债主就将她卖给有钱人做妾。那赌徒的女儿最终被外婆挑中，成为了外公的第一个妾。哎，那时啊，医学还没认定生男生女在于丈夫！不然没有儿子就得怪外公了，那他也就没有理由纳妾了！

20世纪20年代初，外公陈谟在广东省国民政府当卫生厅长，他受够了损人不利己的政治争斗，得到政府资助再次前往东京，在儿科领域进行深造。这次他带着妻、妾和长女（我的母亲）同行。那位妾在日本诞下一个男孩，后又在外公的诊所里当起助产士。实际上，我就是她接生的。

母亲告诉我，一家人重返上海时正值反日情绪高涨。她下船时由于顶着日式发型而被误认为日本人，在码头上迎接她的还有石块。

外公陈氏在短短几年里就建立起一个发展势头不错的诊所，招了位日本技师富寺庙来管理实验室。外公还在法租界里我学校附近接管了一排房子，放置了很多病床，办成了疗养院。后来他又加设 X 射线室，但其建立综合型医院的志愿却没能实现。激烈的内战迫使外公的很多亲戚，如其兄弟的孀妇和兄弟姐妹的孩子，逃到上海的外国租界求取栖身之所。他便将疗养院改成了接待亲戚的招待所。

尽管二姨太的儿子是继我母亲和姨母之后的第三个孩子，他却不是继承人，因为我的亲外婆连生了五个儿子，分别排第四、第五、第七、第九和第十一。四舅是外婆的长子，被视作继承人。四舅学医，不久便和外公一起在那个极为成功的诊所里工作了，我当时还没意识到这样排序很不公平。作为长子又不是继承人，这对三舅来说是非常不公的。三舅在日本学习建筑工程，是中国铁路的总工程师。还有一件不公平，而且很残酷的事。按照习俗，小妾的孩子不许唤生母为"母亲"，而要称"二姐、三姐"，他们必须管正妻叫做"母亲"，因为"发妻"才是妻。四舅的母亲才是唯一的母亲。

外公娶了两个老婆还不满足，又娶了第三个。那位妾几乎跟我母亲同岁，是外公回广东老家时娶的。她出身农家，聪慧又有野心，在诊所里围着她的丈夫忙个不停，最终独揽家庭经济大权。正妻生的儿子最多，两位妾也都生下了自己的孩子。由此，外公总共有 19 个孩子。二姨太所出的六姨和三姨太所出的只比我年长一岁的十四舅都是医生，于是每个老婆就都有一个在医疗领域工作的孩子了。这是外公努力使全家从医的结果吗？还是几个老婆算计丈夫诊所继承权的内斗呢？

不论何时，陈家都是热热闹闹的。有一回，我数了数，饭桌上有30个人，竟要用个铃铛来维持秩序！想想也知道，三个派系的孩子之间会有争斗，倒不是明争，但绝对有细心算计的争宠行为。四舅想用诊所的一大笔现金建个真正的医院；三姨太的十四舅还在上初中，因此提出建立纺织品公司，这样三姨太的女婿就能管理销售业务了。每次外公给他最小的两个儿子，也就是我的十四舅和十五舅买了玩具，外婆定要让我和哥哥得到同样的玩具。四舅厌烦了家里的内斗，"二战"结束没多久，他就去瑞士和奥地利深造，再也没回来。

外公是个了不起的人物，头发不多，留着山羊胡。他一进门便能被察觉。我对他有些惧怕。由于外公总是强调教育的重要性，我们兄弟，再加上几个小舅舅，只要一听到外公的脚步声，就拿起书，假装阅读。但是有一幕深深地印在了我的心里，那次外公流着泪找祖父诉说家里的分裂和争吵。看到如此严厉的人泪流满面，我吃惊不小。

建立民国后，外公虽然从医了，但却对政治怀有兴趣。听家里长辈说，陈独秀从广州来上海时，就曾住在外公家里。

中华人民共和国第三任主席李先念同志的夫人林佳楣女士曾到我家做客。林女士是联合国儿童基金会的成员，在中华人民共和国卫生部负责妇幼保健工作，是一位儿科专家。她看到墙上悬挂的外公画作，认出了签名，说道："哦，我记得您的外公，他是很著名的儿科专家。"

我的祖父与外祖父的反差极大，这很有趣。外祖父是共和主义的积极参与者，又是个专业能力突出的科学家；祖父则是传统的儒生，为儒学所奉传统美德的慢慢丧失而扼腕叹息，还对世事的快速变迁心怀怨愤。这两位老人如此不同，但却是好朋友。

"二战"之后，外公试图通过选举获得一官半职，但失败了。他回到老家，参选国会议员，却被当地的国民党候选人击败。1967年，他被人从家里拖出，赶到看门人的棚屋里居住。作为"文化大革命"的受害者，外公还不到九十就撒手人寰了，身后萧条。陈氏的基因向来很好，要不是动荡年代里外公经历了很多磨难，定会活到一百岁。我母亲的祖母就是差不多九十岁时才去世的。

圣约翰大学校园

【第二章】

邻里和学业

我家住在亚尔培路558号的亚尔培新村，封闭的院子里有七幢房子，分列两排。我们不常从面朝大街的正门出入。院子正面的墙上插着锋利的碎玻璃，防止飞贼溜进家里。我们一般都走弄堂口的金属大门，从后门进出。

我们弄堂的房子在20世纪30年代是很摩登的，家家都有钢制窗框和抽水马桶。我离开祖国二十多年后，于1975年再次回国，惊讶地发现，原先的三层洋房里竟然住了六个家庭。其中一个家庭竟然住在我们那个小小的车库里。在20世纪70年代的中国，住房非常紧张。我留意到，自那时到现在，这一状况已经有了翻天覆地的变化，这使我很欣慰。

邻居

哥哥和我爱给朋友起外号。依照脑袋的尺寸，巷子里一号楼的兄弟俩被称为"小头"和"大头"。他们姓龚，从汉口来，操着一口青少年特有的秘密方言，每个音节后面都加个音，只有他们的密友才能听懂他们说什么。龚氏兄弟喋喋不休的鸟语听得我们颇感无趣，所以我们兄弟和他们并不亲密。

街对面的步高里是法租界政府盖的第一片住房，那里住着我的一位同窗，外号"扁头"。步高里的房子都没有抽水马桶，"扁头"和他孀居的母亲共住一室。有段时间，我和"扁头"是好朋友，后来由于他母亲无法支付我们学校的学费，他便辍学了。

出了后门就是李家居住的二号楼。李家小儿子李肇源总在巷子里和我一起玩，要么踢皮球，要么玩弹球。他大哥李肇基面孔严肃，是个聪明又认真的学生。肇基的两个弟弟都以他为榜样。我们管他叫"老大哥"，但他好像老出远门。肇基在美国学新闻专业，后来在上海一家主流日报社当记者。其实他是搞地下工作的共产党员。1949年以后，他是外交部情报司科员，有时给周恩来总理做口译。1955年，在去往印度尼西亚万隆会议的路上，其飞机被国民党安了炸弹。国民党误以为周总理也在这架飞机上。李肇基当时还不到四十岁，被国家追认为烈士。

李肇源跟随哥哥的脚步，学习新闻专业。1999年在加拿大温哥华的圣约翰中学及圣约翰大学校友聚会上，肇源在名册上看到了我的名字，便拿起麦克风叫我。分别半世纪，偶遇于此，我们欢喜异常！自那之后，我们夫妇便与肇源夫妇保持联系，而他的夫人也是位记者。

弄堂里三号楼住着韩氏一家。我那位当牙医的叔叔与韩家四小姐结了亲，于是我们就成亲戚了。我管韩家的小儿子韩非叫小叔，到了20世纪70年代，他成了家喻户晓的表演艺术家。韩家大哥是电影制片人，其夫人孙景露后来成了著名演员。韩家的六小姐嫁给了姓弗拉克斯的希腊人，但不知为什么大家都叫他"老法"。大概是人们认为法租界里的欧洲人都是法国人吧。弗拉克斯家有三个孩子，两个女孩一个男孩。这三个孩子似乎总在练钢琴。那个男孩叫乔治，四岁就作了一些曲子，他父亲显然是打算把他培养成天才。乔治在一家大剧场里开过一场音乐会，成了奇才，名字被印在节目单上，但是就没有下文了，乔治对于钢琴的兴趣也就渐渐消失了。

我们和弄堂里的其他三家都没有联系，因为他们都用朝着大街的门进出。这就意味着我们根本就不会遇到彼此。我模模糊糊地记得有个律师住在弄堂里，他是日本占领时期汪伪政府的法官。

那段日子，上海这座富丽堂皇的城市仿佛是一座小岛，周围都是相对贫穷的农村。租界里的大地主和大商人中不乏家庭富裕且生活水平很高的人，他们还与政治领袖有所接触，能出入高端社交圈。而农村的大量贫困人口则涌入城市寻求工作机会。各个居住区里都有星星点点的贫民窟，贫富差距悬殊。我们在餐馆吃饭时，饥饿的儿童就把脸贴在玻璃上乞食。我家属上流社会，这番景象却不罕见。我还见过路边的阴沟里有很多稻草包，我们知道那里面裹的是什么：逝去的婴孩。

面对严重腐败的政府，我有很多同学都想做出改变，还有些人想要秘密地加入共产党。我也深刻认识到了社会的不公，但却不愿在内战中偏向任何一方。如果我那时就接受了后来成为国际公务员时所持的理念和信条，那么我定会为打击社会不公而付出更多的努力。

上学

我坚决要求得到和哥哥一样平等的待遇，其后果就是我还不到三岁就上幼儿园了。我得和哥哥一样走路上学。不论在哪个班，我都坐在第一排，因为我总是班里年纪最轻而且个头最小的孩子。这就是为什么后来我的朋友们给我取外号"凌仔"。"仔"是个友情后缀。

我上四年级之前都是班里的第一名，后来转去一所大一些的学校，竞争也更为激烈了。小学毕业时，我在班里三十六位同学中落到了第六名。我上的都是中式学校，受尽国学经典的折磨，总是向祖父寻求帮助。

我如今依然记得祖父为我解释经典篇章《祭妹文》的情形。那篇文章使他伤感动情，他一面哭，一面对着文章，试图逐句解释给我听。中国古文没有标点，要么反复背诵，背到不知怎的就明白了，要么就要向人请教了。我还算幸运，有个固定的家教。由于祖父只说广东话，他就只能用广东话来指导我,语音全然不同。所以老师叫我背诵一段古文,我就请求用广东话来背。这是我惯用的伎俩,即便背错了,老师也听不出来。

初中

想进一所好初中就要通过严格的入学考试。我收到了两所顶尖学校的录取通知,一所是南洋模范中学,另一所是圣方济学院。前者是公认的市里最好的学校,但却离家有段距离;后者在法租界里,离家较近,乘坐公交或是骑自行车就能到校。我父亲明白掌握英语的益处,便决定让我去圣方济天主教中学。学校由法国多明我会修士管理(他们用英文授课。英文是上海商圈通用的语言,只有最高的三班学法语)。由于大部分新生都达不到校方要求的高阶英语能力,圣方济学院设有两个预科年级,即八年级和七年级。多亏了父亲的鼓励,我有些英文基础,便直升到七年级。学了不到六个月,我便达标,于是跳到了六年级。天主教修士都是严厉的督工。对于那些学业不精或是行为不端的学生,修士便赏一顿藤条。校方对学生的英语语法有很高的要求,学生总得不停地做语法分析,很多课程都要求学生背诵冗长的段章,有些甚至是历史书上的文章也背诵。有些课上的惩罚是相当严酷的。有一次我的同桌韦尚武忘记带课本了,老师让他跟我合看一本。但是老师讲课的时候他跟我嘀咕了几句,便被罚抽手掌两藤鞭。尚武将左手举过头顶,受此责罚的学生都这样做,如此一来,重重的藤鞭打下来的时候,略微缩手,便有了缓冲。不幸的是,挨第二下时,他缩得太早,藤鞭没打在手上,抽到了脖子!就算接受这样残酷的责罚,也没有学生在教室里流泪。所有的受刑者都隐忍接受。

另一次,我玩铅笔,铅笔掉在桌上,发出轻微的声响。那老师抓起铅笔,精准地投到我手里,恰好没打到手指。他说道:"竟敢边听我的课边玩铅笔!"有趣的是,如此严苛的待遇并没有使我们偏爱待人温和的老师。一位讲话轻声细气的数学老师总被学生戏弄。他往黑板上写公式的时候，几架纸飞机对着他的办公桌飞了过去。我得供认一件事，有一次，那位老师伏在我桌前为我讲解一个数学原理，我却解了他长衫右侧的扣子，或说是盘扣。他走回办公桌时，长衫一飘，露出了内衣。全班爆笑。作为向老师施恶作剧的人，我反而受到了同窗的敬仰。

课业繁重，我们不许用自来水笔，只能用笔尖蘸着墨水写作业。不止一次，我不满意夜里做的作业，决定第二天清晨重做一遍。由于第二天一早晨雾还重，为了墨不污纸，妈妈凌晨便打开火炉，将纸烤干。

我能有良好的英语学习基础，全仰仗那些极严厉，甚至残酷的圣方济学院的老师，多亏了他们严格的训导。在圣方济学院上了两年学后，我得知可以参加圣约翰中学的入学考试。圣约翰中学的毕业生有资格进入圣约翰大学，这是赫赫有名的圣公会大学，也是中国最古老的教会学校。我的一位同窗金德标决定和我一起冒险尝试，参加入学考试。

"约翰人"

圣约翰大学的毕业生被称作"约翰人"也称为"约友"，大都在中国的政界及商界身居高位。这所大学因培养了一些20世纪30、40年代最为杰出的中国人而享有盛名。其中包括在20世纪中期将中华文化远播海外的著名学者林语堂；38岁便成为中华民国北洋政府国务总理，并且作为中华民国代表出席各种重要国际会议的优秀外交家顾维钧；以巴黎卢浮宫的玻璃金字塔和波士顿的肯尼迪图书馆为代表作的世界著名建筑设计师贝聿铭；中华人民共和国副主席，实业家荣毅仁；还有很多政治家，其中不乏因极度腐败而名声响亮者。政客中最著名的是民国要人，宋子文，以及台湾当局前领导人，严家淦。"约翰人"为自己的身份感到无比自豪。尽管这是一所相对来讲规模较小的教会学校，只有1500到1800个学生，学术要求也并非特别严格，不过，毫无疑问，圣约翰大学在近代中国塑造了一大批极为优秀的人才。

对于这种现象，我猜部分是因为圣约翰实行双语教学。毕业生有了扎实的英语基础，便能更好地学贯中美两种文化，由此便有了更强的应变能力。在日新月异的世界里，这种应变能力就是绝对优势。还有可能，在20世纪40年代的中国，有读写能力的人口还不到10%，而圣约翰大学这所塑造社会精英的学校为学生提供了极好的自我提高的机会，也给了学生一份自信。这使他们在竞争激烈的社会里十分受用。还有，对于那些更为杰出的"约友"来说，其幸运也定是成功的因素之一。

我还记得和同窗金德标一起骑着单车，沿着似乎没有尽头的围栏，向着圣约翰大学庄严宏伟的大门骑去。我还记得我们小声对自己说，这就是我们的学校。在实行填鸭式教学的学校度过了这些年，苏州河岸边圣约翰大学那宽广的校园本身就是巨大的诱惑，校园中风景优美，绿油油的草坪上，两棵高大的樟树周围是一簇簇的、郁郁葱葱的绿叶植物。如果被学校录取，我还能再跳一级。幸运的是，我通过了入学考试。

圣约翰真是个全新的世界。其中学部在校园深处，坐落在红砖的大学建筑群后面。学校实行学分制，也就是说，学生可以自行选择所修课程，但是还有一些基础必修课。由于我跳过了初中的第三学年，有些科目比较薄弱，只得向更为优秀、学习更努力的同学求教。我在圣约翰的那些年一直都是这样过的。高中时，给我提供帮助的朋友当中有一位是我的远房亲戚，叫凌德安。他是尖子生，还是个优秀的运动员。毕业典礼那天，由于他这也优秀那也优秀，他的名字竟然被提到五次。还有一位朋友就是我在圣方济学院的同学金德标。他很有才华，年仅23岁就拿到了化学博士学位，后来在纽约大名鼎鼎的洛克菲勒大学当特聘教授。他在变态反应领域的研究很出色，并验证出一种以他的名字命名的新型蛋白质。

中学生活

圣约翰中学是所男校，我们大部分学生都住宿。13岁就离开家，对我来说是全新的体验，也是艰难的经历。四到六个男孩共住一室，吃自助餐，冬天洗凉水澡，一开始我难以接受。前几夜，我常常泪水打湿枕头。好在不久我就调整好了自己。

周围的同学都比我大两岁以上，我想融入其中，为同学所接受，便强迫自己参加一些活动，比如林中夜战，拿着用皮筋做的枪和纸做的子弹假装打仗。要不是参与林中夜战，我都不敢去林子里探险。吓得我魂不守舍的夜行怪兽其实就是白天里毫无攻击力的大树！

到了第二学年，我的同学都对女孩子产生了强烈的兴趣，尤其对附近的圣玛丽女校的女生兴趣颇浓，那所学校也是圣公会学校。有一回，就连校长都说，他的学生和圣玛丽的女生是天生一对，仿若"将派克钢笔和铅笔配对"一般。我也不例外。

想要接近那些姑娘，参加垒球比赛倒是个方法。我并不满足于坐在界外，但也不是天生的运动员，于是我在父亲的一个晚宴上，向他的朋友们拉赞助，组织了自己的垒球队。"火枪手"是顶尖球队，队员都比我们年长一些。我便将自己的球队命名为"击剑手"，试图与顶尖球队一争高下。我给队员买了垒球、球棒、手套和球帽，制定了常规训练计划。

没多久"击剑手"就散了，因为我被邀加入"飞翔"队，这是同兴垒球联盟年轻级别组的强队。这个垒球联盟里女生也上场比赛。"飞翔"队和圣玛丽队的队员互送秋波，要是我没记错，我们还办过泳池派对。

开永安百货商店的郭家有个长相可人的姑娘，这姑娘对我那个外号"野牛"的同窗有不一般的吸引力。"野牛"对她如此倾心，如此迷恋，他每天早晨骑着摩托车尾随那姑娘，再轰隆隆地疾驰而过，企图吸引姑娘的注意力。当然了，效果是相反的，摩托车的声音只能把姑娘吓跑！

上小学时，我在法租界里生活、学习，于是被蒙在鼓里，不知大半个中国已被日本占领。到了初中，我们才知道日本人的残忍行径，也为中国的节节败退感到耻辱，但这些磨难都发生在远方。而珍珠港事件爆发，我们才真正失去了保护壳，因为日本占领了上海全境，珍珠港事件结束了上海租界的"孤岛"状态。初中时期的大部分年华，我们都是在日占区生活，受南京汪精卫傀儡政府的管辖。等我进了圣约翰中学，我们必须得上日语课。所有学生都痛恨这门必修课，考试作弊相当猖獗。我们对侵略者怀有强烈的愤恨，没人愿意学这门语言。我们曾半开玩笑地说："把学的都还给老师了。"

升入圣约翰大学

我的学业相当出色，于是快到 16 岁时，我就按计划从高中毕业了，直升入圣约翰大学，成为了大一学生。八年抗战，中国赢了抗日战争，我们也迎来了解放。但是和平安逸并不长久，国民党控制下的国民政府因为腐败和管理不善遭到人民的反对。

起初，大学生活还是很令人振奋的。我们将是国家的主人啊！当时的中国是个人口众多的穷国，鉴于国情，我决心成为科学家。大一时，我选择医学作为主修专业。除了微积分，各门功课都很优秀。由于初中时跳过了第三学年，数学基础薄弱，我期末考得不好，只得了 65 分。这对文科生算达标了，但是对理科生来讲则不够。校方要求我重修这门课，将成绩提高到 70 分。我上学还从没挂过科，这可真是奇耻大辱。我没有重走屈辱之路，没有重修这门课程，而是转到了英语专业。

我的英文课成绩优异，但我却不能确信这个专业真的适合自己。以我的英文理解力，完全可以阅读《读者文摘》上的文章，但是那些英文课都分析莎士比亚、弥尔顿等文豪的作品，我连理解都困难，就更别说鉴赏了。班里几乎全是女生，就两个男生，我便是其中之一，周围满是比我勤奋的女孩子。上大学，要约会，要派对，学习排在第二位。我并没在书卷间埋头苦读，而是找了条捷径，让朋友给我讲讲必读篇目的情节。讽刺的是，即便我考得不比那些朋友好，却也相差无几。

转到新闻专业

后来，有一天我在等公车的时候遇到了新闻专业的广东同学，邹文怀。由于新闻专业注重英语语言的应用，更适合我，我便问他，都大二了再转到新闻专业是不是有点晚。他说："一点都不晚，来吧，加入我们。"公车站那番决定性的谈话改变了我的人生走向。我觉得"在街上的人们"的英文很有魅力，更接近我所学习的方向。《圣约翰频道》是我校的周报，中英文交替刊印。我曾给校报的编辑写信，讲述校车上缺乏文明之举，我还记得那封信被校报刊登时自己有多么激动。

转到新闻专业没多久，我就发觉，做新闻是我真正的使命。我的文章主题宽泛。圣约翰的董事会主席曾至北平参与协商，意图使国共停战，却失败而归。我对这位先生的采访成了《频道》中文刊的头条新闻。我的老师以这篇文章为例分析我是怎样用"倒金字塔结构"进行写作的。所谓"倒金字塔结构"是指重要事件首段先行，次重要事件紧随其后。这一写作概念在中文报章中的使用并不普遍。我也很骄傲，我写的一篇社论再登英文版《上海晚报》，其编辑在圣约翰大学是位深受欢迎的兼职新闻教员。

尽管我中学期间乃至大学初期成绩都很不错，却没有在学业上下真功夫。新闻专业很适合我，于是我又冒了尖，成为了班里的尖子生。

大三中期，高我一届的校报"Dial"主编邹文怀推荐我作为接替他的最佳候选人。代理校长于1948年11月任命我为主编。我手下有六名学生写手，并有支配校报预算基金的权力。有那么几个月，我热情洋溢，夜以继日，在扛住学业负担的同时，印出了校报。

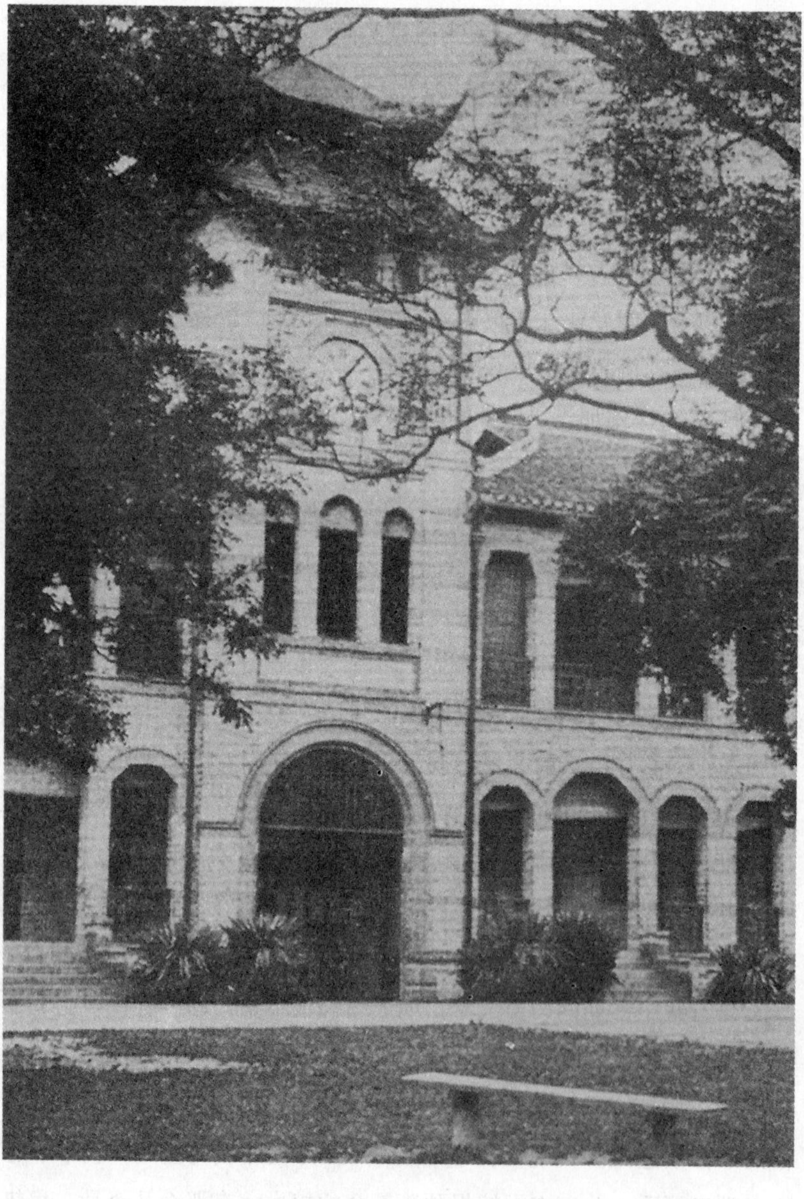

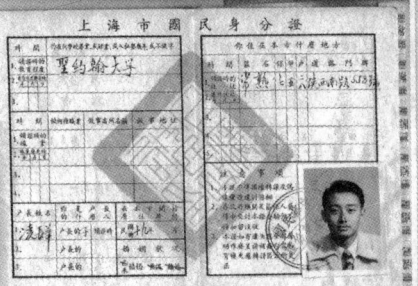

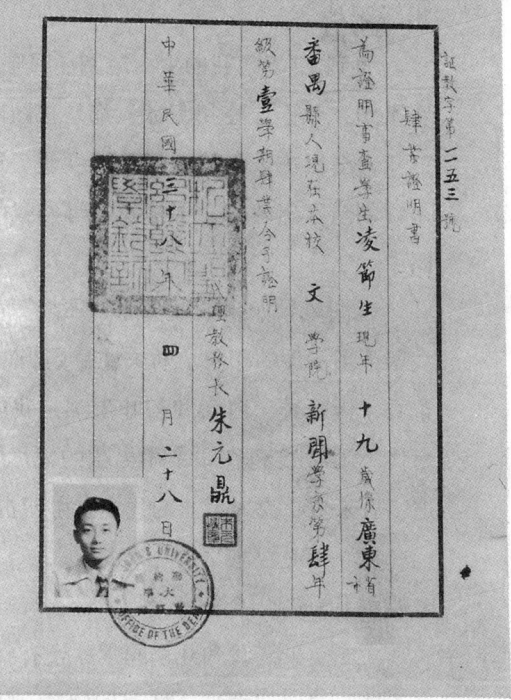

1　圣约翰中学校园

　　圣约翰的两个主教学楼之一，有一半课程在这里上。也有一部分是宿舍，我曾住过一学期，两层楼，一个房间四个人，一张桌子、四把椅子而已。

2　1948年在学校门口留影。上世纪80年代我还回去过，最有名的两棵樟树都死了。一想到圣约翰就能想到那两棵大樟树，在一进门的左前方。

3　大学开具的肄业证。

4　1947年上海国民身份证。陕西南路原叫亚尔培路，1945抗战胜利后国民政府改名为陕西南路，"常熟区"也改了。

出游记趣

　　直到 12 岁，我的生活范围还只限于上海的两三地。由于上海市地势平坦，就连丘陵和山脉我都是在图画和照片上见到的。到了初中第二年，全家去著名的杭州西湖度假，这才领略了山水风景。外公此行是计划全家出游的，于是我父母和我的兄弟姐妹就都加入到这个旅行团中。

　　西湖风景如想象般美丽。那湖，那堤，那点缀着寺庙的山丘都给我留下了深深的印象。轿夫稳稳当当地扛着我们爬上斜坡，登上山顶。茶香，饭也香，白鳝和茶叶蛋都是我的最爱。当时，旅行真是极大的奢侈。西湖之行在一个小男孩的记忆中是极大的乐趣。我当时还不知道，后来全心投入事业的我竟会游遍世界。

度假鼓浪屿

　　大二夏天，我和几个同学，还有我的哥哥，搭着摇摇晃晃的货船，去了趟厦门。那真是一场奇幻冒险，因为在那个时候，厦门正急缺小面额现金，而我们则从上海将一袋袋新发行的金圆券带到了"小偷的天堂"厦门。我本想通过兑换货币赚上一笔，这笔钱就足够我的路费，也够我买进口商品送礼给亲戚朋友的费用了。但是有时海上的大浪高达十英尺，这破船晃得厉害，仿佛不是打在浪上，而是撞在了岩石上。一半船客都晕海，呕吐的气味实在太大，我只得大部分时间都待在船舱里，迎着海风，躲着那股味。

　　我哥哥和他的朋友住小房子，而我则被邀到同学叔叔那富丽堂皇的大宅子里。那宅子在鼓浪屿，与厦门市相对。这小小的岛屿上不许机动车通行，岛上住着中外富人。环岛的沙滩只有在此居住的特权阶级才能享受。那段时光美妙极了，放松极了，日夜欢游，还能吃上香辣十足的福建面条，就这样，仿佛夏天永远都没有尽头。

　　鼓浪屿周边有很多环礁。尤其天气晴朗时，看起来并不是很远。

第二章 邻里与学业

我哥哥和朋友们练习多日，一个晚上，他们决定冒险，从海滩向着最近的环礁游过去。有时距离会蒙蔽肉眼。那环礁其实比我哥哥想的要远两倍。游到一半，哥哥和朋友们大声叫喊，说他们累了，游不了了。但是他们离岸边也远得很，是游不回来的。我沿着海滩跑，喊叫着寻求帮助。

周围一个人也没有，视线之中一条船都没有。我深知如果游到他们那里去，我也游不回来，结果也许就是大家一起沉下去。我惊慌不已。就在他们已毫无力气时，退潮了，一块大岩石显露出来。他们可以上去歇息，恢复气力再游回岸边。那块救命的岩石上有很多碎贝壳，他们的手脚严重划伤。

我的那些她

成长于上海，我对异性并非全无兴趣。早在小学时，我就喜欢上了坐在前排的女孩，宋婉明。她有着大大的眼睛，圆圆的脸，还梳着两个麻花辫。我只知道她是班里最优秀的学生，她父亲在上海郊区的一个邮局工作。她不知道我对她的好感，但是我跟哥哥坦承过，觉得宋很可爱。我还很喜欢苏菲·弗拉克斯。她是亚欧混血，曾暂住我们弄里三号楼顶层。她母亲一家就住在三号楼。其实，我的牙医叔叔和她姨妈结婚后，我们就成了亲戚。哎，她也不知道我的心事！

我到了十几岁就开始试着跟女孩约会了。哥哥接近异性的方式与我略有不同。我上圣约翰大学的时候，哥哥在复旦大学念书。圣约翰是由美国圣公会办的学校，更为现代，更美国化，这是公认的。而复旦大学则更得华夏精髓。由于宗教关系，圣约翰大学在1952年就关闭了。如今，复旦大学在上海高校中是首屈一指的。但在我们那个年代，复旦的男女生只有正常交往，说到约会，哥哥和他的朋友们则常去有舞女的夜店。而在圣约翰，我们在大到能供10到12对人的大房子里办舞会。我们把同学带过去当舞伴，常常两对或是三对赴会。

在我那个环境，跟同学"约会"本可以很浪漫，但基本上都是很单纯的，与性无关。拉拉手就代表亲密了，我们大都不知道如何接吻。但是脸颊贴着脸颊跳舞却是舞会上可以接受的。我曾约上几个女生去舞会，但是看电影和共进晚餐是单独约的。有一回我带约会对象去餐馆参加舞会晚宴，结果给父亲的新车弄了个凹痕。那是辆崭新且时髦的斯图贝克"司令官"。当然，之后再不许我开车约会了。

我第一次带女孩子去看电影，还是喜剧，我差点现大眼。我不知丢下约会对象自己去上厕所算不算无礼。不过，那部喜剧对我来说简直就是折磨，电影中每一幕可笑的情境都会加重我膀胱的紧迫，我越来越不舒服。电影一结束，我就丢下对象，自己冲进男厕所。她很不爽，后来管我叫"小鬼"。我还跟一个漂亮的高中女孩约会过几次。她叫杨濛，长大后成了著名演员，艺名夏梦。实际上，我四舅曾见我和她挽着臂走在大街上，四舅还把这一幕汇报给了家里其他人。那是我第一次单单纯纯地跟女孩子散步。她十几岁时在上海被称作阿濛，我还记得阿濛和家人搬到香港之前，我教她游泳，还教了她几句粤语。

大二那年，我跟一个比我低一届的同学交往过。她移情别恋，喜欢上了我的一个好朋友。我对这令人伤心的转变毫无准备。另一个跟我约会过几次的同学在美国定居，进入政界。她当过俄勒冈州议员，后来一直到2003年都是俄勒冈临时参议院议长，半个世纪后我在"约友"聚会上再见到她，已是著名议员的叶邓稚凤。

【第三章】

香　港

离开上海

　　1949年春,战事打到了中华民国的首都——南京,国民党发誓要保卫上海,在战斗中血战到底。4月底,圣约翰大学取消了所有课程,提前三周结束该学期。

　　18个月之前,我的父母到香港度假,与父亲在福州儿时的玩伴,也是堂亲,恢复了联络。国共双方在上海的战事如箭在弦,我的父母决定将我们送去香港,躲开短兵相接的巷战。根据国民党的宣言,巷战还是极有可能打起来的。

　　在上海解放之前的最后几周,想拿到机票可不简单——航班都订满了。大姑妈爱丽丝在上海电话公司工作;二姑妈奈丽在两家国有航空公司中的其中一家当空姐。她们两人拿到了五张机票,大姑妈自己留一张,剩下的给我们兄弟姐妹四人。机场已经戒严了,只有出示机票才能进入。怀着沉重的心情,又对落地香港之后的事一无所知,我们在龙华机场告别了父母,登上了飞机。

　　我离开上海时,那座城市已经陷入了混乱。上海再也不是东方的巴黎,而是一座充满骚乱与不幸的城市。贫困家庭所居住的棚户区里满是简易房,而城市周边则住满了贫困家庭,衣不蔽体的孩子们成群乞讨。

　　国民党发行的金圆券跌得一文不值。出门就要带上一口袋一口袋

⟨38⟩

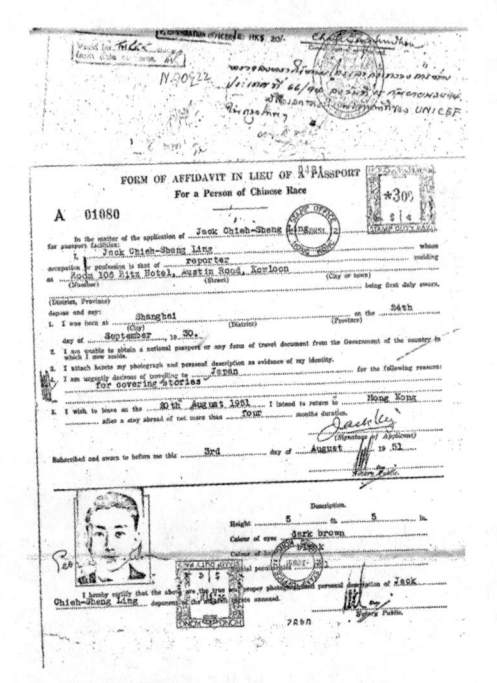

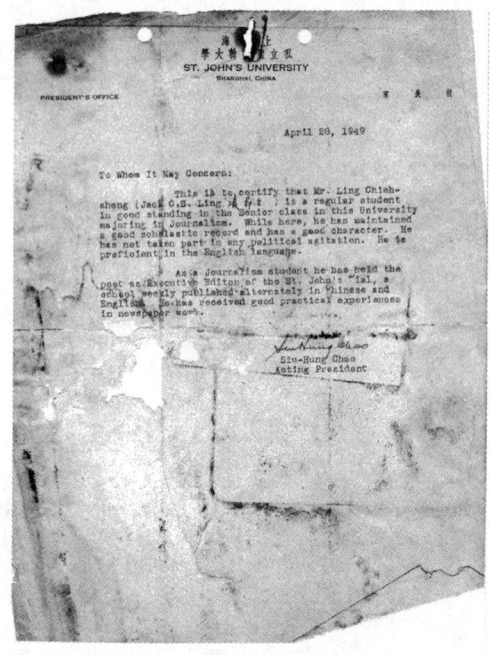

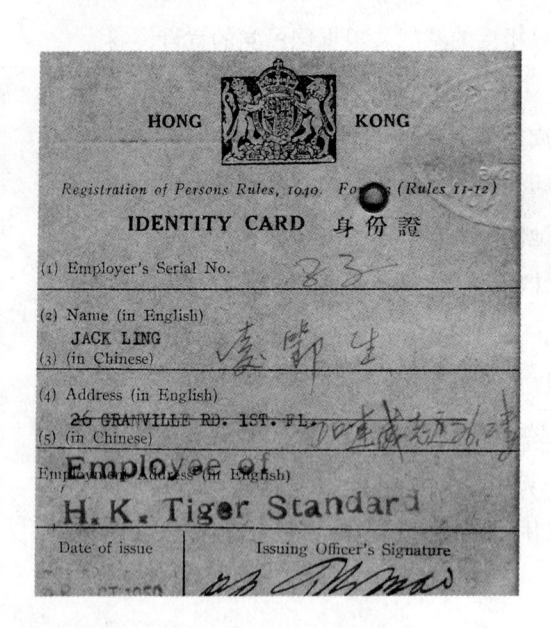

1	2
3	4

1　1949年赴日旅行前港英政府颁发的临时身份证，起到护照的作用。因为国民党政府和新成立的中华人民共和国政府在香港都没有领事馆，无法领取护照；同时我也非香港居民，故出境旅行时只能领取这样的临时身份证。香港本地居民持英联邦香港居民护照。
2　圣约翰大学为我开具的推荐信，信中证明我在校担任校报的主编。
3　为平时使用的香港身份证。
4　与同事合影：香港，《华侨日报》、《虎报》、《南华早报》，三个跑机场的记者。

　　我因为会上海话、广东话和英语，很吃香。其他记者常要我帮忙。每天下午其他记者会请我喝茶，我透露些消息给他们。

的纸币，而纸币面额竟提高到好几千。通货膨胀如此厉害，在餐馆点了餐最好提前付款，否则一顿饭的工夫，价钱就上去了。国民都不能放心地使用金圆券，只好以物易物，避免使用纸币。一位教员不相信纸币的价值，又发现食品店的大部分货架空空如也，于是乎他拿着月工资去五金店买了好几袋钉子，用以对抗通货膨胀。

我记得，去学校买饭或者买学习用品，就带上个银币，用来替代现金。大学生游行，向政府示威。各个学校里都有人被拘捕。国民党的"天命"却无人听命。

芳香港湾

飞往香港是我第一次飞行经历，但天公不作美。飞机遇上很多气旋，摇摇晃晃的。回想起一年前我出海厦门，真是不光海浪会像岩石般坚硬，飞机猛烈撞击空气时，空气也会坚硬起来！重雾沉沉，我们没法在香港降落，于是便调转方向，去广州过夜了。

"二战"过后，英国对香港实行殖民统治，相较于上海来说，香港是比较宁静的港湾。这里的70万居民都没有上海人那种与生俱来的充沛精力，也没有上海人的足智多谋。1949年5月的香港，亚热带气候下天气温暖、空气湿润。

从地貌上讲，香港很美，有高高的山，以及自然形成的深深的港。与上海所处的平坦无际的扬子江三角洲不同，相较之下，香港这座坐落在珠江口的多山小岛如此引人注目。香港岛是在臭名昭著的"鸦片战争"中作为战利品被迫割让给大英帝国的，和香港岛一起割让的还有九龙半岛。九龙半岛是大陆突出来的一部分，其名字来源于半岛上的山脉。另一地区新界是农村。在19世纪末，大英帝国又与满清政府就新界签订了九十九年的租约，由此构成了英国在香港地区的殖民统治。香港人就在靠着山的地方生活工作，也开发浅谷和山丘裂缝中的空间。他们为增添居住空间而努力，用岩石和水泥块填海，来延长海岸线。

第三章　香港

争取自立

　　七伯父是父亲的堂表亲里与父亲比较亲密的一位，他热情地收留了我们。但是我们都挤进七伯父在香港岛快活谷跑马地的公寓里，还要走台阶上到四层，连电梯都没有。我们这几个人为了躲避战争的猛烈战火而四处寻找栖身之所，这才发现，我们每个人都不得不依靠自己，必须得规划自己的前程了。爱丽丝姨妈率先在一家会计公司找到了工作；我哥哥凭着刚刚拿到的银行业学士学位，被一家当地的小银行录用；我的两个妹妹才十几岁，参加了很多入学考试，最终进入自己心仪的学校。

　　我完成了圣约翰大学大三的学习，但是香港没有一所学校有新闻专业，我也就没法将学业继续下去了。我倒是有两封推荐信，一封是新闻学教授写的，另一封是投身国学的大买办写的。拿着这两封信，再加上心中有做过校报编辑的自信，我去了一家英文报社和一家中文报社应聘。

　　香港英文《虎报》是新的英文早报，由于校报编辑的经历不算突出，我被拒之门外。我的教授写的那封热情洋溢的推荐信为我赢得了一个面试的机会，但其他的也没什么了。《虎报》编辑袁伦仁告诉我，如果我愿意每晚过来当免费校对，他可以给我一个机会。校对工作需要认真用心，但却是编辑部里最低级的工作。

　　"你可以下午七点来上班。记着，你不是职员，从某种程度上说，你是在继续你的学业，我们也不收你的学费"，编辑说道。我很讶异，但是接受了挑战，当晚便坐在报纸前认真地工作起来。

一个幸运的突破

　　香港《工商日报》是个中文报纸，有晨报，也有晚报。我和这家报社的碰面比较顺利。出版商对我进行面试两周后，打来电话告诉我，得再和编辑会一会面。在出版商看来，大买办给我写的推荐信措辞很讲究，对我很有利。

原来，这家报纸的资深记者要作为英国文化委员会的研究员去伦敦一年，如此一来，就没有会说英文的记者报道政府要闻了，这可是很重要的新闻来源啊。由于我做过英文周报的编辑，又会说粤语和普通话，于是当即便被录用，补上了空缺。

在《工商日报》试工几天后，我便从香港英文《虎报》离职，辞掉了没有薪酬的工作。年仅十八岁半的我便成为了一位年轻的记者，在一家大型中文报社肩负起重要的职责。我的月薪是200港元，晨报晚报都要做。晨报的截稿时间是半夜，而晚报要在中午十一点半截稿。那三个月里，我日夜工作，一天都没休息。除了负责政府新闻办公室的报道，《工商日报》的编辑还发现我的广东话很顺溜（那是我的母语），上海话很流畅（我在上海长大），普通话也很通顺（那是我在学堂里学到的）。很快，编辑就把香港启德机场也加到我的职责里，把我派了过去。一个由我报道的、令人记忆深刻的故事便是，国民党政府下属两个航空公司的约二十架飞机"起义"。乘客机票上写该机由香港出发，目的地为台北，但是飞行员驾驶飞机直飞北京，而胜利的共产党人正是在北京宣布中华人民共和国成立。

在刚受过新闻学培训的人看来，当时中国新闻界的状况是差强人意的。很多中国记者报酬都过低，为了维持起码的生活，只得求助于诸如电影院这样的商业公司，请求它们登广告，从中抽取固定佣金，而其金额往往高于记者的工资。业内，没有几个人接受过新闻学培训，就更没几个人能保证专业水准了。

有一条新闻竟在训练有素的记者眼中成了笑话。那条新闻报道的是，香港港口发现一具女尸。这条新闻是这样写的：

"中年女人阿芳，为夫所弃，垂头丧气，夜半行至渡口码头，放眼四望，确认无人在旁，高声长叹，一跃入海，断送卿卿性命。"

那位记者定有超人的洞察力，才能在四下无人的情况下，知道事件发生的时间，还知道有高声长叹。或者，那记者是个电影导演！

我在《工商日报》负责政府新闻和机场新闻，工作很出色。作为一个工作效率颇高的记者，我美名远扬。香港英文《虎报》派驻机场的记者升为首席记者，于是报社便请我接管重要的机场新闻。

从专业上来说，能进英文报社把我高兴坏了。从经济上来说，"工商"给我的200港币月薪只够我勉强度日，我们兄弟姐妹又都挤在一间小小的公寓里。而转去《虎报》，我的收入近乎翻番。当时我还没意识到，换了单位我就得用英文工作了，其代价就是，在我余下的职业生涯中放弃中文写作。

机场事件

在机场发生的一件事差一点让我激怒殖民政府，惹上大麻烦。哈罗德·斯达森是20世纪50年代参选美国总统的共和党候选人。他到达香港后，包括外国新闻记者在内的所有记者都在机场门口等候采访。

斯达森的飞机降落后，停机坪就被封锁了。尽管警务人员打手势不让过，还是有几个欧洲记者冲过了警务防线。我不甘落后，便领着一干中国记者紧跟着外国记者。这回，年轻的警务人员关上大门，将我们锁在了外面。被拒门外，我愤怒极了；没抢到第一手新闻，我又十分急切。于是我愤怒地转向这个警察，大喊："你为什么让他们过去，不让我们过？是因为他们是洋鬼子吗？"这位年轻的警察没被中国公民如此质问过，脱口而出："是的。"于是我转向中国同行，说道："你们看，这就是种族歧视。"

由于最后斯达森决定不接受个别记者的采访，而是在贵宾室召开记者招待会，我们就都拿到了新闻。但是记者招待会结束后，香港民航署的一个叫莫斯的负责人向我走来。他一头红发，鼻子出奇的大，对我怒吼："凌先生，你迟了，就错过机会了。你煽动大众情绪，妄图鼓动种族对抗。我要向警署举报你！"立法委员会刚刚通过立法，授权警署逮捕煽动种族冲突的人。结果莫斯还真举报了我。

幸好我转到英文《虎报》后还与中文报社的同事保持联系。我将机场事件报告了我的新老板，袁先生则想出了一个保护我的方法。

我急忙给我那些中文报社的朋友打电话，他们愿意刊印中国记者与欧洲记者待遇天壤之别的消息。同时，《虎报》则不登这件事，这个策略便表明我没有激起种族争端的意图。几天后，政府新闻办公室主任把我的总编叫去谈话，让他注意点儿我。这件事便不再追究了。

在机场跑新闻

国民党在战事中节节败退，一个又一个城市落入势如破竹的解放军手中，很多时候甚至都没真刀真枪地拼命。一位解放军战士告诉记者，他从哈尔滨一路打到广州，连一颗子弹都没打出去！政府高官和军队将领都争着逃离岗位，总是登上最后的飞机退到台湾去。而台湾就是由撤退的国民党建立的最后的据点。那些飞机总得在香港的机场停下加油，启德机场就成了新闻人掌握解放军进程的重要地点。我采访过一些逃亡者，对国民党来说，重庆、昆明和广州都"沦陷"了，但对共产党来说，这些城市当然是"解放"了。启德机场是个新闻热点，而战事形势变化快速，我则正好处在信息中心。

一位没有职业道德的中文日报记者在启德机场采访了很多逃出重庆的国民党高官家眷，于是便将此情境视作国民党撤出重庆的景象，发稿日期和地点都署重庆。包括我在内的很多记者都严厉地谴责他，说他不够专业。所以，就我这个好胜的记者而言，我有时也不会手软。

刚开始为《虎报》跑机场新闻的时候，我生怕别的记者抢了先，尤其提防那个《中国邮报》的记者。《中国邮报》是个每天下午印发的英文日报，是《虎报》的劲敌，而那个记者在机场跑新闻也跑了一年多了。为防错过新闻线索，那个记者去哪儿我都跟着，连休息室都不放过。之后的一个下午，《中国邮报》刊登了这个记者的独家署名文章，写道，启德机场已成为远东地区业务最繁忙的机场。显然他是在查飞行记录，并与其他机场的记录作对比。我觉得很丢人，必须得报复一下。

我注意到机场跑道尽头有些工人，通过私下询问，我发现机场要延长跑道。为了跟劲敌打个平手，我又采访了很多飞行员，得出结论，新的跑道可供当时最大的轰炸机 B-24 降落。我的报道纯粹是推测出来的，不那么可靠。这篇文章却引起骚动，因为紧张不安的香港人就怕战事蔓延至此，或是英国殖民者准备对解放军开战！

也是在那段日子，只有社会重要人物和富人才乘飞机出行。航空公司热切希望能在报纸上做免费宣传，于是一有高层政客或是大富豪乘坐他们的飞机，他们就通知我做好准备。实际上，派驻机场的记者很容易接触到旅客名单，我们也经常查看名单，看看是否有潜在的新闻线索。

有一回，泛美航空公司的经理约我一起进餐，问我是否对其公司有意见。我说，没有。让他失望的事原来是，我没提澳大利亚外交部长由新加坡到香港乘坐的是泛美航空的飞机！我跟他说，我基本上不在文章中提航空公司的名字，但是如果他乐意，我可以在第二天部长乘飞机离港的报道中提泛美航空。

由于我掌握国语和两种中国方言，又会英语，很快我就成了启德机场的金牌记者。而有些记者跟不会粤语的人交流有障碍。每天下午，我都开个小会，给那些记者放出一些消息。另外，路透社和法新社这两家国际报社的通讯记者都给我些钱，雇我当"跑腿的"，或者买我的新闻线索。

运用英语可不简单

尽管我学了多年英语，写英语文章却非手到擒来。我的很多早期报道都有大量修改。所有记者每两周都要轮一次夜班。我第一次夜班的工作是在午夜截稿时间之前交上一篇关于谋杀案的文章。我在打字机的键盘上笨手笨脚地摸索着。新闻编辑主任等着我的稿子完成报纸首页的排版。他走过来,看了看打印出来的杂乱无章的文字,叫道:"你写什么呢,希腊文啊?!"我焦躁极了,吃了片阿司匹林镇定镇定才又接着工作。

英语口语也需要勤加练习。有个事件,再次说明香港居民普遍都有殖民心理,也充分体现出我英语口语的不足。

一天下午,我被派去市政厅。当时的市政厅是殖民政府下属的小单位,负责清理下水道和街道。不知什么原因,警署署长竟然是市政厅的厅长,其他参议人员也都是外籍官员。会上的信息都不足以写新闻,于是厅长一宣布散会,我就冲了出去,守在了电梯旁。电梯还是老式的,包括操作员在内,能乘四人。很快,警署署长、一位澳大利亚记者和一个外籍官员走过来和我一起等电梯。操作员让我等下一趟。我的澳大利亚同行站出来,说:"上去吧,我等下一趟。"

我还从没受过二等待遇,于是勃然大怒。无法发作的我既为难又不满。等电梯快到了,我揪着那胆怯的操作员的衣领,小声地用粤语说了些骂人话:"洋鬼子都是你祖宗吗?"我本想用英语说的,顺便教育教育电梯里那两个洋鬼子。但后来我才知道,警署署长的广东话说的很顺溜,可能当时没理会我那句脏话。令我欣慰的是,这样一来,署长就对我所受的不公待遇心知肚明了。

报道深圳的轰炸事件

1950年春天,一个明媚的周日清晨,几个朋友聚在边界上,跟母亲的十四弟——陈鲲舅舅告别。十四舅也是"约翰人",他决心回到上海继续求学,今后像他父亲一样从医。我们正在边界线的香港一边愉快交谈,忽然飞来两架印有国民党标志的战斗机。它们向着边界线对面临近火车站的兵站俯冲下去,还向着兵站不停开火,兵站火苗冲天。一时,一切都陷入混乱。我们都逃到遮蔽物后面。黑烟四起。我们听到了高射炮的声音，但是飞机躲了几下就消失在云端了。

那个引我进新闻界的朋友邹文怀和我都是《虎报》的记者。打响了前几枪，我们就意识到，我们有第一手消息了。我俩走过将香港与大陆隔开的桥，看到解放军在火焰中忙碌着，他们将油桶推到远离火花的地方。那些战士置生命于不顾，只为了抢救贵重的燃料。我们尽职尽责、详详细细地将自己目击的轰炸事件写了出来。这篇文章是我和邹文怀第一次在报纸头版联合署名。从某种程度上说，这一幕再加上我在机场采访过逃难的国民党高官，这两部分构成了我对国内战事的目击新闻报道。

战地新闻报道

一年以后，朝鲜战争爆发。因为一个极偶然的因素，我成为一名战地通讯记者。让我从头说起。

由于我的工作，我与机场、航空公司都比较熟悉。当时香港的民航运输系统由陈纳德将军的公司负责。这位曾率领飞虎队作战的将军给了我一张随军机票，我可以乘坐他们的任何飞机。这对于他们只是个常用的公关手段，但我当然要好好利用。

我首先想去的是台湾。大概台湾当局无法确定我是敌是友，回绝了我的访问申请。但美国第八集团军接受了我的申请，给我办理了通讯记者签证。该部队之前驻扎在日本，后被联合国派往朝鲜半岛。凭着他们的签证，我以采访的名义来到日本。

在日本我遇见了我在圣约翰时期的老师吴嘉棠。这是"二战"后中国新闻史上的一个重要人物。他是安徽人，原也在圣约翰大学就读，后赴美国密苏里大学新闻学院学成归来，担任上海英文《大英晚报》执行编辑、《申报》采访主任，同时在圣约翰大学兼任新闻系教授。我上过他的新闻写作课。在日本相遇时他已经是泛亚新闻联盟通讯社的共同创始人。在那时的香港和亚洲各地，主要新闻机构基本是白人的

作为联合国记者在韩国

"联合国战地记者"的臂章

天下，反映的也是他们的观点立场。有感于此，吴嘉棠发起成立了这个覆盖亚洲新闻的亚洲报社联盟，以反映亚洲人的观点。若干年后，国际新闻机构也开始雇用亚洲人，泛亚便衰落下去。

吴嘉棠当时正要去旧金山采访日本和约谈判，他问我是否愿意为泛亚去采访朝鲜战争。

这对一个崭露头角的年轻记者来说是个意想不到的机会。我便欣然接受了这个挑战。于是 1951 年 8 月，在我 21 岁生日之前，成了联合国派驻朝鲜半岛的战地通讯记者。

我在朝鲜半岛的工作时间很短暂。当时为了表示对汶山站初步和谈的支持，陆地上停火了，于是我报道了很多空战。我还写了很多关于联合国维和部队各国分队的文章，尤其写到了经过香港岛来到朝鲜半岛的英联邦分队。北朝鲜人和中国人都曾进驻过首都汉城，于是我对该市市民做过一个对比采访。我记得，相较于北朝鲜，民众因中国军队纪律严明而更喜欢中国人。

因意外事故返回

缩短我朝鲜半岛之行的是那场惊心动魄的吉普车事故。我当时在汉城，乘着军用吉普车前往正在召开和谈的汶山。我们接了个南韩士兵，他要搭车回汶山驻地。重重的军车早就在泥泞的公路上压出了深深的车辙印，在路中间构成了一条脊。那个才刚十几岁的小司机想在天黑之前到达目的地，对前方一小队缓慢移动的坦克很不耐烦。于是他就想超过去。他一加速，跨过了路中间的脊，却发现一个车队迎面驶来。这小司机慌了手脚，一脚踩在油门上，吉普车便在路脊上前前后后地晃悠。那条路建在堤上，我们还没来得及反应，车就被抛出了路面，坠下大约六英尺高的堤，落在路左面的田地里。我能记得的是，我自己落到地上，一刹那有个重物落在了我的上方。我的胳臂和髋部被摔得生疼。没多久就发现，我被压在吉普车底下，那辆车竟然整个翻了过来，直接就报废了。

我还能自己爬出来。当时很多跟在我们这辆吉普车后面的军车都停了下来，几个美国士兵爬下大堤来帮助我们。我听到其中一个美国士兵说，"这辆吉普翻得真吓人，肯定有遇难者。"那个小司机躺在地上，动弹不得。搭车的南韩士兵却没了踪影。有人叫来了军用急救车，把我和司机送到了由印度军队管理的战地医院。医生给我做了检查，说我只是皮外伤。那个司机膝盖骨折，需要入院治疗。我之所以只有些皮外伤，是因为稻田是凹下去的，吉普车落到了一些岩石上，恰好给我留了足够的空间，没有造成重大伤害。

一个改变人生的机会

我出车祸的消息传回了香港，我们报社就此写了个简单的新闻，刊登出来。我回到了汉城的记者宿舍，但是第二天却收到总编的电报，要求我即刻返港。显然，我被派驻朝鲜半岛一事并未打通各个关节，总编对此安排并不满意。我对此深感沮丧。

巧的是，收到返港指示的两天后，我又收到了一封由好友邹文怀转到汉城的电报。那是一个叫做"联合国儿童基金会"的国际组织发来的电报，这个组织在曼谷的亚洲地区新闻办公室给我提供了一个职位。原来，两个月前的一个下午竟改变了我的一生。我从一个航空公司那里得到消息，得知联合国高官斯伯格·米尔顿·吉尼要从曼谷来港。我预感到定能写篇好的新闻报道。吉尼着急赶去城里，参加世界卫生组织西太平洋地区临时办公室的会议，然后又要赶去伦敦参加联合国儿童事务组织——儿基会的会议，为亚洲欠发达地区的贫困儿童争取项目资金。他没时间在机场接受采访，但告诉我，如果我去世界卫生组织办公室找他，他可以给我几分钟。我便赶往该办公室，他让我阅读一份报告，又跟我聊了将近十分钟。我把他为儿童所做的事情整理成了一篇报道。

我的那篇报道给吉尼留下了极为深刻的印象，第二天，他在离开香港飞往纽约之前问我，是否考虑离开香港工作。如果愿意，就写封信告诉他。由于英国在香港实行殖民统治，中国人都是二等公民，连电影院都播放《天佑吾皇，心系英国》这部电影来提醒中国公民自己的附属地位。作为一个20岁的香港记者，我觉得到"别处"去工作是不需要犹豫的好机会。我便依言给吉尼去了封信，但很快就把这事抛到脑后了。毕竟，我采访过各种重要人物。再说，我的主要精力都放在"蹲守"机场，报道激烈的国内战事上了。

吉尼是个五十多岁的中年人，叼着烟斗，头发细黄，戴着眼镜，表情严肃，一身西装皱皱巴巴的，但就是这个人改变了我的一生。说实话，我也忘了跟他沟通。当时我还在为调回香港的指示愤然不乐，也就没问工作内容和报酬，直接接受了"联合国儿童基金会"的聘任。

香港，我的跳板

吉尼手下有个新西兰人，在广播界很有名，当了一年多的地区新闻官。但令他沮丧的是，有广播服务的亚洲国家并不多。不过，大部分亚洲国家都有新闻报纸。吉尼希望我能帮助这位广播员将业务扩展到平面媒体。当时吉尼给我提供了这个职位不久，又恰好那个新西兰人决定回国，于是我就成了从阿富汗到朝鲜半岛这个区域里的唯一一个新闻官。

虽说我对香港的殖民管理十分看不惯，但是那段日子在我人生中是个转折点。我不但了解了新闻工作的真实状况，还获得了一份超越年龄的自信。在这个70万人的城市里，有数十家中文报社，还有三家英文日报社。竞争是相当激烈的。外媒将香港作为报道中国的基地。

作为英国殖民统治下一个会说英语的记者，只要我一说英语，就有机会得到新闻线索，而这种线索一般都不会给年轻的记者。基本上，政府部门、商界和社会平民都比较尊重英文媒体。我在那群机场记者

与女朋友在浅水湾附近的合影,当时她穿的还是学生装。

中间地位稳固。航空公司也对我特殊对待。电影院送我们赠票,夜店也给我们折扣。

《虎报》的一班记者,大部分都来自上海,我们身为中国人的态度与那些土生土长的香港居民不同,他们有殖民心理作祟。

我们觉得自己了解香港,想要尽情享受城市生活,便定期办舞会,在舞会上结识年轻姑娘。

结识未来的太太

在香港,我开始了自己的职业生涯。更为重要的是,也是在香港,我结识了此生挚爱——袁曜华(克里斯汀·袁)。那位给我发惹人不爽的电报的编辑便是她父亲。她是家里的二女儿,在其大姐的陪伴下,曜华在大家印象中,比实际年龄要成熟。实际上我们初次见面是在香港唯一一个篮球场上,那时她才14岁,我也还不到19岁。邹文怀是我的同窗,又是校友,对大姐感兴趣。就像当时风俗那样,我们两对一起约会,不过都要得到袁家父母的批准。在我的事业家庭两方面都起到重要作用的人并不多,邹文怀就是其中一个。就是他鼓励我从英文专业转到新闻专业,后来又推荐我接替他成为校报主编。在香港,他对大姐的好感使得我与曜华相识,而曜华又真的成为了我一生的伴侣。后来,文怀与大姐结了婚,我们成了连襟。

在20世纪70、80年代,邹文怀成为亚洲电影市场的大制片人,甚至还是他的老东家、亚洲影坛常青树邵逸夫的竞争对手。后来文怀开辟了新天地,促成了李小龙和成龙的辉煌。他的公司嘉禾集团,挺进好莱坞,制作了一系列热门影片,包括与伯特·雷诺兹合作的《炮弹飞车》系列和极受欢迎的动画电影《忍者神龟》。后者还出售忍者神龟玩具。邹文怀是个有战略眼光的聪明人,他是"约翰人"中的又一个成功案例。

我初到香港时,还与在圣约翰大学上学时的女朋友通信。后来她去广州岭南大学上学，喜欢上了圣约翰的另一个校友。就是在那时，我与曜华恋爱了。

我从朝鲜半岛回来后，曜华和我都清楚我们最终会走入结婚礼堂。我在机场与她道别，登上飞往曼谷的飞机前，与她约定，我们要时时通信，将感情延续下去。而在后来的几年里，我们的信件数以百计。曜华的父母并不赞同我追求他们的女儿。首先，曜华还小。其次，袁氏一家就要迁居美国了。

曜华的父亲——袁伦仁，在他那一代人里，是一位杰出的新闻人，曾供职《大美晚报》，通过写专栏《穿过月亮门》来帮助外国人了解中国人的生活方式。20世纪40年代初期，袁先生大声疾呼，反抗日本侵略者，因此他成了日本人的暗杀对象。日本特务往他家里投了几个手榴弹。他负伤逃出，并于1941年12月乘船前往香港。前往香港的船才行至一半，日本便偷袭了珍珠港，旋即占领香港。于是这艘船转向马尼拉。那三年，他隐姓埋名，住在马尼拉的贫民窟里。1945年"二战"对日胜利那天，他回到上海，成为合众社上海分社的经理。

我认识袁先生时，他刚到英文《虎报》。而《虎报》后来成了久负盛名的专业英文报纸《南华早报》的竞争对手。就在我离开香港前往曼谷的几个月后，袁先生带着全家去了美国，在亚洲基金会工作了半个世纪，工作出色。过去的多年里，他作为基金会在香港的代理人，与林语堂先生合作了很多项目。林语堂先生是位著名学者，以中英双语著书，是圣约翰早期毕业生中的佼佼者。袁先生与林先生的突出贡献之一就是编撰内容最全面的汉英辞典。

袁先生晚年依旧为基金会管理中国事务，他创立了奖学金项目，使青年外交官和青年记者有机会在美国大学里学习。2003年，袁先生携夫人（我的岳母）来京，包括时任全国人大常委会副委员长的韩启德教授在内的很多政要前来拜访。亚洲基金会还以袁先生的名字命名了一个交流项目。他在回到旧金山的几个月后，与世长辞。

晚年的袁先生夫妇与我俩的合影。

  登上飞往曼谷的飞机，我开始思考自己的境况。一方面，我要去一个完全陌生的地方，做完全不熟悉的工作，实为冒险之举。我在香港已是一位小有成就的记者了，为了新的工作而离开安稳的岗位使我有些不安。在20世纪50年代的香港，很少有人放眼英美之外的世界。英国是殖民者的祖国，美国又是个超级大国，还帮助中国对抗日本侵略。而澳大利亚和加拿大又都是大英帝国的属地。东南亚大部分地区以及非洲大部都在欧洲殖民统治之下。而另一方面，虽在中国人眼中，泰国只是一个位于南海的国家，但却是唯一一个没有隶属他国的国家。泰国是我逃离殖民式统治的好去处。对我来说，泰国很有可能成为我的新天地，在此我可以通过勤奋努力，创造令人振奋的、很有国际前景的新生活。我怀着复杂的心情离开了香港，心里百感交集。

在儿基会里每天打交道的就是妈妈和儿童,感受着美与爱,于是开始学习摄影。

【第四章】

曼谷，天使之城

加入儿基会

1951年，香港政府还没有考虑给居民发放正规旅行证件。英国公民和欧洲人都有护照，要远行的中国人则持"国民政府"的签证。由于共产党和国民党在香港都没有领事馆，我作为记者去日本和朝鲜半岛出差时，都向香港当局提出申请，持当局发放的一张居住证明。这次去泰国，我用的也是这张证明，而把泰国签证贴在背后。

到了泰国曼谷廊曼国际机场，一股热浪迎面袭来，迎接我的还有酷晒的太阳，和一位热情友好的菲律宾朋友——乔·迪亚兹。乔是联合国儿童基金会的财务助理。他匆匆把我带去了一个离办公室不远的公寓，业主也是菲律宾人。

我对联合国儿童基金会的工作有些了解，因为我采访过其亚洲地区负责人，而他如今成了我的上司。但是我对该组织的规章制度一概不知。至于其员工结构、收入水平和福利待遇，我手里一张文件都没有。在汉城（现名首尔）时，我收到的电报只有四行字，提到有偿聘请。这张电报的信息远不足以使我对这个组织的情况做出基本判断。我在办公室里简要地了解了一下工作内容，新工作使我非常兴奋。我之前报道过香港的新闻事件，又报道过一阵子朝鲜战争，而这次，整个亚洲都在我的报道范围内，这对一个喜欢刨根问底的记者来说是个新鲜

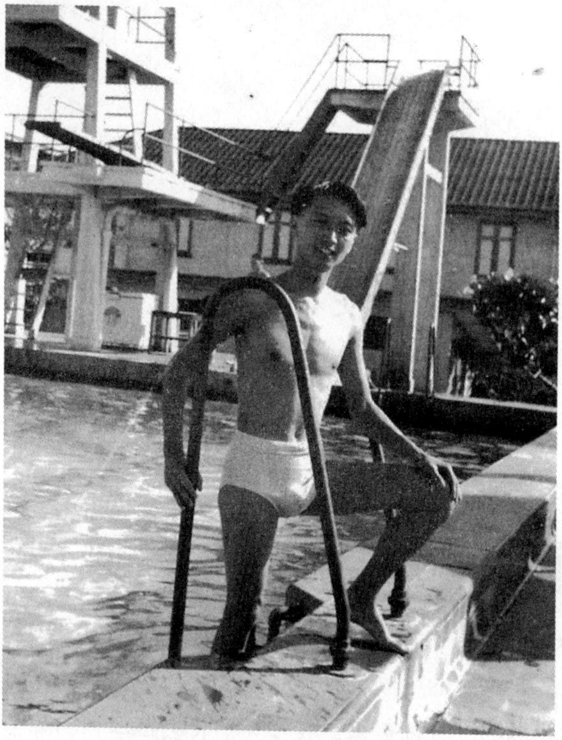

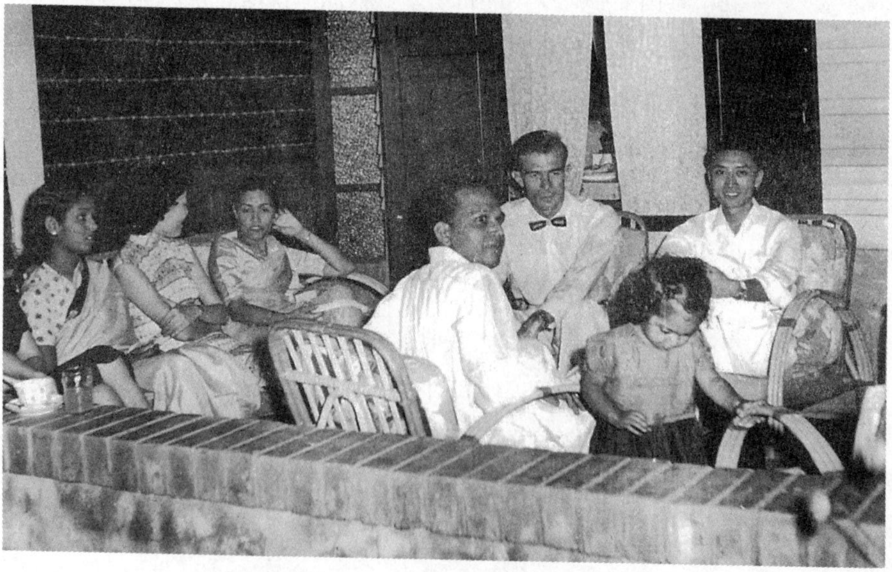

1　曼谷皇家体育俱乐部的泳池，通过很严格的审查才能加入，包括学历、经济状况、家世。我是终身会员，可以将会员资格传给儿子。
2　参加驻曼谷的印度籍联合国官员的家宴。
3　曼谷的佛塔。

的挑战。而且，儿基会的项目帮助了占世界近一半的妇女儿童，这便提供了大量的新闻素材，足以令一个21岁的记者激动得忘乎所以了。

20世纪50年代初期的泰国

在20世纪50年代初期，泰国（或称暹罗，该国两个名字交替使用）拥有两千万人口，是虔诚的佛教国家，也是自给自足的农业国家。其首都曼谷逐渐成为东南亚的中心。除了"联合国儿童基金会"以外，"联合国亚洲及远东经济委员会"和"联合国粮食与农业组织"亚洲办事处也都将办公室设于曼谷。尽管该国经历了一系列军事政变，君主立宪制和民主政治制度下的社会却也还算稳定。国王拉玛九世是世界上在位时间最长的国家元首，也是一位社会活动家，深受泰国人民的敬爱。

"二战"中，日本侵略者入侵了泰国南部，短暂抵抗后，泰国成了日本的盟友。但是"二战"结束之前，泰国转投反法西斯联盟。以同样狡猾又成功的外交手段，泰国在欧洲列强中间周旋，纵横捭阖，从中渔利。20世纪中，欧洲列强不断扩张殖民地，泰国却能保持独立。这些手段使该国在"二战"后没有成为"军事被占国"。

如今，曼谷已成为一座繁华的大都市，有着约七百万人口，以华丽精致的寺庙、为旅客所设的超豪华酒店和令人咋舌的交通拥堵闻名于世。而在1951年，人口不足一百万的曼谷却是个相对平静的城市。当时那里还没有摩天大楼，只有一条仿照巴黎香榭丽舍大街而建的林荫道，算是值得一游的景点。位于湄南河口的曼谷因河口土质较软，一直以来都在缓缓下沉。

曼谷以"亚洲威尼斯"闻名于世。数不清的河道在城市中交错，沿河居民乘小船出门购物访友。当地人的生活节奏确实悠闲逍遥。人们都很客气，和气有礼。泰语的语音听起来仿若音乐一般，年轻姑娘说出来格外好听。泰语巧妙地将中华文化融入其中，其书面语和正规用法都是由佛教的巴利语和梵语而来，但日常口语则与中国南方的一些方言相近。

泰国国内的华侨与泰国人关系亲密。在20世纪50年代,很多年逾半百的华裔将自己视作华侨。大米和珠宝贸易,以及新兴的金融服务领域都由华侨管控。即便在当时那个年代,相较于东南亚其他国家的华人状况来说,外来华人与泰国当地人之间的理解沟通与文化交流都更为亲密。这背后有很复杂的原因,但可以明确的是,两种文化中普遍存在的慈悲宽大的佛教信仰起到了推助作用。两国人民种族特征相近,都属蒙古人种。而且,由于华人都不愿在亚洲殖民地上被视作"亡国奴",考虑到泰国是个独立的国家,华人在入籍泰国时,不会有自卑感。

实际上,泰国人源自中国。公元13世纪,泰国人的祖先为躲避蒙古游牧民族首领成吉思汗及其子孙在中国的统治,由中国西南部的云南省逃入如今的泰国地界。他们取代了孟人和高棉人。这两个部落所居住的地方基本上就是如今的泰国。在20世纪,为了逃离贫困,寻求更舒适的生活,主要来自广东和海南等中国南方省份的移民经由海路进入泰国。

泰国人的先祖

泰国史书将孟获视为先祖。孟获是公元4世纪三国时期中国西南地区的一位勇士,为蜀汉丞相诸葛亮七擒七纵。达信大帝是泰国历史上一位形象光辉的人物。这位中泰混血的将军在19世纪60年代对缅作战中击退了已攻占首都大城的侵略者,后在湄南河畔的吞武里市建立新都。统治15年后,达信大帝变得偏执多疑,产生幻象,自称活佛。这便违背了佛教教义。宫廷政变将他拉下帝位,最终他被处死。达信大帝被推翻后,其部将成为拉玛一世,建立了现今的却克里王朝。

为了讨取王族的欢喜,中国商人有时奉献出自己娇嫩的女儿,由此,却克里王朝的很多帝王都娶了华裔侍妾。有些华裔姑娘在宫廷中得了宠,其子女也就成了得宠的王子或者公主。如今的国王,也就是拉玛九世普密蓬·阿杜德，生于美国马萨诸塞州坎布里奇市，当时其父玛希隆王子是哈佛大学的医科学生。拉玛九世曾在瑞士求学。根据美国康奈尔大学教授所写传记可知，拉玛九世的母亲有一半中国血统。

一旦外来移民取了个泰语名字，又学习泰语，那么这个人就成了泰国人。这些新入籍的泰国人对泰国十分忠诚，不容置疑。很多年轻的华人直接将自己三个字的中文名字化成长长的泰语名字，装成泰国公民。也许，第一代移民还思念故国，但到了第二代、第三代，这些人便成了推动泰国发展的新鲜血液。利用移民进行发展是个很有远见的发展方式。泰国大概是东南亚唯一一个充分利用这一方式得到发展的国家。顺便一提，美国就是最好的例子，吸收移民，运用其脑力和体力，构筑起一个充满活力的社会。

第一印象

泰国街头给我的第一印象其实有些好笑。街道两边都有标着红十字的大车，有些下车的乘客吐出像血一样的东西，这一幕使我惶恐不安。其实那些大车都是公共汽车，红十字是公交公司的标志，而那些乘客吐出来的血一样的东西其实是槟榔汁！

生活在热带气候区就意味着衣着简单。大家普遍都穿凉拖鞋，进屋脱鞋这一风俗合情合理。我穿惯了的袜子却没什么人穿。我从香港带来的几双袜子得节省着穿，因为这里很难买到袜子，而且款式很少。

如今，泰国菜在欧美很受欢迎。但是，在20世纪50年代，曼谷连一家泰餐馆都没有，至少我没发现。政府宴客都在一家高级的中餐馆。海天楼是我最喜欢的菜馆。我常光顾的第一家泰餐饭馆1960年才开业，是个罗马式餐馆，里面放置着大大的垫子供食客跪坐。餐馆就坐落在去机场的路上。现在，泰国菜出口受到泰国政府的支持。

除了标有红十字的白色公共汽车，三轮车也是泰国的主要交通方式。我还学了几句泰语，可以招呼这种三轮出租车停下载客。而且，身在曼谷的上海人教我泰语，我才知道上海话里的"买油"和"买菜"分别对应泰语里的"没有"和"不对"。

佛教特征——宽大慈悲

宽大慈悲是佛教的基本信条。在当今这个被宗教正统之说所煽动的世界里，政治气氛越发紧张，急需佛教的这一信条来净化人心。所以我来讲个简短又令人难忘的故事。事情发生在一个闷热的下午，离曼谷不远的一间小小的佛寺里。我陪同基督教月刊的挪威记者参观泰国西部北碧省的桂河。桂河是因好莱坞电影《桂河大桥》而闻名的。在临河的寺庙里，我们参见了方丈。方丈恰巧是个说中文的华裔。于是我便为他二人做起了口译。挪威记者想了解这位僧人对于泰国的基督教运动作何感想，方丈笑答："我们欢迎基督教传教士，他们建学校，建医院，行善举。"但是挪威记者想知道，面对两个宗教间的竞争，方丈有何真实想法。

"传教士来到泰国力图使佛教徒皈依基督教，对此您作何感想？"他追问道。

方丈咧嘴一笑："要是因为基督教徒的所作所为而憎恶他们，我们就不是虔诚的佛教徒了！"

事实上，尽管基督教传教士在泰国努力了一个多世纪，皈依基督教的佛教徒却少之又少。佛教徒接受了传教士的善行，却依然念佛。不起争端，也就少有人叛教！

开始我在儿基会的记者生涯

我的第一项任务就是了解儿基会各个援助项目的性质，这些项目包括从婴儿喂养到"根除"疟疾，从抵抗雅司病到控制肺结核的各种内容。斯伯格·吉尼是美国宾夕法尼亚人，英国牛津大学学者，写起文章来驾轻就熟。吉尼是我的良师益友，不仅帮我了解儿基会的工作，还指导我写作。不久我便发现,每个儿基会参与的项目,其本身就很有故事。因为每个项目中都有孩子们和母亲们所经历的痛苦,有时还要经历生生死死。

运用构成新闻的基本要素"重要性、亲近性、时效性",我可以就问题大小、受伤害性质、儿基会帮助政府及时行动这三个问题,制造出一系列新闻话题,并进行详述。基本上,我继续着自己的记者工作,运用儿基会项目的文件资料,进行更新和补充,有时还要实地采访,然后将新闻故事和专题文章登在报纸杂志上。起初,我会把文章交给吉尼,他坚持检查之后再刊登,确保准确性,防止出现政治错误,但吉尼也会修改我的英文用法。只要能完善我的工作,任何批评我都欢迎,于是我将吉尼的指导视作标准。

斯伯格·吉尼,别名山姆,是位个性鲜明、非同一般的人物。他生于宾夕法尼亚州一个德裔家庭,毕业于葛底斯堡大学,赢得了罗氏奖学金[*],在牛津大学获得硕士学位。在20世纪20年代,他加入了由后来当了美国总统的赫伯特·胡佛领导的美国救济委员会,帮助俄国缓解饥饿问题。而后,吉尼长期担任国际基督教青年会下属出版单位的主管。在1947年,曾与吉尼同在美国救济委员会里工作过的莫里斯·佩特是当时儿基会的首任执行主任,他请吉尼接管"二战"后儿基会欧洲区供应司的工作。在1950年,儿基会将工作重点由战后复建国转向欠发达国家,而亚洲则是重中之重。于是,佩特指定自己美国救济委员会的同僚,吉尼,为第一任亚洲地区办事处主任。

吉尼处理政府间事务时并不循规蹈矩,总是不顾外交礼节,触

---

[*] 罗氏奖学金,即Rhodes Scholarship,由英国矿业大亨罗德创立于1902年,专供世界各地优秀学子赴牛津大学深造,有"全球本科生的诺贝尔奖"之称。是英国历史最长、声誉最高的奖学金。

及政府官员的敏感问题,省去官僚政治的繁文缛节,充分利用职权,努力改善儿童保健状况和福利待遇。在控制接触性传染病雅司病、将妇幼保健范围扩大到数百万人、发起抗击肺结核和粒性结膜炎的全民卫生运动方面,吉尼作为中坚力量,劳苦功高。他对亚洲儿童的健康事业所做出的贡献和影响得到了广泛承认。他也乐于将自己的作为公之于世。《半个世界的儿童》一书详细地记录了吉尼在亚洲的工作。

冒险

吉尼从香港把我这个年轻的华人招进了儿基会,我没有国际工作经验,还要用第二语言,英语,进行工作,他在我身上冒了个险,同时也觉得有责任仔细关照我。他检查我发表的专题报道是否属实,有时还给我提出颇有价值的修改意见。有一次,他对我说,我写的文章太过正式。他说:"怎么说就怎么写。没必要穿着礼服打字!"

一开始,吉尼打算让我给那位新西兰广播员当助手,但那人不适应这份工作,要打道回府。于是吉尼决定干脆让我接替他的工作。由于我比前任年轻20岁,他给我安排的职位属于一般事务类,只比秘书高一丁儿点。看,他可没拿我的薪酬冒险!

我发现这件事时非常失望。我前任的职称为三级专员,相当于外交部门里的第二秘书。实际上,联合国在曼谷的其他地区办事处里,两个新闻官都属四级专员。我们头衔都一样,工作内容也一样,但我的职称还不到专员级别,这让我既愤慨又丢人。

难道我在香港当金牌记者,又是联合国特派战地记者,这些经历就什么都不算了吗?相差四级啊!这给我带来了很大困扰。但是我决定,在把问题闹到上面之前,先扎扎实实地在组织中确立地位。

不到一年,我就晋升了一级,但是我决定重拾内战时因上海被围而中断的学业。吉尼很惊讶,说:"为什么现在离开?你工作刚上手!"

第二天，他告诉我，他会帮我办理脱产进修，这样，学成之后还能回到曼谷的工作岗位上来。

我的上司吉尼

吉尼这个上级就是个严厉的教官工头。他坚持让手下所有员工都拿出四分之一的时间，亲自参加儿基会现场工作，为困难儿童提供紧急援助。他自己也不辞辛劳，时常出差，对下属人员的工作进行督导。据说，吉尼定期视察项目进程时，有少数几个儿基会国家代表害怕得不得了。

吉尼写起文章来得心应手，其报告具有很强的可读性，地方色彩浓郁。但这在标准的官方报告中是不可取的。他甚至还引用舞女的话来生动说明妇幼卫生服务的欠缺。这种不合规矩的做法为他招来了非议。当然，有些人大概是出于同行相轻才大肆贬低。不过，儿基会的执行委员都喜欢他，盼着读他的报告。

吉尼是个工作狂，不是那么顾家。他夫人阿米莉亚·吉尼是个来自佐治亚州的温柔的南方女子，佐治亚人，很少来曼谷。山姆·吉尼一年中至少有六个月都出差在外，但每年他都回纽约三四次，参加儿基会总部会议或是执行委员会议，他夫人觉得留在纽约能与丈夫共度更多时间。他们夫妇俩有个儿子，叫做小斯伯格，是位杰出的科学家，曾任肯尼迪总统的助理科学顾问。虽然吉尼偶尔提到儿子，但是我们从未听他说过他儿子的工作。

山姆·吉尼"领养"了很多亚洲孩子，还资助他们上学。有一次，吉尼在韩国阑尾穿孔，病得厉害，还不忘嘱托他人定期把钱寄到仰光，资助他领养的两个缅甸孩子。

我欠山姆·吉尼很多很多。他给了我一个机会，让我这个香港记者脱离了英国的殖民统治。他批准我离开儿基会脱产进修，完成学业后可以复职，如此一来，我在美国便能安心求学。我在儿基会的初期，他作为我的老师，帮我修改文章，对我严加指导。就是1951年我在香港对吉尼的简单采访，促成了之后我在国际卫生和发展领域那漫长且成果颇丰的职业生涯。

继续新闻工作

泰国的英文报社中有两家日报和一家周报。《曼谷邮报》的编辑是美国人，要求颇高。《曼谷论坛》由泰国人运作，《旗帜》周报由一位泰国公主所有，且这位公主参与编辑。后二者都急需英文的新闻材料。我报道过各种抗击疟疾和雅司病的全民卫生运动，抗击肺结核的疫苗项目，粒性结膜炎治疗项目，以及建立妇幼保健中心的项目。其中，雅司病是一种极易感染的接触性传染病。雅司病与疟疾都会使患者身体机能衰竭，或是致残，在儿童中更容易传播，不过注射一支盘尼西林便可治愈。

我是曼谷外媒协会里的活跃分子，并成功地与泰国媒体和中国媒体打成一片。尽管我是国际组织中的一员，但实质上还继续着记者工作，或是写稿工作。在此过程中，我很享受记者圈里的友情。

我还在工作中与泰国广播频道合作。这个广播是政府的宣传渠道，由泰国公共关系部门管控。政府频道时常引用儿基会的新闻，比如，在儿基会的支持下，新的妇幼保健中心投入使用，或者儿基会执行委员会批准一笔款项作为泰国妇幼保健项目的行动经费。

我到曼谷几个月后，结交了一位美国朋友，他是雪城大学一个组织派到泰国来的英文教师。他给我讲了讲雪城大学新闻学院的事情，该学院的学术水平在学界有口皆碑。我在大三结束时就离开圣约翰大学了，所以期盼自己能够完成学业，拿到文学学士学位。而且，我那个正值豆蔻年华的女友，曜华（克里斯汀），已和家人移民美国。于是去美国深造是我的下一个目标。一旦我下决心重拾学业，面对事业评级的不公，内心也稍稍平和些了。

虽然没料到，进联合国还不到一年就得到了晋升，但是我的不满并没平息。不过我的精力都花在如何通过媒体传播那些孩子的故事。不久后我就发现，那些妇女儿童都是儿基会的工作职责所在，而我不能只靠文字进行宣传。于是，我便开始使用办公室里那台"禄来福来"相机，令我惊讶的是，照相对我来说不过是件水到渠成的事。我运用图片报道儿基会在泰国的援助项目，这些报道被各大媒体广泛传播。我还和美国合众社驻曼谷办事处约好，独家刊载我的图片新闻。通讯员都忙着做硬新闻（重要、严肃、有时效性的新闻），他们乐意从我这里收到一系列软新闻，包括图片。

吉尼对我的"儿基会新闻报道"很满意，并汇报给了儿基会总部。第二年的工作开始之前，他派我到香港、台湾地区以及菲律宾出差，就妇女儿童项目，尤其是卫生领域的项目，进行采访，并收集可供发布的新闻材料。

回到香港，而后到访台湾

回到香港，我已不再是那个爱惹事的《虎报》记者了，而是一个联合国儿童基金会官员，来此帮助殖民政府。这次，得益于公共关系部门的帮助，我召开了记者招待会，大体介绍了儿基会在亚洲的工作，具体讲了讲儿基会对香港的帮助。我的很多老同事都参加了记者招待会，就我所述进行报道。

大约一年以前，台湾拒绝了我登岛访问的申请，如今要张开双臂迎接我了。台湾当局的卫生部门与小小的儿基会驻台办事处联手，为我制定了一个详细的计划，给我展示儿基会援助活动的开展，其中包括，在学校开展防治粒性结膜炎工作，以及注射卡介苗、防治肺结核的疫苗活动。我惊讶地发现，相对于亚洲其他国家和地区来说，台湾的公共卫生水平相对较高。运用新学的照相技巧，我做出了几篇图片新闻，展示抗击这两种传染病的项目进展。而后，这些新闻都被合众社驻曼谷办事处刊登出来。这些新闻也都寄往纽约的儿基会总部。

在日本占领台湾的 50 年中，殖民当局允许中国人学习医学，但不允许学习社会科学。这是为了防止英国在印度犯下的错误。当时在社会科学和法学上颇有建树的印度人都投入到独立运动中去了。这一政策导致，从每千人之中的医生比率来看，除了日本，台湾地区的这一比率高于亚洲的其他国家和地区。日本殖民者还在台湾地区推广小学教育，于是台湾地区的受教育人口比率远高于中国大陆。

日本在台湾地区的长期占领留下了一代沉浸于日本文化的台湾人，他们乐于使用殖民者的语言。同时日本也留下了实实在在的印记。国民党在省府台北建立了临时总部，有强大的驻军，可以见到士兵和兵站。毫无疑问，来自大陆的人管辖这一地区。但是岛上的小城镇无疑受到了日本影响，窄窄的街道，路旁的商店展示着自己的货品，小餐馆里有便宜的食物，店外用竖条旗子当招牌，都使我想起日本的小镇。

访问菲律宾

从台北飞往马尼拉的飞机上只有六个人：两个欧洲人、两个中年华人、一位中国老妇人和我。马尼拉的工作人员早就接到曼谷的电报，得知亚洲地区新闻办公室的官员将要抵达。卫生部的一位高官等在机场迎接我。他和司机在海关处等候。这位官员只知道我的名字，却不知长相。他觉得姓"凌（Ling）"的不可能是欧洲人，叫"杰克（Jack）"的不可能是女士，于是他便小心翼翼地朝那两个中年华人走去，问道，"您是凌先生吗？"见这二位摇头摆手，他的目光扫过我，告诉站在身边的司机，"我猜他定是误了这班飞机。"显然，他觉得我太年轻，不可能是儿基会亚洲办事处的官员！这时，我才上前介绍了我自己。

在 20 世纪 50 年代，菲律宾言论自由，受教育人口比率也高于其东南亚的很多邻居，因此，菲律宾人颇为自豪。美国管控了菲律宾 50 年，于是英语便被广泛使用。早在三个世纪之前，菲律宾人便受西班牙人影响，皈依了天主教。于是，相较于其他亚洲国家人民，菲律宾人似乎与西方人更为接近。得益于丰富多彩的乐队和夜店,马尼拉是外国人在亚洲最喜欢的地方。包括记者在内的很多观察者都认为,这个国家强于邻国,定会迅速发展,比亚洲其他有封建传统的国家强上更多。

我去东南部的吕宋做实地考察时,一位上了年纪的乡村医生私下向我抱怨说,一些菲律宾人觉得受美国殖民更佳,因为独立之后就要依靠裙带关系了,引来了贪污腐败。这大胆的想法使我一惊,但讽刺的是,几年后这位医生爬到了卫生部长的高位。

菲律宾人是个很有天赋的民族,很快就有新想法,分析起形势很有洞察力,还能给出有创意的解决方案。使我略有不解的是,如今菲律宾在经济发展上倒落后于中国台湾和韩国了。国家领导层有责任,该国过度依赖其最后一任殖民者则是另一原因。有人会说,菲律宾套用美国的政治体制,但这并不是最适合这个西太平洋多岛国家的体制,因为各个地区各自为营。不过,菲律宾人有个讨人喜欢的特点,他们非常幽默。我在马尼拉的一个朋友告诉我:"我们是一群疯狂的乌合之众。过了三百年的修女生活(西班牙殖民),又过了五十年的好莱坞生活(美国殖民),你还期望我们怎么样呢!"

由我写出并发表的文章和图片新闻都向亚洲区办事处的高级管理人员证明,我是个有价值的员工。但是我已有了别的计划。

申请继续上学

1953年,在美国朋友的鼓励下,我向雪城大学提出了入学申请。基于我当过记者和战地通讯员的工作经验,我可以直接做研究生。这让我大喜过望,决定不再考虑其他大学了。因为在雪城大学,我可以跳过未竟的本科课程,直接修读硕士学位。

同时,我还跟曜华(克里斯汀)保持着联系。我们基本上每天都通信。我数着用过的牙膏皮,盼望着去美国与曜华见面。每管牙膏能用三个月,用完三管牙膏就能见面了。

第四章 曼谷，天使之城

在儿基会工作 18 个月后，我把去雪城大学读书的决定告诉了吉尼。一周后，他把我叫到办公室，告诉我，除了脱产进修，他还打算派我去缅甸、印度和巴基斯坦，这样我就能从全亚洲离美国最近的地方出发了。而且，他还允许我沿途停留，比如，去日内瓦参加一年一度的联合国经济及社会理事会大会，会上将回顾儿基会的工作；再比如，参观儿基会驻巴黎的欧非办事处，在 20 世纪 50 年代，非洲大部依然受欧洲殖民统治。

我一边工作一边西行，路上所见的面孔由蒙古人种慢慢地变成了雅利安人种。和泰国人一样，缅甸人基本上都是蒙古人种。他们也跟中国西南少数民族关系密切。在缅甸和印度边境，两个人种的面部特征就没那么鲜明了，缅甸人肤色较浅，而印度人的肤色则比较深。民族自豪感和对种族的忠诚总是战事和争端的根源，但这在平民百姓间却没那么明显。人们平静地生活着，没有过多地考虑民族和种族。虽说所有的宗教都宣传和谐与和平，但是每个宗教中都有极端分子以其宗教的"纯正"作为其暴行的借口，从而满足私欲。

从曼谷到仰光，再到新德里和卡拉奇，我亲眼见到了大英帝国殖民遗留的印记。英音处于主流地位，宾馆和餐馆的侍者都称我"阁下"。我的工作就是在三国首都附近视察，但是吉尼也让我看看农村卫生所，考察疫苗计划的执行情况，这样我就能拿到第一手资料，了解儿基会援助项目如何帮助平民百姓了。"二战"刚结束的那几年，儿基会的装备物资十分匮乏，自然而然的，对于儿基会的援助活动来说，汽车即便不是最重要的装备，那也是主要装备了。那些印着儿基会标志的汽车就是我们组织的活招牌，但是驾车时的任何违规行为或是不当使用都会使儿基会陷入麻烦。一次，一个粗心的司机出了车祸，造成伤害事故；还有一次，儿基会的车半夜停在了红灯区，这显然不是儿基会工作人员在尽职责，这也不是在为妇女儿童服务啊！

从孟买到马赛

为了能让我从全亚洲离美国最近的地方出发,西行之旅只是赴美计划的一部分。于是,我没有花费大量时间写稿子,不过倒是为儿基会总部的图片部门拍了很多照片。为了能够经由欧洲到达美国,离开卡拉奇后,我便回到了印度,登上了从孟买开往法国马赛的客船。用了十天,我们才跨过印度洋,穿过红海,途中在也门的亚丁湾作短暂停留,最后在苏伊士运河河口的塞得港靠岸。在塞得港的集市上,有个小贩迎面走来,怂恿我给走在身边的两个锡兰女孩买纪念品。那两个年轻女孩和我同船,前往英国参加聚会。

"老爷,给两位夫人买点东西吧!"头戴红毡帽的小贩反复唠叨着。在阿拉伯世界,一夫多妻并不罕见,要是丈夫能公平以待,穆斯林教义允许他最多娶四个妻子。我被小贩的话吓了一跳,那两个锡兰女孩也略有不悦。

船上有很多去伦敦出差的澳大利亚人。出门在外,他们都很有趣,在船上组织一些娱乐活动,唱歌,跳舞,插科打诨。作为一个穷学生,我只买得起经济舱的船票,但是很多年轻的一等舱客人更愿意加入我们,在下层甲板上欣赏各种各样的节目。在这儿,一大群相当有才华的人自愿加入表演。

我惊讶地发现,多亏了澳大利亚人,航行之初的保守转化成了轻轻松松且不拘小节的友谊,连那些女孩子都从容起来。毕竟,大家是在海上,远离家乡,从平日的拘束中解脱了出来。嗨,为什么不好好享受呢!

第一次到日内瓦

在马赛上岸后,我要乘火车去日内瓦。但在火车站,我找不到这条线路的卖票窗口,霎时慌了起来,不过很快就反应过来,"日内瓦"是这个瑞士城市的英文名,而其官方语言是法语。为什么英国人要用

第四章 曼谷，天使之城

字母"a"替代其法语名字末尾的"e"呢（日内瓦：英文 Geneva；法文 Geneve）？那么，巴黎人称自己的城市为"巴黎"，为什么英语中的巴黎一词要在末尾加个辅音"斯"呢？意大利人称自己的首都为"罗马"，结尾有个元音"阿"，但是英语中的罗马一词就没有这个音。而维也纳这个名字呢，奥地利人明明管这个地方叫做"维恩"。当然了，法国人管伦敦叫做"郎德思"。

这恰恰说明，一直以来，大家都以自我为中心。就连给外国城市起名都不例外，没人考虑当地人怎么称呼那些城市。城市名称都由外人来定，而那些外人只图自己叫着方便。

我去过孟买这座喧闹的大城市，见识过上千万人口熙熙攘攘。我去过马赛，见识过这个大海港的繁忙景象。跟这两个城市比，日内瓦可小多了，一切井井有条，平静安宁，甚至有些超脱。同时，这座城市一尘不染。在日内瓦公交车站发生的那一幕，我至今记忆犹新。当时我在车站等车，要从宾馆前往万国宫，不常吸烟的我点了一根烟，随手就把火柴扔到地上。我在曼谷、香港、孟买都这样做。但这回，我感到有几双眼睛盯着我，眼神中充满着不满，那火柴落在了干净的街道上，仿佛发出了巨大声响。我低垂着双目，急忙捡起火柴，塞到口袋里。

联合国的欧洲总部坐落在日内瓦。每年，联合国经济及社会理事会都在此召开大会，回顾联合国各种工作，其中就包括"联合国儿童基金会"的工作。日内瓦这座城市风景如画，湖水清净无波，高山积雪覆盖，就是这样一座城市，在国际关系问题上有着丰富的历史。

瑞士是各敌对势力之间的缓冲国，一直保持中立。在处理国际争端方面，瑞士功不可没：国际红十字会是瑞士创建的机构；《日内瓦公约》约束参战国的行为，保护战犯权利。美国发动反恐战争以来，因虐囚事件违反该公约而颇受争议。不过，世界上大部分国家依然遵守这一公约。

万国宫的走廊

雄伟壮观的万国宫里有长长的走廊，每个拐角处都隐藏着洞穴般的办公室。这是联合国的前身——国际联盟的总部所在地。国际联盟是第一个为维持国际秩序而成立的国际组织，创建于"一战"后。这也是联合国欧洲总部所在地，每年夏天，联合国经济及社会理事会在此召开大会。1953年，儿基会第一任执行主任莫里斯·佩特要向委员会做年度报告，当时我也在日内瓦。佩特是个富商，身高一米八多，仪表堂堂，发色银白，泰然自若，待人诚恳。凭着这种风度，人们易于对他产生信赖。他早早便从商界隐退，而后时任美国总统的赫伯特·胡佛请他出山，出任儿基会的第一位主任。他总是独自出差，只乘坐经济舱，在管理刚刚建成的国际儿童组织过程中秉承节俭原则。

我在万国宫见到了佩特先生，他让我在他参会期间帮忙做些琐事。我惊讶地发现，这位儿基会的顶头上司待人友好，平易近人。我拿来文件，带他到万国宫里工作的地方。我当时还不知道，自己给他留下了很好的印象。多年后才得知，他跟山姆·吉尼说，这个从亚洲区办事处来的中国小伙子有潜力，将来能当儿基会代表。原话是这样的："他谦恭有礼，工作效率高，我来万国宫无数次了，但他第一次来就比我还清楚卫生间的位置！"摸清卫生间的位置不仅是为了方便自己——还能推动事业的发展啊！

结识台湾的曹先生

我是在万国宫初识曹先生的，他当了十多年的儿基会执行委员，也参加了联合国经济和社会理事会大会。他是台湾"国民政府"的代表，当时在联合国代表中国的是"中华民国"。曹先生很和蔼，熟知儿基会工作，认真履行职责。往后那些年里，我参加委员会会议时发现，在制定政策和回顾儿基会工作时，曹先生积极参与，提出了很多建设性意见。在联合国,台湾"外交官"面临危机,因为有很多成员国与新中国保持外交关系,而他们时常提交决议,力图将台湾开除,让北京顶上来。曹先生在儿基会执行委员会中也面临着同样的挑战。在1972年的联合国大会上,那些努力终于获得成效,将中国的席位交给了新中国。

我和曹先生在日内瓦见面时,他说自己想念欧洲的中餐。欧洲的中餐是特色美味,价钱昂贵,不像英美的中餐,一般都面向学生食客。20世纪50、60年代,当时台湾还不是亚洲四小龙,台湾"外交官"得在饮食上精打细算,选个合适的餐馆。"我实在嘴馋了,就去一家价格公道的意大利餐馆,点一份意式肉酱面,那味道像极了炸酱面。中国北方的百姓都喜欢炸酱面。"

巴黎和伦敦

巴黎这座大都市里有数不清的街区,每个街区都独具魅力。埃菲尔铁塔和凯旋门都是让人难忘的地标建筑,但我初访法国时,就在香榭丽舍大道和凯旋门附近,在迷宫般的街区里,迷失了方向。凯旋门就像是自行车车轮的轴心,无数的林荫道由此转着圈发散出去。一天晚上,我找不到回宾馆的路了。那地方的环形道路很容易让游客迷失方向。转错一个弯,我就迷路了。我的法语又不灵光,只能看着标志物找路了。我初访亚洲城市就靠这个技巧。

我记得在宾馆的拐角处有一家里昂信贷银行,但我真没想到,就算在20世纪50年代,那家银行已是个拥有无数支行的大银行。我的确找到一家,但是附近却没有我所住的宾馆。我花了好几个小时,最后深更半夜给儿基会的同事打了个求救电话,这才回到宾馆。

在伦敦的大英博物馆,我看到了中国皇帝的龙椅,那是镇压义和团得到的战利品。作为一个中国人,那真是耻辱啊!但是那把龙椅却如孔雀开屏一般,由紫红色的天鹅绒帘子映衬着,静静端坐在明亮的聚光灯下。

我在伦敦遇到了圣约翰的老同学杨铁梁,他祖上是英资太古洋行的买办。我们一起享受了一顿美食,那是他女友,也就是他后来的夫人准备的。后来,杨先生成了香港的大法官,由英国女王授予爵位。1996年,杨爵士竞选香港特别行政区第一任行政长官失败,放弃了爵位。

冰岛首都雷克雅未克

在20世纪50年代,要飞越大西洋可不容易。飞机从伦敦出发,先到汕隆机场,再飞往冰岛的雷克雅未克,在到达纽约之前还要经过加拿大的新斯科舍和纽芬兰。这次航行将近20个小时。那个时候航线很少,每一个飞越大西洋的人都熟知雷克雅未克,行经此处定要停下加油。

但是后来有了喷气式发动机,远程空运飞机可以在飞越大西洋过程中不作停留。到了20世纪70年代,就很少有人知道这个最古老民主国家的首都叫什么了。1987年,美国总统罗纳德·里根与苏共总书记戈尔巴乔夫在两国之间的这个城市举行了第一次峰会,由此,雷克雅未克又进入了媒体的视线!科技和政治的影响多么深远,能让一座城市消失和重现于大众的视线。

【第五章】

求学美国

纽约,大苹果

美国新闻署驻曼谷办事处的一位朋友赠给我一张纽约地图。有了这张地图,我还没到纽约,便对其东西南北、纵横交错的街道网络有了大致的了解。但是在人称"大苹果"的纽约市,摩天大楼比我想象的还高,来来往往的人比我想象的还多。最让我印象深刻的是,车水马龙,交通拥挤。来到纽约的第一个晚上,几个联合国儿童基金会的同事在联合国大楼附近的鸡尾酒吧给我接风。我站在五层,望向窗外,看着第一大道上似乎无尽的车流向北涌去,惊得无语。另一个深刻的印象就是,像是在地铁里这样的公共场所,西班牙语比英语用得更普遍。有些英文绝对不是英国的正统英语。我死记硬背,并在学校和工作中用到的语法规则,在这里却很少有人遵从。像洗涤剂这样的日用商品都推出"特惠装"。我认为"特惠"有"节约"之义,当是一小袋一小袋的,但其实是一大盒一大盒的。因为制造商想让消费者觉得自己买到的商品量大价廉,故而更加"实惠"了。

我到达美国的时候正值8月,在雪城大学开学之前,还有两周闲暇。依照职责,我向儿基会亚洲办事处作了汇报,并把十二个胶卷交给了公共信息部门的同事。那都是我在缅甸、印度、巴基斯坦拍的照片。没想到,那些照片为我赢得了热烈好评,总部的同事借用那些图片在媒体上宣传儿基会的工作。

我在圣约翰大学的校友，也是我的远房表亲凌德安那时在麻省理工学院读研，从波士顿回来过暑假。我一直都在热带气候区，对于这里的冬天毫无准备。凌德安知道我需要保暖的衣服，于是给了我几件他自己的衣服，其中就有一件很潮的双色夹克。有不少"约友"都在纽约，他们简单地讲了讲美国生活，包括在纽约生活的残酷现实。比方说，夜间不可在某些地区逛荡，走路时要表现出目的性，否则容易被当成游客，而游客恰是欺诈抢劫的目标。

告别纽约，我还有时间赶去西海岸看望曜华（克里斯汀），她就要进入加州大学伯克利分校读书了。于是我便匆忙赶往旧金山。

东西之间

旧金山与纽约全然不同。纽约地势相对平坦，但却是个立体的城市。成百上千人摞在一起，在高高的公寓楼中生活，在高高的办公楼里工作。这构成了壮丽的人为景观。而旧金山这座城市，有山，有港，有沙滩，自然风景秀丽。我大致一算，纽约人在上班途中平均花掉50分钟，加上下班，每天有超过一个半小时的时间花在路上。如果一天只有22小时，而不是24小时，那么我就可以理解纽约人那疯狂的生活节奏了。从时间压力和纽约人面临的竞争中解脱出来，我很欣赏旧金山的居民，他们待人更为友善，生活也更加从容优雅。

在旧金山，一项文明之举让我印象深刻。我初到此处便留意到了，现在依旧如此。行人过马路：纽约人即便等到了绿灯，过马路依旧很危险；但是在旧金山则不同，只要行人走下人行道，汽车便都停下来，让行人先过。

味是故乡美

很多海外华人都渴望家乡美食。离开祖国的最初几年里，我觉得，包括沙拉在内的各种生吃蔬菜，其实看着还行，但那是兔子和羊这样的动物吃的。奶酪让我想起一块块的香皂。于是，中国学生要表达爱国心，标准行为就是一到长假、春假、寒假，就直奔中国城吃中餐。在20世纪50年代的中餐馆里，不光有迎合美国人口味的杂碎，纽约和旧金山的中国城里都有高仿的中餐。

那时在美国，很多中国学生都来自权贵之家，全然不懂厨房之道。值得赞扬的是，为了"生存"，这些学生从做水和蒸饭入手，学了几招烹饪技巧。有些人厨艺比较高，少数几个甚至能整出一顿十道菜的宴席！

雪城大学

曼谷属于热带气候区，而雪城却是气候带上的另一个端点。秋天倒是凉爽宜人，树叶变成了金色或是红色。但到了冬天却是苦寒无比，叫人难以忍受。12月中旬的第一场暴风雪给城市覆盖了一层十英尺厚的积雪。我没料到寒风竟然如此刺骨，空气冰冷，真让人难以呼吸。

我申请雪城大学新闻学院时，校方准许我作为研究生，修硕士学位。于是我便认为，有了当记者和当儿基会新闻官的工龄，就相当于补上了未完成的本科第四学年。但是离秋季学期开学还有两天的时候，院长温和地告诉我，依照校规，不可将硕士学位授予没有学士学位的人。他说，一定要补上学士学位的学分，这是没有商量余地的。我很失望，抱怨道，自己存的钱只够一年的研究生阶段学习。院长感到抱歉，对我说，他会做特殊安排，帮助我尽快获得两个学位。

看了看可选课程，我觉得以自己的资历，一些基础的新闻课就不用上了，直接参加考试便可。跟院长商议后，我们制定了一个培养计划，第一学期修31学分，第二学期同时注册本科学习和研究生学习，但主要修习研究生课程，之后继续完成硕士学位所要求的学习。通常情况下，这样的方案需要至少两年时间来完成。但是，为了在三个学期内结束学习，我得尽量多修些学分。

从工作模式调整到学习模式可不轻松。上学，做笔记，做作业，这跟当记者、写新闻或是在办公室上班大相径庭。而且，我要修31学分，负担很重。在雪城大学的前三个月，我大部分时间都是在图书馆里度过的，只进了两次城。

采访市长

我的第一个采访作业本来是要去市政厅采访雪城校友，也是市长的常务秘书。没想到，我却得到了采访市长的机会，聊了近四十分钟。难以置信，在这个有着15万人口的中等工业城市中，一个大学生没有预约就走进市长办公室，采访市长！这在任何亚洲国家都是不可能的。我发现，在美国的政治体系下，经过选举产生的官员都对媒体很敏感，就连校报都深受重视，因为这些官员认识到，报章杂志对选民有极大影响。后来，我的这篇文章被译为中文，发表在《读者文摘》中文版上。第二趟进入城市是去一个中餐馆。那个餐馆是典型的杂碎馆子，那次也是最让人失望的味觉体验。

有幸的是，我之前和一个向泰国派驻教师的宗教组织有接触。借着这层关系，我住进了露丝·胡珀夫人家里。她的亡夫是位英文教授。家里除了露丝的三个儿子，还有三个投宿者，处处可见趣味十足的交谈。大家谈政治，谈国际大事。对我来说，这是了解美国价值观和美国政治的绝好机会。

一年艰难在雪城

我以优异成绩顺利获得31个学分，在雪城大学的第二个学期，我则用更多时间积极与各种学生社团交流来往，并加入了新闻专业的荣誉兄弟会"ΣΔΧ"。我还受到一些服务机构的邀请，在集会上发言，这些机构中就包括奥奈达市的扶轮社（奥奈达市离雪城不远，是美国早期试行集体制的地方，近似于乌托邦）。

不论从哪个角度来说，在雪城的这一年都是很艰难的。我要在各方面调整到美国式的工作和生活方式，还要逐渐了解美国教育体制。不过我学习成绩优异，完成学士学位时，院长助理告诉我，我的平均分很高，足以赢得"优秀毕业生"。

毕业那天，我是典礼上那一长串名单里的第一个发言人。在"雪城在亚洲"早餐会上，我谈到了西方工业社会和发展中国家之间的差异，还谈到了联合国在亚洲为满足儿童需求而做出的努力。发言结束后，迎接我的是一个惊喜。我获得了一枚金质奖章，"雪大在亚洲行政奖"。

留学生之间的差异

雪城大学以新闻专业、公共管理专业和林业闻名，这所大学里有不少外国学生。中国学生基本上都学习机械或者其他理工科。我是唯一一个学习文学和新闻的中国人。不过我们班里还有印度、菲律宾和日本来的留学生。

中国学生爱抱团。其中大部分人的英语都不灵光，还不愿充分利用学习机会，跟美国学生交流，提高语言能力。这让我感到很奇怪。印度和菲律宾的留学生都比中国留学生有优势，因为其殖民者都曾在他们的国家建立过英语学校。跟别国的留学生相比，印菲两国学生是课堂讨论的主角。而泰国留学生则像中国学生一样，羞涩寡言，只有别人主动攀谈才肯开口说话，他们得付出额外的努力才能赶上别的同学，完成阅读作业和学期报告。

在中国留学生和日本留学生这两个东亚团体中，有个非常有趣的不同点。中国学生自尊心太强，不愿将自己无知的一面表现出来，也很少提问。遇到新词，他们宁愿课后查字典。而日本学生则一点都不羞涩，敢于打断老师，让老师解释那个疏忽了的生词、短语或是习语。

我记得很清楚,一个日本学生打断老师,耽搁了整整十分钟,让老师解释"舌头在脸颊里面(tongue in cheek)"这个说法,其实就是"玩笑话"的意思。

难道中华文明五千年历史竟成了负担?难道顾及面子竟会阻碍我们虚心学习?

不同的学习方法

班里的学习氛围和我在上海时大不相同。我在上海求学时,老师讲课,学生记笔记即可。但在雪城,我被同学们的态度吓了一跳。学生对老师很随便,甚至有些无礼,他们称呼教授时直呼其名,有时还对老师所讲的内容提出质疑。历史课的教法完全不同。在上海时,我们熟记历史事件发生的日期和时间。在雪城大学,学习重点则是历史事件的意义和影响,这就使历史课有了趣味,有了意义。其实校方要求我必修美国史时,我心存怨怼,但后来,这门课却成了我最喜欢的课程之一。学了这门课使我了解了一些背景知识,可以更好地解读当前的社会经济和政治事件。

但是另一方面,反复背诵这种中国式学习方法也有意想不到的连带裨益。下苦功夫长篇背诵也许不一定会帮助年轻人获得该学科的知识。但是熟记背诵却能锻炼年轻人的脑力,这种苦修就是人生中一个成功因素。学习算术时,我们二三年级就要背"小九九",大部分中国学生在美国大学里的基础数学课上都出类拔萃,不过更高等级的数学研究就不仅仅需要背诵能力了。显然,美国的学习方法在诸如历史这类学科中更为高妙,更有效果。

斯坦福的诱惑

在雪城大学的第一个学期结束后,我就对斯坦福大学亚太记者奖学金一事产生兴趣。这个奖学金项目不仅能解决学费问题,还能解决生活费问题。院长得知我对斯坦福大学感兴趣后，他设立了一个研究生奖学金，金额略高于斯坦福，意图将我留在雪城大学。但是斯坦福大学授予我"雅戈比奖学金"，我就欣然接受了。首先是因为曜华（克里斯汀）在伯克利上学，离斯坦福只有一个多小时的车程。其次，我有了雪城大学的文学学士学位，应该在另一所学校拿硕士学位。同时斯坦福大学位于西海岸，风景独特，而且在学界的地位也比雪城大学高。

唯一的问题就是，我已经拿到硕士学位的一半学分了，要是继续留在雪城大学，再有一个学期就能拿到这个学位。但是按规定，斯坦福只承认外校6个学分，这就意味着，为了节省时间，我得放弃雪城的一些学分，马上开始在斯坦福大学的学习。

在加州需驱车

在雪城大学，我就住在"山包包"边上。由于校园坐落在圆丘上，我们便亲切地称其为"山包包"。由于我很少远行，也就没必要买车，当然我也买不起车。但是，在加州生活，没有车就好像是没有腿和脚一样，我必须得买一辆。我一到帕洛阿图就发现自己需要一辆车。帕洛阿图这个整洁的小镇距离宏伟的斯坦福校园很近，就在旧金山南边20英里处，离伯克利50英里远。曜华就在加州大学伯克利分校念书。我得买辆车，这样周末就能与她见面了。

我从二手车行挑了一辆1937年产的绿色福特四门轿车，付了200美元。我开玩笑说，自己跟这破车年龄相当，却还在上大学！驾驶室这边的车门轻微变形，阴雨天车内也下小雨。开车爬坡的时候，这辆老爷车就嘎吱作响，从变速杆处冒烟。不过我在西海岸度过的那十七个月里，这辆车尽了职责，待我不错。

阿瑟顿的打工生活

尽管有"雅戈比奖学金"，我手里有了些钱，但还是不够我去伯

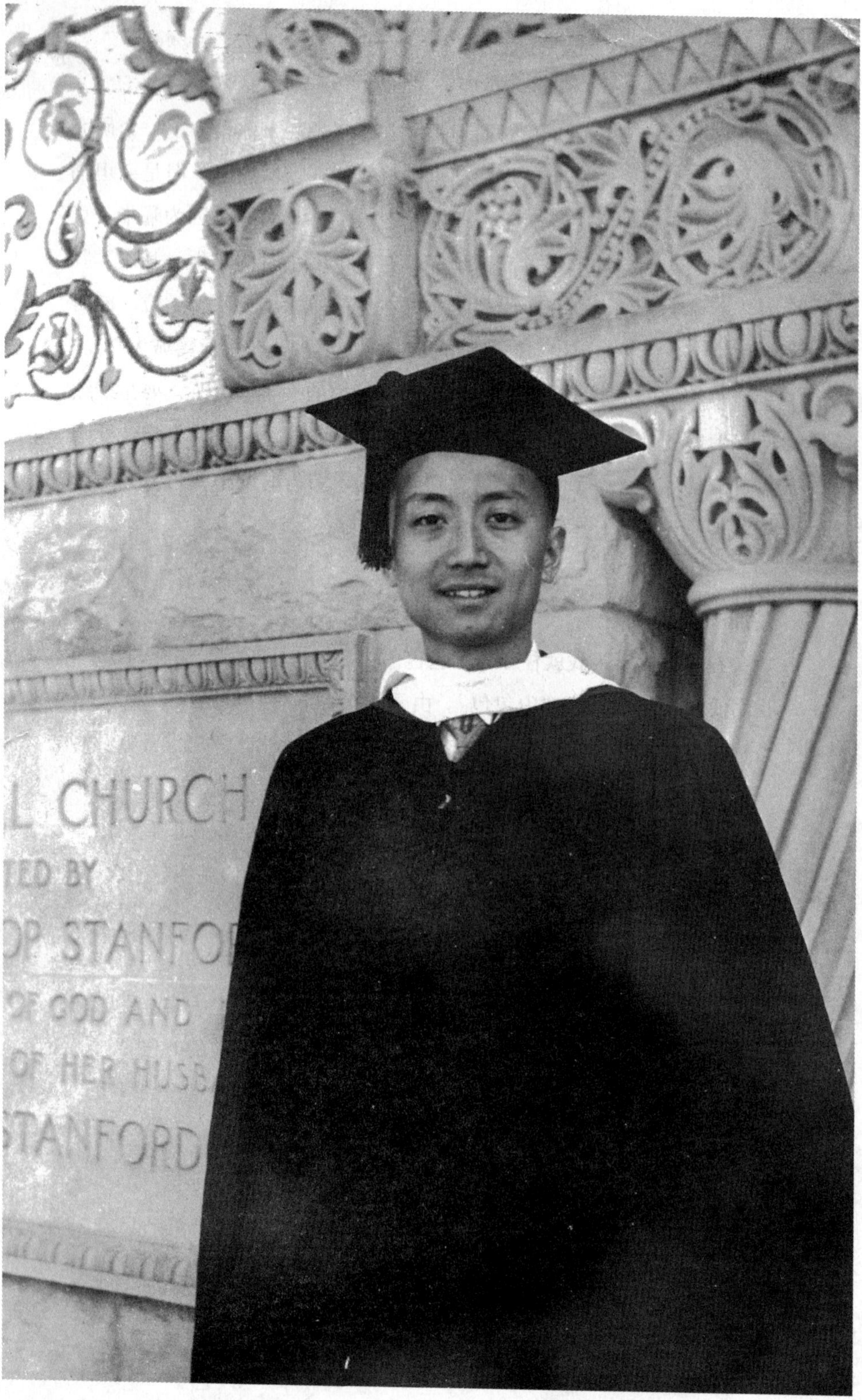
L CHURCH
TED BY
OP STANFO
OF GOD AND
OF HER HUSB
STANFORD

1 斯坦福大学毕业照。
2 斯坦福大学毕业时与未婚妻合影。
3 1954年与亚洲籍学生合影。

克利的花费。我的银行账户里只剩几百美元了。房租又是一大笔开销，所以我得找个活计，解决住宿问题。于是我在阿瑟顿找到了一家富有的牙医家庭，帮他们做家务。这个私人住宅区因秀兰·邓波儿而闻名。秀兰·邓波儿大概是有史以来最有名的好莱坞童星了吧。在阿瑟顿，占地不到一英亩，都不能叫宅院。我的住所就在这个风景优美的现代牧场里，房前有一棵弓着躯干的橡树，后院有个游泳池，牧场里还有两条狗。

　　我一人独占宽敞的佣人房，房间干净整齐，有盥洗室，紧邻厨房。作为交换，我住的家庭让我每周用吸尘器清理两次客厅地板，每天准备早餐的葡萄柚。牙医和他的时髦妻子自己煮咖啡，自己烤面包，但是我得在前一天晚上切开两个葡萄柚，将它们一瓣一瓣地掰开。他们每周在家准备两次下午茶，接待来自上流社会的客人，每当这时，他们还会请我帮忙。

　　用吸尘器清理客厅很无趣，但还能忍受。但是为了保持地板光亮整洁，一尘不染，我得在这漂亮的客厅里拖着块破布，走动的时候擦掉自己的脚印。我的确学会了如何优雅地切葡萄柚，虽然我掌握的烹饪技巧不多，但很自豪自己还掌握着切葡萄柚的技巧。而下午的茶会，我则被叫来为客人端茶和咖啡。我都不知道怎么端稳托盘。靠近客人的时候，咖啡壶总是在我胳膊肘后方。一位女士甚至往后一跳，将身子移到一边，才拿到咖啡！最恶心的是，我要在水池里擦掉盘里的食渣。我第一次擦的时候，恶心得不得了，我往水池里啐了一口，用粤语骂了几句脏话！

　　很快我就意识到，我不是做厨房杂务的料。我该运用自己的新闻学技巧，挣出自己的生活费。得知《帕洛阿图时报》正在招聘夜班记者，我立即抓住了这个机遇。每发一篇文章就能拿到 7 美元的稿酬，而我负责当地的政治活动消息，包括教育委员会和消防局的会议，这些信息都在晚间发布。

《帕洛阿图时报》的这份工作使我有机会从美国社会草根阶级的角度了解当地政府和政治活动。美国没有说一不二的中央政府，而拥有数不清的州政府、县政府、市政府和区政府，每一级政府都有自己的职权。

六周后，牙医夫妇决定出游，而我决定通过劳动换取住在这里的机会。这是一个舒适的宅子，就坐落在帕洛阿图宁静安逸的居住区里。在这宅子的耳房里，我有一个房间，有盥洗室。能住在这样的房子里，我要做的就是每周用吸尘器清理两次地板。幸而，我从厨房杂役里解脱出来了。更重要的是，我的新业主夫妇都是斯坦福大学的校友，他们的孩子在斯坦福大学和帕洛阿图高中上学，而且他们对留学生深感兴趣，对市政活动和国际事务也很有兴趣。

我在雪城大学时的房东太太，也就是那位教授的遗孀，坚定地拥护民主党，我在帕洛阿图的房东却终生都是共和党人。但是说到当时代表两党政见的外交政策，我却没觉察出双方看法有何不同。

雪城大学与斯坦福大学

新闻学院的前身是世界闻名的传媒学院，不过研究生班只有九个学生。其中五个留学生，都有奖学金或者研究经费，剩下的四名美国学生都获得了"φβκ"荣誉。这三个希腊字母代表的荣誉只授予学业最为出众的本科生，他们也有政府奖金。

为了修读斯坦福大学的硕士学位，我得在拼拼凑凑的本科生培养计划里补上心理学课程。开始我还心怀不满，认为我的导师只是为了给我下马威才作此要求。就像当时在雪城大学选的美国史课，我又一次发现，我所讨厌的科目竟然是培养方案里最吸引人、最有挑战性的课程。学了这门课，我便对人与人之间错综复杂的相互作用有了了解。这位教授博学多才。我要毫不犹豫地向大家推荐斯坦福大学的心理学课程。

我在斯坦福大学的课业要比在雪城大学轻松很多。在雪城读书的时候，繁重的课业使得我没时间跟同学闲聊。而在斯坦福大学，时间更加充裕，我加入了大家轮流做饭的学生大食会，第三季度后，我和两个同学一起住进了邻镇门罗帕克的一所房子里。跟同学们课上课下的讨论让我很是兴奋，才智的碰撞令人激动不已。与我最亲密的两个朋友，一个是印度律师，他也在雪城大学念过书；另一个是从纽约来的美国学生，后来成了《商业周刊》驻莫斯科通讯员，而后成为核能领域的发言人。那位印度朋友则投身广告界，成了全印度最大广告公司的总经理，该公司总部设在孟买。

　　雪城大学的本科课程偏重报章杂志、广播新闻和电视新闻的基本要素，而斯坦福大学的研究生课程则偏重媒体的社会效应，专门领域的调查和研究，后者能帮助媒体更好地工作，担起作为第四阶级的社会责任。第四阶级即指新闻界，这是一种在政府分支中，非官方的一个分支，有着社会影响力和政治影响力。雪大也鼓励学生修读双学位，这样学生就有社会学或是心理学的专业知识了。斯坦福大学则开始关注发展中国家媒体的发展。在这两所学校里，我都尽量多选了几门写作课。

在斯坦福大学的学习

　　对我来说，在雪城大学和斯坦福大学的学习相辅相成。我对运用传媒手段推动发展这一课题颇感兴趣，这种兴趣大概源于在斯坦福上学时跟各国同学间活跃的课后讨论。几年后，随着传播学之父威尔伯·施拉姆和传播理论家埃弗雷特·罗杰斯来到斯坦福大学就职，这所大学便成了发展传播学研究的领头者。罗杰斯在创新扩散领域做了影响深远的研究，分析了将新的想法和做法引入传统群体的过程。从广义来看，这被看做是推动社会和经济发展的重要行为学研究；从狭义来看，这对于推广国际卫生保健工作有重大意义。

除了新闻学院开设的相关课程，我还选修了胡佛研究所开设的政治学课程，这个研究所主要由保守财团资助，对美国的新保守主义有重要影响。同时该研究所以收集大量政治哲学史料文献著称。在此，我了解了马克思主义和现代共产主义的发源，得到启蒙。我还在戏剧表演学院选修了公共演说课程。后来，新闻学院演化为传播学研究所，重点学科便不再限于媒体学了，研究领域大为拓宽，进入传播学领域。

谈及我的论文，研究所的领导和我的导师都不鼓励我研究大的课题，比如中国报刊通讯史！导师力劝我缩小关注点，如此一来，研究便容易掌控，也能在我于斯坦福求学这段时间内完成了。在几个论题之中，导师推荐我就图片说明和图片之间的关系展开调查。而且，他还指出，校方要求写论文只是为了检验学生是否有能力对一个假想或是一个问题进行深入研究，是否有能力列出一些依据，最终进行评估，或是得出结论。

当时，报刊编辑并不重视图片说明。大多数编辑认为图片本身就呈现了所要说明的一切，所以对图片说明的写作工作并未加以重视。而我要研究的正是，是否写在图片说明之前的醒目概要可以起到帮助理解的作用。我提交了开题报告，得到了小额科研资金，该项资金支持我对于我所提出的假说进行研究检验。我认为，读者初读图片会被其误导，因而，醒目的图片概要就像新闻摘要一样，可以帮助读者进行理解。我从斯坦福大学毕业后的半个世纪里，媒体领域迅猛发展，尤其是电子媒体和网络媒体迅速兴起，这便使得图片说明于平面媒体之意义这一研究变得毫无意义。

除了夜班记者的工作，我还在第一个行为科学研究中心找到了一份数据员的工作，负责用计算机输入数据。这个研究中心是由福特基金会建立的，坐落在斯坦福主校区后方的小湖上。研究中心的同事都是全职教授，由于他们平常要担起教学任务，有些研究没有做完，于是便在休假期间来到这里完成未竟的工作。在这个研究中心里，每个办公室都有穹顶，走廊的地板上设有缓冲物，这样就消除了走步声对科研人员的影响。整个建筑的巧妙设计就是为了让杰出的科研人员之间进行互动，激发灵感。研究中心里还设有休闲区，供这些顶尖的脑力劳动者交谈或是交换意见，里面还有煮咖啡和烹茶的机器。我给《帕洛阿图时报》写了篇文章，介绍这个研究中心，按照惯例，得到了七美元的酬劳。

我还被派往伯克利的一位政治学教授那里，就退休者的选举行为进行开创性研究，时薪一美元。我还在法学院图书馆里装订了一些卷宗。当我从斯坦福大学毕业时，银行账户里比我刚来时多了几美元。

我没有用整整一学年的时间做研究写论文，而是决定先马不停蹄地完成所有功课，将剩下的六周时间全部用来写论文，也就是收集资料并且进行分析。这个计划进行得很顺利，我完成了论文的撰写，并且答辩成功。来到斯坦福大学就读10个月之后，就在4月1日愚人节这天，我拿到了硕士学位。

回顾过去，我并不鼓励大家在小学和初中阶段跳级，也不要在大学阶段制定紧张的学习计划，不要在短短的时间里见缝插针地修完额外的学分。我相信，自己跳过初中的第三学年时，也遗失了一些青春年少的时光，那时我竭力扮成熟，让年长的伙伴接受我。同时，我也希望当时在雪城大学和斯坦福大学能放慢脚步，更加彻底地吸收新知识，接受新观点。而这正是求学之目的。不过，那时我受迫于时间限制，在儿基会办理的留职进修是有时限的，加之我的经费也快花光了。我当时热切期盼回到真正的工作中去。

在《本德通讯》实习

尽管我当时办理的留职进修只有18个月，不过在儿基会驻曼谷负责人，也就是我上司的介入下，儿基会同意延长我的离职期限，再给我几个月，这样我就可以充分利用政府给留学生的实习时间了。我在斯坦福大学的导师把我推荐给了一位校友，他是俄勒冈州一家日报新上任的出版人。4月1日拿到学位的第二周，我便驱车穿过加州北部的红树林赶往本德，加入了《本德通讯》的编辑队伍。

结果我发现，这家报纸的编辑部只有四个人。出版人既是总编又负责撰写社论。执行编辑同时也是经济新闻编辑，其社会新闻编辑兼任社区记者通讯稿的编辑。我则是唯一一个全职记者，也是唯一一个全职的专题作者。

本德是座宁静的小城市，只有六千人口，坐落在人口稀少的俄勒冈州中部的山谷里。城市在高山环抱之中，湖泊处处可见。这田园诗一般的好风景是打鸭子等户外运动的佳处。《本德通讯》是俄勒冈州那片地区的唯一一家报纸，有六个小社区订阅，读者总数不超过三万人。想去邻市的话，至少驱车一个半小时才能到首府撒勒姆，或是驱车两小时前往俄勒冈州的大城市波特兰。距离并没有困住本德居民，为了一顿午餐开车150英里，他们眼睛都不眨一下。那段宁静的日子之后，本德成了俄勒冈州冬季运动的热门景点，尤以滑雪闻名。

作为这里唯一的通讯记者，从市政预算到包括重罪案在内的庭审案件都在我的报道范畴之内。所以我很引人注目，况且我又是那个地方唯一的中国人，便更显得突出了。小孩子在街上看到我就停下脚步，呆呆地盯着我。当地各种组织都邀请我参加活动，讲讲自己在亚洲的经历，其中就包括扶轮社和妇女组织。甚至有一回，在教堂里，我站在牧师的布道台前向大家讲话。我跟牧师还有当地的法官成了朋友。那位牧师是县里的共和党议员，而法官则是民主党人。像在本德这样发展规模较小的乡村地区，党派关系就显得不那么重要了，面对问题时，很少有人因意识形态或者出于对自己党派的忠诚而选择立场。无疑，暂住本德的那四个月里，我加深了对于美国政治的理解。看到普通民众能够通过自己选举出来的官员表达自己的忧虑及关心，而那些官员也不负重望，我十分钦佩。

出乎意料，我在这里第一次得到了采访好莱坞明星的机会。柯克·道格拉斯来镇上拍电影《玉帛干戈（印第安勇士）》，我便分别采访了这位大明星和他的前妻——一位英国女演员。有几个小孩子在片场跑来跑去，我猜其中一个也许就是后来获得了奥斯卡奖、成了好莱坞超级巨星的迈克尔·道格拉斯吧。

由于曾在联合国儿童基金会工作过，我特别关注儿童健康事业，就各种健康问题展开一系列专题报道，因此俄勒冈州卫生局专门给我写了封表扬信。

并且，为了青少年夏令营活动，还有面向欧洲和拉美来访者的开放活动，在主办方的要求下，我曾试着在暗房里洗照片，还做了些编辑工作。

回到纽约儿基会总部

夏天一结束，我就告别了本德，和曜华（克里斯汀）在伯克利相聚，度过了周末，然后乘火车前往纽约。我接到通知，要向儿基会总部的公共新闻处汇报工作，并将与各个部门共同工作四个月，这样一来，等我回到曼谷的老岗位上就能更高效地工作了。

我之前来过纽约，但此行则不同，这次我要住上四个月。我的十一舅，也是一个"约友"，是个不折不扣的纽约客，他曾在纽约大学和哥伦比亚大学就读。他帮我在西区大街找了间公寓，临近72街地铁站。公寓里还有一个住户，是退了休的女裁缝，是神体一位普世教会的成员。她帮助我领会主祷文的真意和其普世意义。我从祷文中得到了些许安慰，打动我的并非是其宗教意味，而是其文字之简洁与普世性。这祷文提醒我们，我们是人类这个种族中的成员，我们该为自己所拥有的一切而感恩，最重要的是，以宽恕待人。

我和另外四个"约友"做了约定，大家轮流准备晚饭。轮到我，我就做些最简单的菜应对一下，这颇令其他人懊恼，他们的厨艺都比我高，都能端出像样的中式菜品。要是没记错，我总炒青豆牛肉丁，再炒点洋葱，每个菜上面都盖个煎蛋！为了烹出中国美食的香味，我就加点酱油，或者雪莉酒。所以一轮到我，他们就得忍受我这糟糕的厨艺。不时地，我也从唐人街买点现成的烤鸡或者烤鸭，再配点中式糖果。

唐人街有个厨师善用鸡油炖鱼，一到周末我们就去畅饮一番，顺便见见厨师的漂亮女儿。对我来说，周末也能与朋友们探讨信仰和宗教。那年秋天，我十一舅和我之前的室友每周日都去唐人街参加浸礼会教堂的活动。我敬仰那些有虔诚信仰的人，他们似乎从信仰中得到了平和，但是我看不惯形式多样的拜神行为，比如唱诗，还有各种仪式。甚至基督教派之间还互相质疑，这让我很惊讶。

更重要的是，大多数牧师都宣扬自己的宗教才是正统，那些不遵从他们的人都不是真正的基督徒，也上不了天堂，这些使我难以接受。我就是不能认同一个宗教优于另一个宗教。最后我跟浸礼会的牧师就这一根本问题争论起来。牧师让我乞求上帝的宽恕。但我坚持己见，认为上帝的心胸没那么狭窄，他不可能诅咒成百上千万的佛教徒和穆斯林教徒，将他们打入地狱。

很遗憾，我在宗教问题上的探求并不成功。我认为，定有事物能凌驾于人类灵魂之上。人世间有这么多不公，也许在另一个世界，这些受尽不公待遇的人会得到补偿。上帝可以以任意形象出现在任意地点，也许根本就没必要指出谁优于谁。我不是无神论者，但也许可以称作是不可知论者。

人生中最严肃的问题

除了在精神上的求索，我还在考虑如何能去西海岸，和曜华（克里斯汀）在一起。我们一直通过写信或是打电话保持联系。到了冬季，我想清楚了。我和曜华情意相投已有三年多了，我们之间的感情经受住了时间的考验。我不想离开她,不想独自一人回到曼谷工作。

我鼓起勇气,向曜华提出一起去曼谷,同时向她父亲提亲。曜华的父母希望从长计议,因为曼谷很遥远,而曜华正在加州大学伯克利分校读大三。婚事可以再等一等。后来我才知道,曜华的父母是想劝阻她,不让她嫁给我。但是我们心意已决,到12月初,我们已经开始计划在伯克利办婚礼了。

婚礼是由曜华安排的。婚礼前三天我还乘飞机前往旧金山。1956年1月28日,我们在一个不分教派的教堂里举办了简单的仪式,仪式由圣约翰大学前任主席、圣公会的沈嗣良牧师主持。婚礼很简单,来宾只有一百多人。仪式之后有个茶会。第二天,我便带着我的新娘前往纽约了。

在这两年半的时间里,我获得了一个学士学位,还有一个硕士学位,同时我也不再是单身汉了!回到纽约继续工作的我又得到了儿基会的提拔,晋升为专员里级别最低的一级。算上我之前在曼谷工作的两年,我的级别为一级专员,处于第三阶段。跟联合国驻曼谷办事处与我职位相当的同事比,我还是低了两三级,不过至少这第二次晋升把我提到了专业等级里。

1 1956年结婚照。主婚人沈嗣良是圣约翰前任校长,是位牧师,后去美国,在一个教堂做牧师。穷学生的婚礼很简单。新娘的礼服还是岳父出钱买的。
2 2012年全家福。

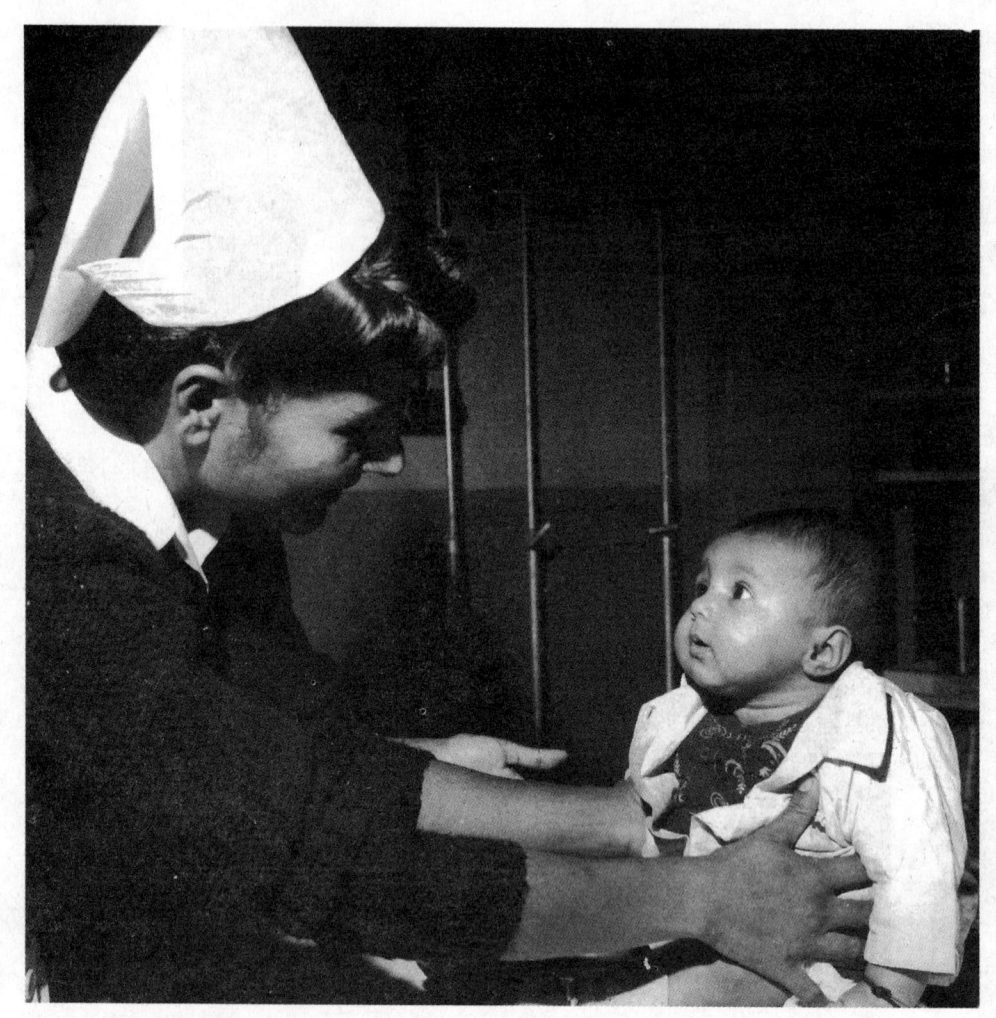

孟加拉，照顾孩子的护士。

【第六章】

东归之行

1956年，联合国儿童基金会派我经由欧洲、印巴，回到亚洲。圣人一般的儿基会主席莫里斯·佩特先生批准我和妻子一同前往曼谷，并批准了我们二人的行程经费。

这是曜华（克里斯汀）第一次离开父母远行，在过去的20年里，曜华备受呵护，生活无忧，但好在她很快便适应了，游历了巴黎、日内瓦、罗马、维也纳和开罗。对她来说，每次停留都能拓宽视野。除了维也纳，每到一处，我便向儿基会办事处，以及与儿基会在儿童卫生和营养项目上有合作关系的世卫组织和联合国粮农组织做简报，熟悉工作。儿基会给我安排漫长的旅行是为了让我开阔眼界，同时这也是我和曜华的蜜月之旅。

与四舅重聚

我们在维也纳拜访了四舅。在上海时，四舅和外公一同经营繁忙的诊所，二人专攻儿科，配合默契。但在分配家财一事上，家里纷争不断，于是在1948年，四舅离家前往欧洲。四舅先是在瑞士求学，力图在内科和儿科领域深造，而后前往奥地利，成为一家医院的住院医生。起初，四舅可以从上海的家里获得经济补贴，但是在1949年便断了联系，只好开了家中餐厅，这才收支相抵。

我已有近八年没见过四舅了，发现他还是那个求知若渴的人，他选的课程从音乐到各种体育运动，无所不包，四舅还喜欢质疑公认的看法。小学时，我就是从他那里知道从持修正主义论者的角度是如何看待历史事件的。比方说，我们这些孩子都崇拜三国时期"刘关张"蜀国派系（公元200年至公元280年）而憎恶曹操。四舅则认为他是杰出的政治领袖，为其人民的福祉而奋战，而史家却未能公正地评判其功过，全因为他不是大汉刘家的后代。在维也纳，我们没时间再聊三国，不过能再见到四舅已经很开心了。

吃了几个星期的西餐，能在四舅的餐厅里享受美味的中餐，这对我和妻子来说算是盛宴了。后来四舅来到美国，轻松地考下医师从业证书，在田纳西和纽约的公立机构里担任内科医生，直到逝世。

叹美景

行至各处，曜华（克里斯汀）都不由得为我们共赏的美景而倾心，唯独在罗马时除外。一场意料外的大雪为所有的名胜古迹裹上了厚厚的银装，但在游客看来，各处景致毫无差别。有位导游一直在喊，"罗马一片雪白，真是奇迹！"

在开罗，我们二人为金字塔惊叹不已。我们的开罗之行很简短，除了参观壮丽的金字塔，我也想不起我们还做了什么别的事。对了，我们还在帐篷餐厅里共进晚餐。由于曜华一点都不喜欢吃羊肉，我还跟侍者沟通，为她点了鱼和薯条。

回到亚洲地界，我也有了实实在在的工作：为媒体照照片，积累影像资料。儿基会开展了一个项目，覆盖其对亚洲国家进行援助的方方面面，该工作便以巴基斯坦的卡拉奇为开端。我认为，曜华作为儿基会官员的夫人，也应该把自己的工作方向往儿基会的工作上靠拢。所以，只要条件允许，曜华就随我一同采集第一手资料，看看欠发达地区的孩子们面临怎样的严酷问题，看看政府如何考量，又如何通过儿基会的适度援助改善境况。

是狗还是羊

曜华是在城市里长大的。一群山羊在我们的车前溜溜达达，她却问我们的巴基斯坦同事，为什么出了卡拉奇，土路上有这么多狗。这可让巴基斯坦的同事吃了一惊。我们在麻风病人治疗所时，我让她跟医疗人员和四肢畸形的病人聊一聊，却把她吓了一跳。城里贫民窟的孩子们生活环境极其肮脏，这打动了曜华，让她意识到了儿基会工作的价值所在，为此，我后来长期离家进行实地工作，曜华也更为宽容，不多计较了。

在新德里，我们准备向南飞往印度孟买，此时，曜华发起了高烧，要留在当地医院接受治疗。向南行进的计划很详尽，难以更改，于是我就将她留下，独自先行了。曜华年方二十，作为她的丈夫，我没有将自己的责任考虑周全，只把她交给了儿基会的同事，却没留钱给她。待曜华康复了，准备赶到我身边时，我已经离开孟买，到喀拉拉邦的特里凡得琅市去了。她打电话到孟买找我，酒店前台却说我已经退房了。这让曜华惊得不知如何是好，不过儿基会的同事让她放心，劝慰她说，他们知道我去往何处了。

儿基会的同事给曜华安排了去特里凡得琅市的行程，中途要在金奈市停留，但在金奈机场，本该飞往特里凡得琅市的飞机却因引擎问题而取消航行。曜华恳求航空公司的工作人员，希望对方安排她登上当天起飞的下一班飞机，因为她不能在身无分文的情况下，在一个陌生的城市里过夜。对方怜悯她的遭遇，在当天下午的航班上安排了一个座位。我们好不容易在特里凡得琅市的机场相见了，不过当时她表现得异常平静。

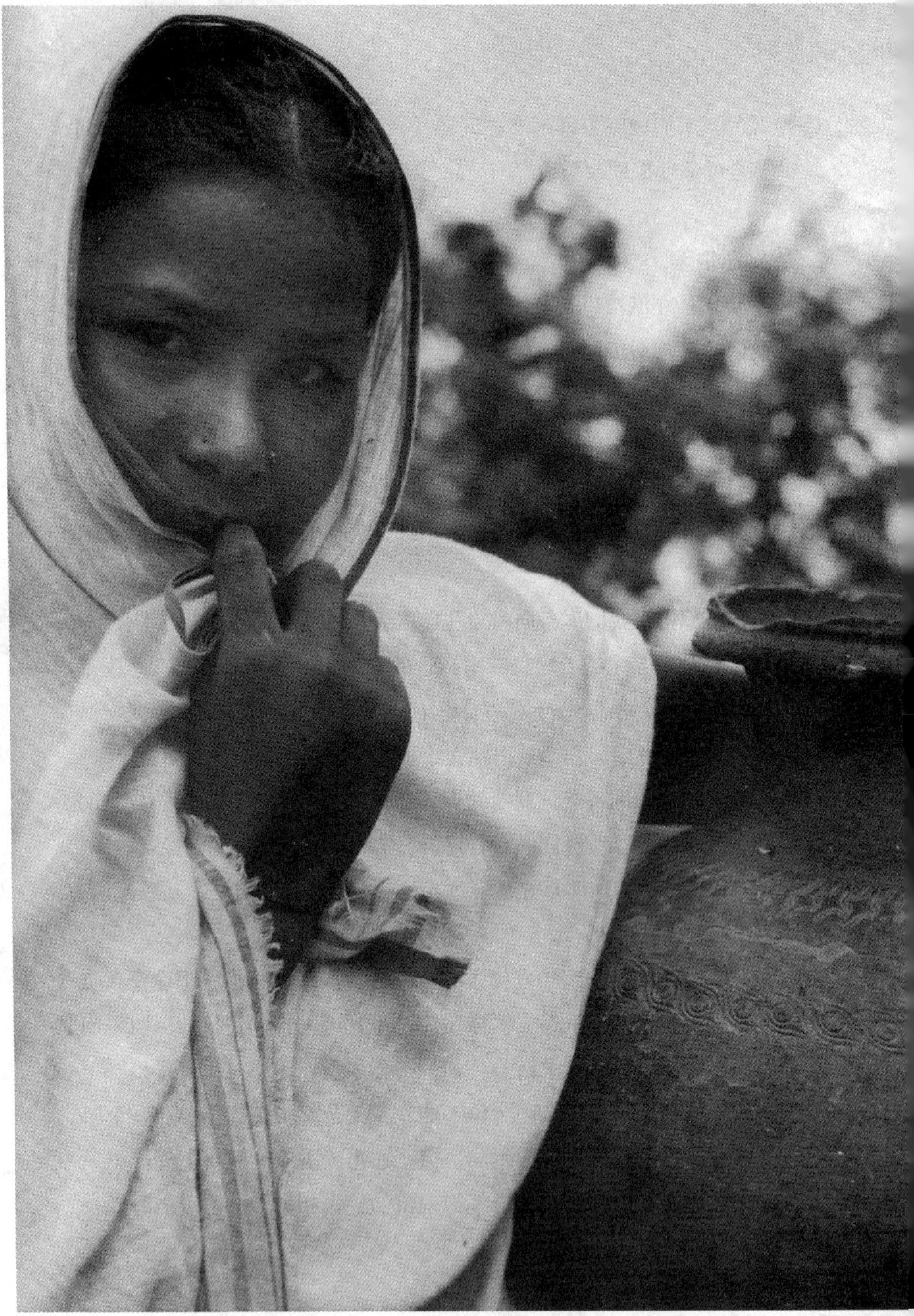

1 印度,取水途中的女孩。那时,第三世界国家的女性每天有三分之一的时间花在取水上,而且还是不清洁的水。今天恐怕有许多地方还是这样。

2-3 孟买,露宿街头的儿童。

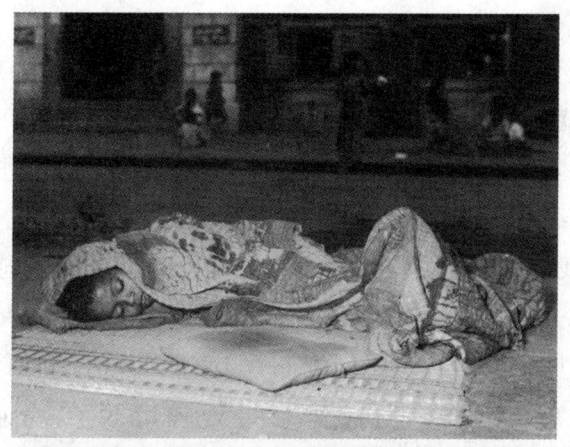

印度、巴基斯坦之行

作为印度最先进的城邦之一，喀拉拉邦声名远播。其受教育人口比例大大高于其他邦，卫生水平也远高于全国平均水平。在郁郁葱葱的山谷之间，在井井有条的海滨渔村之间，我们亲眼看到那些妇幼保健中心人来人往，工作有序，还给接生婆提供培训，这倒是很有趣的尝试。

我当时并没料到，20年后，喀拉拉邦被发展共同体列为社会发展较好、国民生产总值相对较低的典型。实际上，于1978年召开的意义重大的阿拉木图会议上，喀拉拉、斯里兰卡和中国的赤脚医生项目被列为初级卫生保健方面的实践范例。

我们从喀拉拉邦出发，继续向前，穿过南印度首府金奈。途中，我们二人参加了展映礼，观看了一部关于名歌名舞儿基会亲善大使丹尼·凯耶的纪录片。我上台，当着几百位观众的面讲话。面对这临时邀请，我毫无准备，只代表亚洲办事处应付着说了三分钟。不管怎样，我觉得大部分观众都听不到我的声音，听到的人也有可能听不惯我的英语口音！

从金奈出发，我们一路向北，行至加尔各答。作为东印度的大都市，加尔各答不负盛名。城市中有些地区有高耸的大楼，这些地方看起来非常宏伟，这明明就是英国殖民者遗留下来的。不过那些官员显然忽略了另一些地区的发展。那些地方有很多公寓楼和贫民窟，里面住满了涌进大城市追寻美好生活的农民工。街上还有各种各样的动物——骆驼、牛、驴、马、羊。这些动物在川流不息的人力车、三轮车和老爷车间穿行，这幅景象极其有趣。交通本就拥堵，街上还有不少懒洋洋的牛在慢悠悠地走，汽车都要给这些神圣的动物让路，绕开它们。酒店门口则有一大群乞丐，老老少少，还有几个肢体残疾的。在饭馆进餐时，玻璃上贴着好几张饥饿不堪的脸，着实让人不爽，这也让我记起了当年在上海度过的最后一段时光。

第六章 东归之行

我们从西孟加拉邦首府加尔各答出发,前往达卡。达卡,原名Dacca,曾是东孟加拉邦的首府,后来成为东巴基斯坦首府,现为孟加拉国首都,更名为Dhaka。东孟加拉和西孟加拉使用同一种语言,共享灿烂文化,其中就包括诺贝尔文学奖获得者泰戈尔诗篇的教诲。但是宗教使其分裂,伊斯兰教信徒占领东孟加拉,构成巴基斯坦东翼;而印度教信徒则保留西孟加拉,作为印度的一个邦。东巴基斯坦人认为,相较于西巴基斯坦,自己受到了巴基斯坦政府的不公待遇,经历了一场恶战后,东巴独立,建立了孟加拉国。

20世纪40年代末的那些年,英国的殖民统治完结,印度开始分裂,旧日邻邦相互奴役,相互屠杀,发生了数不清的悲剧。每个家庭都能讲述一段揪心的往事。上百万人死于屠杀,上千万人远离故土,寻找安身立命之所。这两个宗教的创立者绝没料想到日后会有血流成河、凶残不堪、惨绝人寰的悲剧。回顾分裂时期的大屠杀,虽说人们对于宗教的狂热态度是仇恨情绪与报复行为的主要原因,但是对于印度次大陆上发生的分裂斗争来说,英国的殖民者有不可推卸的责任,是其统治造成了这一致命后果。

就是在达卡,我掌握了穆斯林社区医务人员的人力资源分配情况。由于大部分当地人信仰伊斯兰教,他们无法接受由女护士来护理男性,于是,在东巴基斯坦只有几百名护士,其中大部分都是少数族群里的佛教徒和基督徒。医务人员中,护士还没有医生多。

由我们1956年的访问可见,如果我们不行动起来,不努力提高公众对于护士这一职业的敬重程度,不破除反对护理行业的文化壁垒,那么东巴基斯坦的护士人数绝不会与其总人口数相匹配。用不了一百年,护士学校就能培养出足够多的护士,来护理东巴基斯坦现有的人口。不过,用不了一百年,除非东巴基斯坦采取行之有效的计划生育手段,否则其人口至少要增长十五倍!

也是在达卡,我的新娘兴奋地告诉我,我们终于找了家能洗热水澡的宾馆。实际上,就是把水储存在管子里,放在火辣辣的太阳下晒一天,把冷水晒成了热水。

仰光与曼谷

从达卡出发,我们又返回加尔各答,这是为了前往缅甸的首都,仰光,该国国家和首都的英文名称曾分别为 Burma 和 Rangoon,现分别为 Myanmar 和 Yangon。这是我第二次到访此地,但时隔两年半,仰光却一切如旧。儿基会的援助项目进展甚微,闲散安逸的佛教徒生活也毫无变化。仰光大宝塔是一座壮丽的舍利塔,其外观像是倒扣的冰激凌锥形蛋卷。由仰光出发,行至不远处,路上依然挤满了求神拜佛的善男信女。

不过,看到缅甸媒体干劲十足,看到在吴努(于1948年至1956年任缅甸总理,曾任缅甸反法西斯人民自由同盟主席)政府统治下,知识界积极参与国事讨论,我颇为叹服。这个国家实行军事化统治,尽管受教育人口比例相对较高,报刊发行量却出奇的低,这与泰国形成了鲜明对比。两国都是大米出口国,人口两千万左右,信仰佛教。当时我确信缅甸会在经济发展和社会发展方面超过泰国。在飞往曼谷的飞机上,吴蕴,这位资深的联合国工作人员与我同机,我还就仰光媒体的活力向这个缅甸人表达了庆贺之情。

当然,事实证明我的判断错得离谱,泰国各方面的发展都远远超过了缅甸。尽管缅甸的军政制度在新千年的第二个十年放宽铁腕统治,该国却依然是世界上最贫穷的国家之一,而泰国这个新兴的民主国家却崭露头角,生活水平不断提高。

回顾过去,我发现自己并没预料到缅甸会发生军事政变,也没料到该国能有长期的铁腕军政。同时,我没有认识到泰国君主制度起到了至关重要的稳定作用,也没认识到泰国出现了新一代知识分子。他们有进取心,有修养,其中很多都是华裔,正是这些人让泰国跻身"亚洲经济四小龙"之列。对于国家的经济发展和社会发展来说，开明的领导层和适度的稳定都是必不可少的促进因素。

在东南亚的其他国家，总有反华情绪，但是华人移民却融入了泰国生活，这颇引人瞩目。慈悲为怀的宗教信仰绝对是一个促进因素。从人种上说，华人与泰人也同宗同祖，密不可分。

20世纪50年代，我初到曼谷工作时，华人与泰人之间有明显的界限。海外华人总认为自己更为勤奋，自己的文化更为先进。我担心，华人集中在城市中心，专注于经济发展，而泰人多居住在农村地区，更专注于农业生产，如此一来，华人与泰人之间的界限会越来越明显。

这次回到曼谷，加之后来在20世纪80、90年代再访泰国，我惊喜地发现，很多华裔泰国人已经进入了政界和学界。有几位显赫的大臣也是华人后裔。大学里满是华裔学者。他们并没让界限越发明显，而是专注于缩小泰国的城乡差距。在如今的泰国，有人会说，华裔泰国人和印度裔泰国人在社会上的地位更像是以肯尼迪总统为代表的爱尔兰裔，或是以艾森豪威尔总统为代表的德裔在美国的地位。

在20世纪50年代到70年代的这几年里，泰国社会如何发生了这样的变化呢？这是个有趣的社会学课题。我猜想，第一代泰国华人移民的后代到海外留学，其中很多人发现自己与大陆华人的不同，而且这些人的根又在泰国。就在这些回到泰国的华裔中间，走出了很多泰国社会中商界、政界和学界的大人物。

安家曼谷

离开曼谷30个月，故地重游，一切都那么熟悉。由于联合国把亚洲分部设在了市里，外交圈子里的侨民也需要住所，郊区便多了些住宅和公寓楼。

回到曼谷的前三个月里，因一位同事请假回国，我们便接管了他的住所，以及他的泰国佣人。我那位年方二十的新娘进入了全新的环境，

在曼谷的一家餐厅中与妻子合影

之前也没了解过当地语言。考虑到这些，我认为曜华适应得相当不错。跟家里的佣人交流时，她边打手势，边说洋泾浜泰语。不过，很快医生便确认了我们在加尔各答时的疑虑，只是那时我们坚决不相信自己的猜测。在加尔各答，曜华食欲猛增，尤其在酒店附近的中餐馆吃饺子时，我们又重新点了两次餐才吃饱！我们当时否认这是怀孕的征兆。不过曼谷的检验结果不容置疑——曜华怀孕了。

带着这个好消息，我们在曼谷安了家。

我的上司，山姆·吉尼

斯伯格·米尔顿·吉尼是联合国儿童基金会亚洲地区负责人，责任范围覆盖从阿富汗到朝鲜半岛的大片区域。他是个非同一般的上司。

他很赏识我,成了我的良师——不仅将我的视野从新闻界扩大到公共关系方面,在我的自我充实过程中也提供了帮助。

吉尼鼓励我完成学业,帮我安排停薪离职,为我的新闻稿提供修改意见。

斯伯格·吉尼,大家都叫他山姆。他在联合国算是个奇葩,衣着不整,还总叼个烟斗。对于各国政府工作的不力之处,他直言不讳。他曾为卫生界的权威期刊《柳叶刀》撰文,题目为《假如我是亚洲的一位卫生部长》。看到这个题目,我吃了一惊,怕会激怒一些敏感的卫生部长,引起他们抗议。我向山姆提出建议,问他是否可以换一个题目,他喊道:"给他们免费支招,这也不是第一次了。"

在曼谷的家

由于那些与他共事的卫生部长都熟知他的直率，这篇文章反响热烈，得到了各位部长的认真对待！但那是在 20 世纪 60 年代，人际关系在工作中起着相当重要的作用，而且各国高官大都希求值得信赖的顾问。我怀疑，面对 21 世纪敏感的国际关系，同样一篇文章是否会收到同样的反响。

"LOOK"是当时一本颇受欢迎的杂志，有着好几百万的读者。该杂志刊载了一篇采访吉尼及其工作的文章。在描述吉尼的外貌时，文章写道："他看起来就像是一堆旧衣服，上面还顶着一个废弃的烟灰缸。"

吉尼头脑之敏锐吓退了一些慢节奏的工作人员。有一回，肺结核控制项目的同事声称圆满完成任务，接种疫苗人数达到了预期数值。而吉尼只是将手指放在项目用车的工作日志上，指着那相对较少的行驶里数喊道："你们不可能达到这个数值。车都没走那么远，根本就没那么多人接种疫苗！"

吉尼还很节俭。在曼谷的时候，他夫人生了病，回美国去了，他就寄居在基督教青年会泰国分会的美国秘书家里。前十二年里，儿基会办事处都没安装空调。有一次，本该提前告知吉尼实地考察结束的电报迟到了，吉尼本人却先到了。交通官慌慌张张地从机场打来电话。一个小时以后，我望向窗外，看到吉尼拎着箱子，爬上楼梯，回到办公室。他还冷静地告诉交通官，"有时候电报是不靠谱的。"

泰国政府将免税进口特权授予在曼谷工作的联合国工作人员。吉尼不情愿地接受了泰国政府的慷慨。我完全赞成他的立场，他认为，国际公务员宣誓要为国际社会服务，并不是为政府工作的外交官。东道主只是出于礼节才提供这样的特权，这并不是理所应当的权利。

吉尼一直工作到 72 岁才离开联合国儿童基金会，旋即成为人口委员会的高官，帮助亚洲政府实施计划生育。他在朝鲜半岛、印度尼西亚和中国台湾地区开展了具有开创性的人口工作，得到了广泛认可。后来他在世界银行担任人口问题顾问，90 岁退休，两年后便离世了。

【第七章】

担起儿基会在亚洲的工作

在曼谷度过的六年里的确发生了很多大事。联合国儿基会亚洲办事处的工作范围西起阿富汗,向东则延伸至日本,我出差在外,走遍了亚洲。我的职责就是,为区域内各国卫生系统服务,满足其需求。根据上司的指示,我需将自己至少四分之一的时间用做实地考察,这让我年轻的新娘颇为懊恼。

日本,儿基会最初的援助对象

回顾过去,到了 20 世纪 50 年代,日本竟依然是儿基会的帮扶对象,真是难以想象。当时儿基会帮助日本政府为儿童提供校餐,为残疾儿童,尤其是因脊髓灰质炎致残的儿童,生产辅助器具。儿基会建立于 1946 年,最初的目的就是向饱受战祸的国家伸出援手,满足当地儿童的紧急需求,所以日本是第一批援助对象之一。我在日本北部岛屿北海道和日本首都东京亲眼见到了儿基会给予日本的最后一批援助物资。当时,我去北海道是探访校餐计划的施行情况;去东京则是在一家医院看到,院方利用儿基会捐助的设备制作了拐杖和假肢。

儿基会还保存着对日援助工作的详细记录,当时日本政府充分地利用了这些援助。那么,一个"二战"中的战败国是如何迅速复苏的,又是如何实现迅猛发展的,有些学者试图找到其中的潜在原因,而这些记录兴许是种启发。尽管"二战"结束时，该国遭到了大规模破坏，但是较高的国民身体素质和较高的教育水平为今后的发展打下了坚实的基础，也就在十二年左右的时间里，该国重建基础设施，重新成为经济大国。一个国家要实现经济发展，关键是要拥有一批身体健康且受过良好教育的生产力。遗憾的是，很多发展中国家都没有充分认识到这条基本原理；实际上很多工业化国家的政治领袖甚至全然忽略国民健康与文化教育的重要性，这些人竟然还绞尽脑汁要摆脱全球经济衰退的大背景，力图实现复苏。

在札幌发生的尴尬一幕徘徊在我脑海中，久久挥之不去。参观完当地阿伊努族的手工制品后，临出那家小小的博物馆时，我大笔一挥，在访客留言簿上潇潇洒洒地签下自己的名字。看了我的签名，东道主惊叹不已，冲出去买了一套特制笔墨，又买了昂贵的手工宣纸，让我写几个字留给他。

日文中有很多汉字，所以日本人向来热衷于中国书法。在日文书法中，那些汉字方正、简洁、整齐。看到我这全无章法的毛笔字，这位东道主还以为是强劲有力的草书呢。我们全家都知道我字丑！我不愿展示自己"小狗耕地"一般的书法，只好婉言谢绝，避免尴尬了。

营销日货

20世纪50年代，儿基会官员发现，从日本购买各种设备和用品，将其作为儿童卫生和营养计划的援助物资送到东南亚，是一项妙举。至少这样能节省运费。儿基会的援助物资包括来自日本的自行车、缝纫机、制药设备和小轿车。

起先，很多国家都拒收日本的富士牌自行车，反而乐于接受德国的大力神牌自行车。不过，多年以来，日本产品证实了自己的价值，树立起良好的口碑。从某种意义上说，日本能在诸多发展中国家打开市场，儿基会起到了推波助澜的作用。后来，我就以此为证，游说日本政府，让其为儿基会的事业多做贡献。

砂拉越，白人酋长之地

刚到曼谷没多久，曜华（克里斯汀）便开始思乡，这是人之常情。毕竟，我这位20岁的新娘第一次离开家，并且还是离家数千里，来到这片语言不通、文化也不同的土地上。

我和曜华的第一个孩子就要降生了，而我却要到砂拉越、北婆罗洲和菲律宾群岛出差。于是我们决定让曜华回伯克利待产。这样她就能回到熟悉的环境中，得到家人的呵护。离预产期还有两个月时，她回到伯克利去了。

砂拉越在当时还是英属殖民地，后来马来西亚独立，这个地区便成了该国的属地。此行让我对英国殖民生活大开眼界。

婆罗洲是世界第三大岛屿，砂拉越就坐落在其西北部，被称为"白人酋长之地"。之所以这样称呼，是因为文莱苏丹于1841年将这片土地让给了英国探险家詹姆斯·布鲁克。布鲁克便称自己为"砂拉越的酋长"，其子孙世代继承这份尊荣，直到1946年，将其拱手献给英国。这样，砂拉越便成了大英帝国的殖民地。

其原住民被称作达雅克人，分为陆上达雅克和海上达雅克。陆上达雅克人和马来人、中国人一同居住，而海上达雅克人则沿海岸居住。达雅克村落其实就是些长条状的房子。每个长屋都有位族长，每个家庭独门独户，不过整个房子用竹桩架起来，有个巨大的竹制平台，平台上的过道将家家户户连结起来。英属马来亚独立后，砂拉越便成了马来西亚联邦的砂拉越州。

掌管该地区的英国地方长官邀请我和一位儿基会同事晚上去他家过夜。那位同事是位随和的荷兰人，担任儿基会驻砂拉越州和婆罗洲代表，是位社会工作专家。而那位地方长官毕业于牛津和剑桥大学，管辖这一地区已有多年,既任总督又任法官,是个不折不扣的一方之长。

一个赤着脚的达雅克女仆身穿衬衣和传统的莎笼,卸下了我们的行李,我们便在宽敞的客房里安顿下来。简短休息之后,便有人请我们去享用晚饭了。只见主人家穿着黑色的礼服裤子,搭配丝质腰带,上着礼服衬衫,没扎领带。他为我们倒上开胃酒,我们就达雅克人的卫生条件交换了意见。然后,一位女仆走了进来,我们忍不住多看了几眼。这位女仆姿态优雅,袒胸露乳,身着艳丽的莎笼,头上戴了个饰品。她为我们献上有三道菜的英式晚餐——番茄汤、牛扒和卷心菜,甜品是冰激凌,之后还有茶点。

那位女仆服侍我们用餐时,我们以为她是另一个姑娘——跟早些时候迎接我们的那个女孩不是同一个人。但靠近些,再看看,就是同一个人。显然,按照地方长官的惯例,晚餐要穿正式礼服,不过依照传统,对那位年轻的达雅克女孩来说,"正式"晚礼服就是没有上装。

男主人三十多岁,却还是个单身汉,我的荷兰同事揣测,那位女仆是男主人的情妇!法国殖民者喜欢与当地人建立情谊,也常有殖民者与当地姑娘结婚的事。英国殖民者与法国人不同,他们总与当地人保持距离。我倒是不愿相信这位同事的猜测,虽然男主人有殖民主义思想,但还是个言行得体的绅士。

迷失橡胶林

我作为一个摄影师,名声在外,儿基会便让我在实地考察时尽量多拍些照片。在砂拉越州,我拿着禄来福来相机咔嚓咔嚓照了一路。一天下午,我看到长屋附近有个女孩正在玩竹竿,为了照片效果好,我流连了十几分钟,然后回到附近的橡胶林里。林子里每棵树看起来都一样,我们本就靠那位向导带领我们在密密的林子里穿梭,可此时,我的同伴以及向导全都没了踪影。我大声呼救,但是没人回答。我在密林里徘徊着,而这火辣辣的太阳却似乎仓促地落了山。

不久，我开始在黑暗中摸索，青蛙哼鸣着，飞虫向我袭来。我试图安慰自己，这是人工林，应该没有野兽。但我怎么能确保没有野兽呢？很快，夜幕降临，整个天都黑透了——我这只从没离开过城市的小动物对此全无经验。人们曾说"伸手不见五指"。真真切切，就是这样！

我该怎么办呢？惊慌之后，我冷静下来，直面现实。耳中似听到潺潺的流水声，这就说明我离河不远。果然有条挺宽的河。我便决定沿河走。水是生命之源，附近肯定有人家。我摸索着，一小步一小步地往前挪，一小时后我看到微弱的光，看到一所用木桩架起来的房子。住户是待人友好、久坐不动的陆上达雅克人，还是曾以割人头颅闻名的海上达雅克人呢？我没有选择，只能向这所房子走去，然后爬上结了疤的树干。这就是梯子了。我小心翼翼地拍了拍竹门。

万幸啊！真是没料到，太让我高兴了，这房子里住的竟是海外华侨。这五口之家做干货贸易，在橡胶林里经营一家店。他们不仅是海外华侨，竟然还懂一些普通话，这样我就能将自己的窘境解释给他们听了。当晚，我作为客人，与他们一起过夜。第二天早晨，我便与同伴重聚了。

吉纳维芙降生

砂拉越州和北婆罗洲现合并为马来西亚的沙巴州。离开此地，我于1956年11月中旬启程，前往菲律宾。在儿基会驻马尼拉办事处里有个电话在等待我，告知我，我的第一个孩子，吉纳维芙，降生了。我和曜华之前商议好，既然我们都那么喜欢日内瓦，那就起个与这个地名相近的名字。我掐指一算，女儿落地之时正是我在砂拉越州橡胶林里迷路之时啊！

为了寻找个人遭遇的典型材料，我采访了达莉亚。这个菲律宾姑娘生活在吕宋岛南部，承受了脊髓灰质炎和麻风病的双重痛苦。但她坚强地努力着，过着正常人的生活。凭借这样的事迹，她成了我笔下系列专题中的一个主角。她的事迹也提醒着世人，不论有多难，人总能克服困难。离开马尼拉之前，我收到了女儿的第一张照片，那是曜华寄来的。照片上，吉纳维芙还是个小婴儿，额头上有微微的凹痕，那是医生用"钳子"把她夹出来时留下的。我看着那张照片，静静地流泪，祈祷我的女儿不会面对达莉亚所经历的那些不幸！又过了五个月，我才把妻女从伯克利接了回来。

在马尼拉的时候，我被邀加入外国记者会，混进了记者圈。尽管我已经身处另一阵营——现在是为记者提供信息的新闻官，而不再是收集信息的记者，我却依然将自己视作新闻人，乐于与记者打成一片。其实加入联合国之后的很长一段时间里，我一直在各种场合将自己视作"新闻记者"，直到有一天，我忽然意识到，自己已不再是记者了。我真正的职业当是"国际公务员"，联合国里的所有工作人员都以此为称。

1951年我刚来儿基会设在曼谷的办事处工作时，寄宿在一个菲律宾人家里。自那时起，我就对菲律宾人产生了强烈的好感。我交了很多朋友，那些菲律宾同事也待我很好，其中就包括儿基会总部里的菲律宾助理和秘书，他们工作高效，忠心耿耿。

50年代初，我在马尼拉交了个朋友，名叫乔·德·维尼西亚。乔也是个记者，与泛亚新闻联盟关系颇深。我在朝鲜半岛当战地通讯员时就是为这家机构工作。乔是个很努力的记者，为泛亚写专栏。他还把卤汁鸡这道菜推荐给我，我也就喜欢上了这个味道。几年后再见，乔已经拥有了几个广播电台，还涉足房地产业。在20世纪60年代，他步入政界，被选为国会成员。到了20世纪70年代末，他成了地产业和石油勘探业的大亨，掌握着重要的政治关系网。

菲德尔·拉莫斯上台当了总统，乔就成了议会主席。乔在1998年参选总统，希望接替拉莫斯。落选后，他又回到议会，重新成为议会主席。从一个年纪轻轻的记者，到菲律宾政坛上的顶尖人物，其奋斗历程让人叹为观止。与望族联姻也帮了他不少忙，乔这个聪明机灵的人真是政治家之中的政治家。他曾与前环球小姐立下婚约。那位环球小姐是个芬兰美女,还是一位菲律宾大亨的遗孀。我来过马尼拉很多次了,其中一次恰好乔做东请客,我就见了那位芬兰美女一面。

另一位杰出的菲律宾人是纳西索·雷耶斯。我也是在 50 年代结识纳西索的,那时他在东南亚条约组织里负责公共关系工作。我俩之间有很多共同点,比如我们都是以新闻起家的。他后来成了菲律宾在联合国的常驻代表,也是儿基会执行委员会的主席。

印尼英雄,柯迪佳博士

在国际公共卫生领域,没有一个成功案例不是以伤亡为代价的。其中一项便是根除天花,这项功绩值得世人传颂,也的确受到了广泛的认可。相比之下,另一项功绩则没那么受人瞩目,那就是攻克雅司病。这种皮肤感染疾病在被攻克之前曾使数百万人致残。在英文中,雅司病的发音与"你的"或者"你们的"极为相近,人们可以借此轻松诙谐地开玩笑,但是真正让人笑不出的是,通过肢体接触,人们可以轻而易举地染上此病。雅司病的学名是密螺旋体病,这种螺旋体与导致梅毒的螺旋体关系紧密。雅司病不是性病,不通过性接触进行传播,不过会引起体表溃疡,并且破坏神经,所以患者不会感到刺痛,也不会意识到身上有患处,由此导致严重畸形。手部足部感染雅司病的农民没法下地干活,从而影响生产。

我在爪哇岛中部遇到了一位女性,她因雅司病失去了鼻子,我们可以从空洞中望进去,直接看到喉咙!在菲律宾和泰国,很多雅司病患者都被误认为患了麻风病。其实,打一针抗生素就能抑制感染。的确,在"二战"结束后的那些年里,盘尼西林(青霉素)作为万能药备受推崇,这是理所应当的。不过,通过与其他患者的疮口接触,已治愈的患者还会重复感染。若要彻底消灭雅司病,整个地区的所有患者都要治愈才行。

20 世纪 50 年代初,印度尼西亚发生了很多雅司病例,甚至在一些农村地区，人们将此看作是青春期成长必经的生理变化。一些研究者估算，每七个印尼人中就有一个患了雅司病，或者曾患雅司病。

如今，在东南亚，雅司病例已寥寥无几。非洲的几个国家上报了几个快要治愈的病例。这种病已不再是公共卫生的巨大威胁了。

世界卫生组织和联合国儿童基金会携起手来，一同帮助这些国家战胜了这种致残的疾病。印尼的雅司病例最多，在这场规模最大的行动中走出了一个英雄，那就是默默奉献的印尼人，柯迪佳博士。他不仅领导了TCP（密螺旋体病控制项目），还革新了我们推动公共卫生事业的工作方式。

柯迪佳博士与世界卫生组织就其行动方针展开对阵。依照世卫组织的方针，他们只向确诊患者提供盘尼西林。柯迪佳博士还争取到了儿基会的支持，他坚持，只要某地感染率超过15%，就要给所有居民打抗生素。我们并没有足够多的医务人员和检验设备来定位所有雅司病例并提供治疗。实际上，世卫组织的专家怕造成浪费，反对采纳柯迪佳博士的建议，于是在那段时间，他们拒绝参与其行动计划，并终止了世卫组织的援助。一个印尼人挑战卫生领域的国际权威，实属不易。一年后，儿基会劝说世卫组织继续提供援助物资，采纳柯迪佳博士的做法，而这正是抗击雅司病的正确做法。

柯迪佳博士的常规做法打乱了惯例程序，却开了先河。采取惯例程序的前提是，当地有足够多的医生和护士。但是如果医疗人员不足，处理起来就要采用柯迪佳博士的做法了。在后一种情形下，效果显著。应用一次小剂量的盘尼西林并不足以对细菌产生抗体，如今，滥用抗生素已成为一个医疗主要的忧虑。

柯迪佳博士是爪哇岛上日惹市的本地人，曾前往宗主国荷兰进修医学，成绩优异，并娶了一位荷兰护士。在当时那个年代，夫妻双方的种族都无法欣然接受这样的婚姻。柯迪佳太太生了个儿子，不过由于国籍问题，她在印尼的生活一直都不太平。文化差异带来的压力，再加上处在萌芽阶段的政治动乱最终演化成了独立运动，这些重负使她付出了沉重的代价。渐渐地，她变得抑郁起来，最终被精神病院收容。柯迪佳博士定期探望，并且保持着婚姻关系，一直到十五年后，柯迪佳太太离世。

作为一个爱国者，柯迪佳博士加入了对抗宗主国的斗争当中，而后成为印尼的卫生总督。我曾去日惹，到他简朴的家里采访过他，还写了篇文章，阐述他在抗击雅司病的行动中所起到的关键作用。几年后，他获得了宝贵的麦格赛赛奖（该奖被视作亚洲的诺贝尔奖）。我欣喜地发现，颁奖词中有好几段都是从我那篇文章里摘来的。1962年，我再访他质朴的家，他正与第二任妻子安享退休时光。柯迪佳博士送给我一个皮制封皮的日记本表达谢意，感念我在那篇文章中报道他的事迹。

印尼的排华风潮

在东南亚各国当中，印尼对华裔最排斥。在苏加诺的民族主义方针下，华裔印尼人熬过了数次反华浪潮。20世纪50年代末，我亲眼见到了数千名华裔商人失去钱财的悲惨变故。政府突然宣布一百卢比以上的大面值货币作废。众所周知，华裔将成捆的纸币存在家里，于是政府法令生效的前夜，成群结队的军人要求华裔拿出小额纸币进行兑换。结果，那些华裔商人被迫将手里的钱换成了大额纸币，他们忽然发现，自己的钱财就这样蒸发了。

另一次来到印尼，我在巴厘岛的省会登巴萨市遇到了一对年轻的华裔夫妇。他们都是眼科专家，由泗水来此地休短假。他们告诉我，打算移民到澳大利亚，或者干脆回中国。听他们说，每天逛市场时，都有小贩嘲弄他们，冲他们喊，"中国佬，滚回去！"尽管他们是印尼公民，尽管他们所供职的卫生部亟需其专业知识，他们还是觉得自己不受欢迎，并且人身安全受到威胁。他们说，别无选择，只好离开自己出生的国家，到别处寻求安全感，继续追求自己的事业。

巴厘岛的艺术

巴厘岛风景优美,有着独特的魅力,岛上还有一座活火山。闻名于世的是巴厘岛的艺术和美丽的姑娘。殖民时期,那些荷兰画家将当地姑娘的婀娜身姿呈献给世人。在印尼,大多数人信伊斯兰教,但巴厘岛上的原住民则信印度教。过去,巴厘岛还是个主权国家的时候,该国与中国保持着十分兴盛的贸易往来。如今吸引成群游客观赏的"猴舞"曾经只在寺庙里表演;在20世纪50年代,为了看场"猴舞",我们必须得一家寺庙一家寺庙地碰运气。而今,每个旅店里都有这样的表演。

有一次,我在一个印度教的寺庙里看到了令人难以置信的一幕。人们成群地膜拜圣灵巴隆。人群中,一个十岁左右的男孩和一个老妇人虔诚且热情地祷告着。忽然,二人失了理智,泪如泉涌。那个男孩挥着波刃短剑反复地刺着自己瘦弱的身躯。那种造型独特的短剑称为"克里斯剑"。小男孩那么瘦,紧紧地顶在刀尖上,正常情况下,短剑早就刺穿男孩的身体了。但是,此刻却没有。三四分钟后,男孩和老妇清醒过来,毫发无伤,面带微笑。

珈蓝第博士是当地卫生局局长,也是个医学专家,我请他解释这种现象。他说自己也没有令人满意的答案,也许在潜意识层面,男孩挥舞短剑的手臂在关键时刻卡住了,以防刀剑划破皮肤。对于虔诚的巴厘岛人来说,这显然是神迹,圣灵使他们不可战胜,而且巴隆绝不让短剑伤害真正的信徒。

珈蓝第还说,历史上,巴厘岛与中国之间的贸易关系也得到证实。他指出,圣灵巴隆看起来就像是封建中国的皇室宠物京巴,而那些在巴厘岛寺庙里飘荡的长条彩旗则类似于中国寺庙中的旗子。

印度尼西亚，印尼卫生部长在日内瓦我的办公室看到这张照片，找我要了一张挂在了办公室里，说是"三世同堂"。

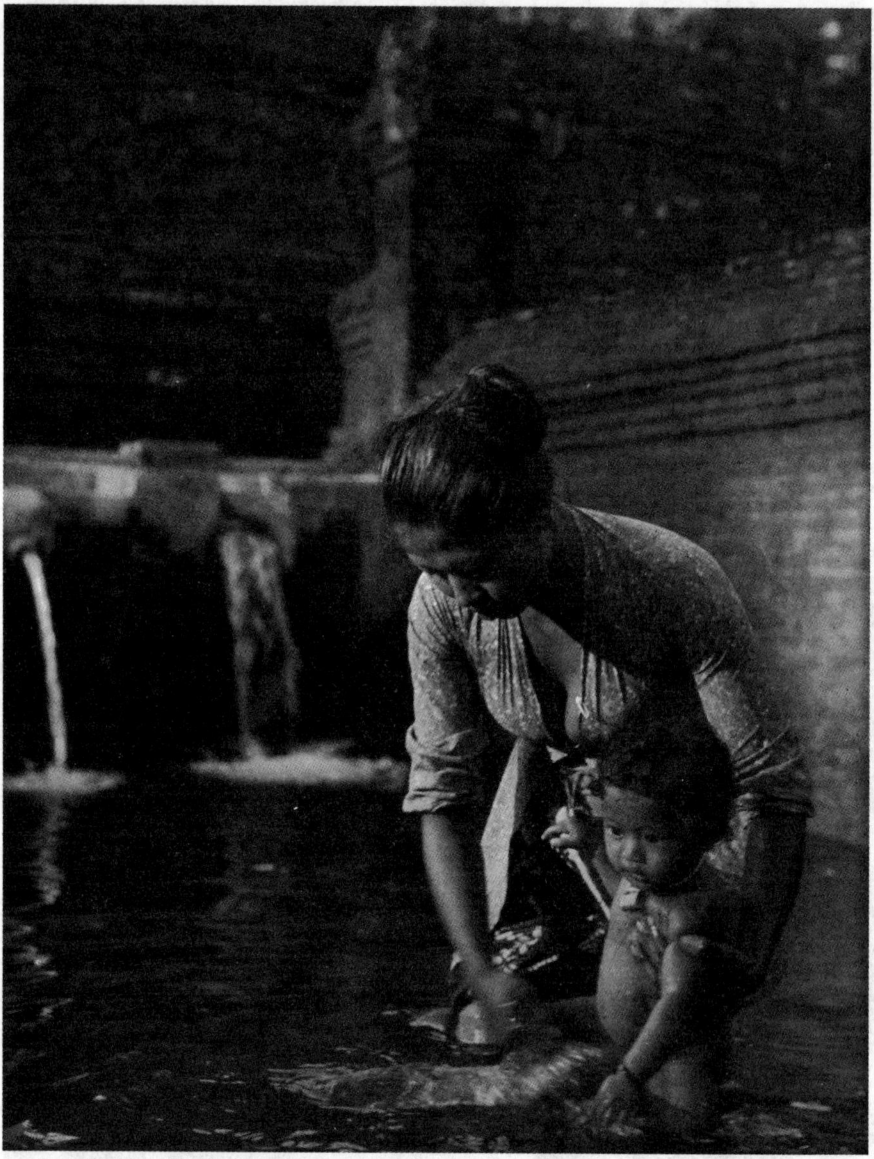

1 印度尼西亚巴厘岛。
2 印度，母亲与孩子。
3 越南，忧虑的妈妈，生病的孩子。拍照要拍的就是人的情感。
4 泰国，母亲抱着男孩接种疫苗。维托里奥·德·西卡，新现实主义电影运动的领导者和四项奥斯卡奖的导演，被这张图片迷住了，他希望得到图片的副本。我很高兴地给了他。他还跟我要签字。

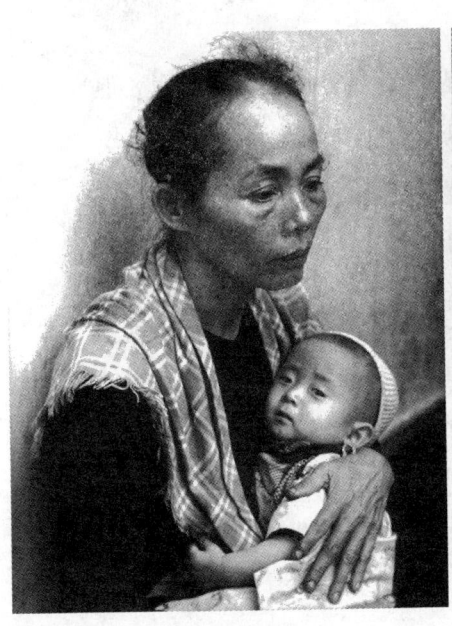

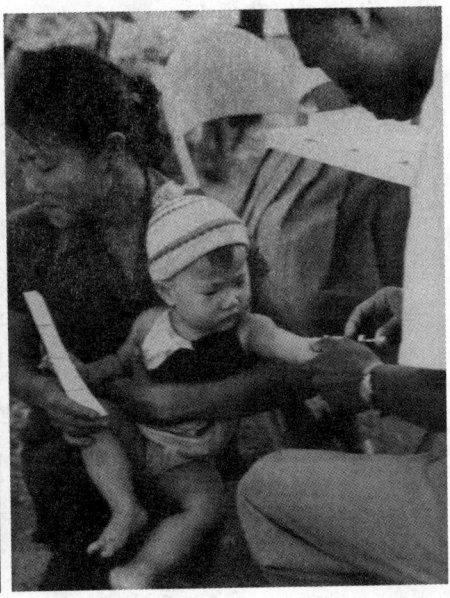

赤膊少女

20世纪50年代，巴厘岛的女性在极热环境中劳作时，腰部以上一丝不挂。荷兰画家将她们细细描画，配上田园诗一般的浪漫背景。少数行至巴厘岛的游客迷醉其中，很多联合国工作人员伸着脖子，只为多瞄几眼在田地中劳作的赤膊少女。印尼总统苏加诺有一所豪宅，就建在山丘上，恰在公共浴场上方，但他觉得少女赤膊不雅，禁止了赤膊劳作的做法。到了80年代，我最后一次到访巴厘岛时，却发现情形逆转了。斯堪的纳维亚的女游客在巴厘岛迷人的沙滩上晒太阳，游泳；巴厘岛上的印尼男性则紧紧盯着这些不穿上装的西方女性。

艺术的气息弥漫在巴厘岛各处，早已融入了岛上居民的日常生活，当地人的语言里都没有"艺术"这个词。之前到访巴厘岛时，得了几件木雕，着实是我心头之爱：一个拉长了的正在祷告的女祭司，一个剑鱼形象的美人鱼，还有一个象征富饶的双鱼木雕。2000年，我与家人前往巴厘岛度假，可惜再也找不到那种雅致的木雕了。商店里满是统一规格的巴厘舞者雕像。为满足游客需求，雕刻者们成批地雕出了这些舞者。

根除疟疾，行动失败

在20世纪50年代，抗击雅司病是公共卫生领域的一场胜仗，但是"根除疟疾"的行动却一败涂地，在未来几年中酿造了苦果。我刚加入儿基会时，疟疾夺去了几百万儿童的性命，使几千万，甚至更多的成年劳力致残。我们的敌人便是雌性疟蚊。这种蚊子吸取受感染者的血液，带上了疟原虫，在享受下一顿血腥大餐时，就把这种寄生虫带给了新的宿主。由于这种寄生虫的寿命只有四年，世界卫生组织的疟疾专家便想，如果四年之内能完全阻断其传播途径，那么这种疾病便能根除。阻断传播途径的方式就是用杀虫剂消灭媒介昆虫。如此一来，疟原虫便会销声匿迹，疟疾便被根除了！

世卫组织和儿基会动员国际社会一同抗击这个恐怖的疾病。这种疾病严重地影响了经济发展，得病的农民忽冷忽热，身体虚弱，无法劳作，得病的儿童大量死亡。氯喹是一种人工合成的奎宁，能医治患者，有抗疟疾之效。当时分发了很多氯喹。还有双对氯苯基三氯乙烷，简称滴滴涕，是阻断传播途径的首选武器。成批的喷药员接受培训；他们乘着车、骑着驴、骑着骆驼、自己步行，深入边远村庄，把杀虫剂喷到民房上，杀死趴在墙上的蚊子。儿基会将自己四分之一的物资投放到根除疟疾的行动当中。毕竟，这是头号儿童杀手啊，这是头号全民公敌！

不堪一击的行动

在疟疾肆虐的国家里，卫生部门满腔热情地接受了这一做法，力图消灭携带疟原虫的蚊子。这项行动很快便撞上了诸多文化壁垒，只要谨慎处理，问题还是可以解决的。但是根除疟疾行动的基本前提本身就站不住脚。我们既不可能消灭媒介昆虫，也不可能消灭寄生虫。

有趣的是，行动过程中出现了涉及文化的问题，经过深思熟虑，我们便开始在其他的公共卫生行动中开展卫生教育活动。在制作卫生宣传资料方面，这次行动尤其具有指导意义。如今，为了达到有效沟通，我们会进行"预测试"，这是标准程序。而且，卫生宣传项目的企划需要公共参与。但在20世纪50年代，事情并非如此。

有件小事与此尤为相关。在印度，有些农民认为导致疟疾的原因是火辣辣的太阳。于是当地根除疟疾行动小组委托一位艺术家画了张海报，以此为公众解释疟疾的致病因素。这位艺术家在作品里画了一个正在叮咬儿童的巨大蚊子，意在指出蚊子才是夺人性命的杀手，也是传播媒介。但在加尔各答附近，这幅海报却为村民所笑话。其中有个挂着藤杖的村民德高望重，大笑着说："哇，国外的蚊子可真不是一般的大！咱们这儿的蚊子还没我小指肚大呢。"

后来才发现，有些地方的人习惯靠着墙，在家是这样，在婆罗洲的长屋里、泰国农村的佛寺里也是这样。如此一来，喷在墙上的杀虫剂便被他们蹭掉了。尽管反复喷药，却还是有蚊子，我们百思不得其解，只好请来一位人类学家揭示了其中奥秘。

泰国北部的住持强烈反对杀蚊行动。佛家尊重生命，连蚊虫也不可伤害。在泰国村庄里，人们在寺庙里集会、社交。问问住持是否允许我们在寺庙里杀蚊，其答案是坚决不许。一位很有胆识的乡村卫生工作者想出了一条新颖的理由，压倒了住持的反对意见，效果很好。这个卫生工作者分辩说，那些携带疟原虫的蚊子杀害了婴孩，杀害蚊子是小恶大善，蚊子死了，就不能伤害婴儿了。更为重要的是，滴滴涕杀虫剂喷在墙上，墙上依然空空如也。他接着解释，蚊子自己要落在墙上去消化那些不洁的血液，这才沾上了毒药。所以蚊子是自杀而非他杀。那些住持将信将疑地认同了我们的工作，还参与了喷洒行动。

行动失败的苦果

就在基层工作小组努力在亚洲、非洲、拉丁美洲国家毒杀疟蚊的时候，蕾切尔·卡森的著作《寂静的春天》引发了环境保护运动。一夜之间，杀虫剂成了公众眼中最厉害的污染物。人们认为是杀虫剂导致了污染，诱发了多种健康问题。氯喹也不那么有效了。全球性根除疟疾行动还遇到了其他问题，有些是经济方面的，有些是政治方面的，都难以解决。显然，这个策略根本就是个错误。事实上，风风火火的根除疟疾行动就这样被叫停了。

几千万美元已付诸流水，国际卫生界承认该策略有局限性，并且在抗击疟疾的行动中放弃"根除"策略。尤其是儿基会，在行动中投入了那么多人力物力，下了那么大的本钱。尽管在此后的30年里，疟疾继续肆虐，夺去了百万婴儿的生命，儿基会再没插手此事。回想当时，真是大错特错。

抗击这种疾病需要国际社会共同努力，没有了这种关注，世界卫生组织磕磕绊绊地继续着抗击疟疾的行动。到了20世纪90年代末，电脑软件天才、知名的慈善家比尔·盖茨全面地考察了发展中国家的需要，认识到，抗击疟疾当为公共卫生事业的重中之重。他将人们的注意力吸引到这个被人忽视的问题上来，终于，全世界开始重新关注这个致命的疾病。像青蒿素这样疗效更佳的药物，防止蚊虫叮咬的蚊帐，还有最后希望研制出来的疟疾疫苗，这些物品需求量极大。往墙上喷滴滴涕，让蚊子自杀这种做法重又兴起。后来发现，滴滴涕对环境的污染并没有那么大。

儿基会投资硬件设施

20世纪50、60年代，儿基会的另一项重要贡献就是在牛奶保存和制药、制杀虫剂等领域投资硬件设施。没有制冷设备，没有高效的营销机制，印度有大量牛奶没法卖到消费者手中。克莱恩先生在阿默达巴德市附近的安纳德小镇工作，是一位奶业经理。他通过合作项目，在该地区组织起一些农民，并建起了厂房，在这里对牛奶进行高温消毒，再装罐，分销到阿默达巴德市。

儿基会为该企业提供设备，负责运输。这个企业发展迅速，吸引了媒体的注意。于是，沃利乳业加工厂便在孟买成立了。在儿基会的帮助下，公司负责人引进了新颖有效的管理方式。安纳德乳制品集团扩张到了印度的其他地区，沃利也成了亚洲规模最大、最成功的现代乳业加工厂。后来，这两个乳业公司的负责人都获得了著名的麦格赛赛奖。

孟买南部有个叫做平钦的小镇。也是在20世纪50年代，为了生产抗生素，儿基会捐助设备，在此地建立起了印度第一家制药厂。在平钦药厂投入生产之前，技术顾问多次来访，详尽的工作计划改了又改，产品质量严格把关。在那之前，印度完全依赖进口药物。平钦药厂办得很成功，没过几年便开始扩张。如今，这里是印度的制药中心，不仅满足了国内需求，还参与到海外市场的竞争当中。从质量和价格来说，在国际市场上，平钦制出来的多种药品都具有竞争力，其中就包括抑制艾滋病毒的药品。

到了60年代，儿基会不再向牛奶贮存和制药制剂领域投入资金，转而提供服务和员工培训。儿基会投资硬件设施，迎来制造领域多个成功企业的蓬勃发展。这是促进发展的成功案例，我们播下的种子开了花，又结了果。但是不知为何，很多人都忽略了儿基会的贡献。如今已没有几个儿基会项目负责人清楚当时的工作有多么卓越了。

在泰国北部抗击麻风病

麻风病是个古老的诅咒。直到20世纪50年代，还有很多人认为绝症是上帝施加给罪人的惩罚。在《圣经》的时代，麻风病人要随身带个铃铛，人还未到，先以铃声警示路人。"麻子"一词是对病人的侮辱，已在医学界禁用了。旧时，人们把"麻子"隔离起来，集中监禁，连家人都躲着他们。那些病人受到了非人的待遇。

但是到了50年代，医学开始从另一种角度看待麻风病。这种病就像很多别的病一样，不过是传染性感染。这种皮肤病损伤神经，其致病细菌与肺结核的致病细菌属同类。但麻风病不像肺结核那样易于传播，实际上，要有长时间的皮肤接触才会感染。再说，事实证明，将麻风病人隔离起来不仅会造成心理上的伤害，而且从生理上来说，也没有必要这样做。

让我难以忘怀的一次实地考察是去孔敬府。孔敬府是曼谷东北的一个县，精力充沛的世卫组织顾问——西班牙人拉蒙·米盖勒博士在此运作一个项目。该项目旨在寻找麻风病人并提供治疗，项目成员纪律严明。当时雨季才刚开始，泥泞的道路在暴雨中浸泡着，就算开着四轮驱动的汽车都难以通行。几乎所有的麻风病人聚居地都在偏远地区，而那些地区又没有铺设柏油路，我们毫无选择，只能驱车到半路，再把重重的吉普车或是路虎推到浅溏里，然后再找到病患，施行氨苯砜疗法，并进行监测。

我在孔敬府工作了一周。一天下午，项目负责人皮罗博士、米盖勒博士的同事、司机、我，我们四人在齐膝的泥巴里推着汽车，推了一个半小时才走完了最后一千米，到达目的地班诺，那里还有三十位病人等着我们做每月例行的检查呢。

我们还发现了一个村庄，至今都没有名字，距离村里的公路远远的，被深深地掩藏起来。那里的麻风病人与世隔绝，衣衫褴褛，其中很多人都营养不良。官方地图上并没有这个村庄，周围的村民也不愿谈及此地。

米盖勒博士有能力让泰国同事服从严格的纪律。这位博士崇拜西班牙独裁者佛朗哥，还将其画像挂在客厅里，他本人也是个独裁者，不能容许任何背离行动计划的行为。而该行动计划是由世卫组织、联合国儿基会以及泰国卫生部共同签署的。该行动计划作为一个成功范例，赢来了热情称赞，这是毋庸置疑的。米盖勒曾公开表示，他宁愿与唯命是从的人共事，也不愿信赖一些泰国同事，尤其在用车方面。自从一辆印有儿基会标志的汽车被发现停在红灯区后，他便将很多公家车锁在自己的院子里。

尽管我不能完全认同米盖勒的独裁态度，但是我钦佩他的奉献精神，也赞成他的严格管理。治疗麻风病的行动进展顺利，让人无可挑剔。有赖于米盖勒的不懈努力，"麻子"一词成功被禁，在泰国农村，侮辱麻风病人的做法消失不见。病患数目显著下降，使得该病不再是威胁公共健康的大问题。我只是心存疑问，米盖勒博士类似殖民统治的独裁做法在当今社会是否能被人接受。

围绕着这个行动，我写了一系列文章，还配上了照片加以说明。曼谷极有影响力的日报《曼谷邮报》刊载了这些文章。在文章中，我将米盖勒博士的干劲比作沙漠里的旋风。当时人们对麻风病的消极态度根深蒂固，我将米盖勒对此的控诉比作堂吉诃德大战风车，只不过我们这位堂吉诃德将风车打败了。

迈克阿克，养鸡专家

有很多人一心一意，热诚奉献，只为改变人们做事情的方式，从而改善这些人的生活。在印度的西孟加拉邦，就有这样一位。来自澳大利亚的艾伦·迈克阿克是位养鸡专家。联合国粮农组织将他派到印度，为一个旨在推进养鸡业发展、提高鸡蛋产量的食品项目工作。为了儿童的健康成长，儿基会也参与其中。

迈克阿克下定决心，要把现代的养鸡方式引进印度，于是他便和西孟加拉邦的农民住在一起，还引进了白色来亨鸡的幼雏，发展出一套养殖系统。通过这个系统，既可以提高鸡蛋产量，又可以将鸡粪收集起来，送进菜园当肥料。他与传统的养鸡方式背道而驰，还以创造性的方式劝说守旧的农民尝试他的做法。他不肯放弃，但他必须得用自己的真诚说服村里的长者和印度教的神职人员。于是迈克阿克建起了小型养鸡场作为示范，他亲自动手，向大家展示，通过自己养殖的方式，产量提高了，效益也提高了。渐渐地，他取得了进展，地方长官也开始支持他。前两年的外派期结束时，当地政府要求延长他在此地的工作时间。

迈克阿克来自澳大利亚佩斯，为人热情朴实，外表高高瘦瘦，一头红发，和那些农民朋友站在一起，总是高出一截。他成了深受当地鸡农爱戴的外国人。而且他总是不停地聊跟鸡有关的事。一位儿基会官员说："跟迈克聊一晚上，你都能长出翅膀。"

我认为，一个人，不论是在态度上还是在行动上，能够成功地打破传统，那么这个人定有些偏执，甚至有点疯狂。有趣的是，小心谨慎的人以及普通人更倾向于分析利弊，考虑自己能得到哪些好处，又面对哪些障碍；他们总是为自己意识里的风险大伤脑筋，而不愿接受艰难的挑战。一个人，不论是进行商业活动，还是做社会工作，只有怀着开创精神，愿意承担风险，愿意依靠自己的信念赌上一把，才能使突破成为可能。

印度的结核病防控工作

有这样一个公共卫生行动，它是最棒的行动计划之一，在一段时期内大获成功，最后却没留下任何实实在在的证据，这就是50年代末在印度开展的全民抗击肺结核行动。其指挥中心在班加罗尔，世卫组织派出多学科专家组来到印度，与该国专家一同制定计划，一同设计，一同实施。世卫组织专家组的领队是哈弗丹·马勒博士。这位精力充沛、魅力四射的丹麦人是研究肺结核的专家。世卫组织首次派出一批带有社会学家的专家组，马勒博士带的小组便是其中之一。整个计划细致周到，项目设计将技术问题和管理问题全都纳入考虑。儿基会则提供必要的设备和储备物资。

在班加罗尔工作时，我结识了世卫组织专家组中的一些成员。马勒博士不在城里，所以我没见到他。不过我读过他签署的行动方针，观摩过一些活动，了解了实验室里的工作，还参观了诊疗中心。肺结核是一种在发展中国家常见的疾病，曾是威胁公众健康的大问题。遗憾的是，如今肺结核依然是个大问题。印度重要的英语小报《时讯》发行量很大。我的文章还上了《时讯》的首页，标题是《肺结核每年夺取五十万印度人性命》。一个卫生项目能得到国家级媒体的关注，这还是第一次。我收到了世卫组织专家组的感谢信。这大概是领队批准的。不过我还没见过马勒博士呢。

世界卫生组织的马勒博士

上世纪70年代，世界卫生组织数次请我出任公共信息司司长，工作地点在其日内瓦总部。我不确定那篇文章是否对此起到了助推作用。完成班加罗尔的工作后，马勒博士回到日内瓦，担任肺结核司司长，后来又成了世卫组织的副总干事，最终在 1973 年被选为第三任总干事。

在 1973 年，对于世卫组织的友好提议，我并没有给予积极回应，因为当时我马上就要出任儿基会新闻司司长了。在 1978 年，我认为自己必须留在儿基会，因为 1979 年是联合国国际儿童年，而我是儿基会里的主要牵头人、主要推广人之一。终于，在 1981 年，当世卫组织第三次联系我时，我接受了对方的邀请，着手安排离开儿基会。在新的工作岗位上，公共信息与健康教育两项工作紧密地结合到一起。

阿富汗，保守的穆斯林国家

说到最难开展工作的地方、难以介绍新观点和新方法的地方，阿富汗是其中之一。阿富汗在儿基会亚洲工作区域的最西端。我去过三次。第一次是在 1958 年。当时，在阿富汗这个国家，女性在男性面前毫无地位，而该国又急需增加护士和助产士的数量。不过这两种职业在广大民众心中是羞耻的，在为数不多的知识分子眼中也是如此。

穆斯林的勇士，国王的叔叔，萨达尔·沙阿·马哈默德·汗殿下曾任阿富汗首相一职，为了推进妇幼保健事业，在阿富汗政府、世卫组织和联合国儿基会的支持下，办起了一个助产士培训学校，但却鲜有人申请入学。学校一直处于停办状态。后来，国王一位出过国的姐妹认识到了国家对于这种从业者的需求，提出了申请。首相也将两个女儿送到学校，接受助产士培训。王室的介入终于打破了文化的壁垒。

这个国家极其封建守旧，几十年前，国王阿玛努拉被"宗教领袖毛拉"轰下王位，只是因为他的王后没戴面纱。

但是到了 50 年代中期，阿富汗社会发生了诸多改变。其实，前首相家的一位当助产士的女儿成了阿富汗妇幼保健服务部干事，这大概是首位女性公众人物。实际上，如果我没记错的话，很多摩登的阿富汗女性并不身着黑色罩袍。她们舍弃了这种形状不规则的大袍子，不再从头到脚捂得严严实实了。

政府还为女性引进了广播计划。由于大部分技术员为男性，在播音室中工作的又都是男性播音员，不得已，阿富汗广播服务机构为首位女性播音员建立了一个特殊的播音室，还配了条单独的通道，如此一来，她去自己的播音室时就不会与男性同事相遇了。

阿富汗的宗教领袖强烈抵制这些改变。从该国后来的发展来看，为了种种改变而付出的努力终究是一场悲剧性的虚幻。的确，该国社会强烈抵制现代化进程。苏联撤离后，极端保守的塔利班政府上台，颁布了严格的伊斯兰律法，要求所有女性遮住面部，甚至还毁掉了极其宝贵的佛像。

1962年，我作为联合国特别新闻行动组成员，第二次到访阿富汗。我们行动小组乘车从巴基斯坦的拉瓦尔品第出发，穿过著名的开伯尔山口，这就是两国的分界线了。这可是军事要地——双方军队必须穿过山口才能对阵敌军。不过我们开车驶过时，此地看起来一点也不危险，完全没有威胁性。实际上，驶过山口的时候，我们完全没意识到自己刚刚穿越了军事要地。

我们一路驶向阿富汗首都喀布尔，临近首都的路段相当惊险。有几段路是紧贴悬崖的环山路，路的另一边就是几百英尺的陡坡。卡车的残骸就停在那里，静静地诉说车祸之惨烈，当时，满载货物的大车躲避不及才致悲剧发生。还有一辆翻倒在山谷里的卡车，司机没料到，超载的货物会撞上突出来的岩石，这才导致惨剧发生。我可吓坏了，右手紧紧抓住车门，要是我们的车改变方向，远离窄窄的石头路，我就跳车。中途，司机数次停下来，展开毯子，朝麦加方向行一日五次的礼拜。走在这段路上，我们必然得做各种祈祷。

1968年，我为了制作图片集，第三次来到阿富汗。西蒙舒斯特是个很大的出版社，朱利安·麦斯那为该社童书部工作，我就是受他托

阿富汗，1962年，儿基会帮助当地政府组织活动为村民普及营养保健。

付而来。当时,我和同事经历了一场险事,后来才发现是我们庸人自扰了,虚惊一场。不过这场经历如此神奇,得在后面的章节里单独讲述。

巴基斯坦,因宗教而生

巴基斯坦是个因宗教而生的国家。这片土地原是英属印度的一部分,1947年,圣雄甘地领导民族主义运动,从英国殖民者手中争取了独立,印度次大陆分裂成两部分:大部分印度教徒留住了次大陆的大部分土地,而由占主导地位的伊斯兰教徒所占领的东部和西部土地共同构成了巴基斯坦这个国家(1971东巴独立成为孟加拉国)。至今,几百万印度教徒和伊斯兰教徒和平共处,但是心中总有疑问,对信仰不同的邻国充满怀疑。这种怀疑态度往往导致戒备和敌意。一国常以自卫为名发动袭击,以此来抵御可疑的邻国。期间也发生过大屠杀,致使数万人失去生命。可悲的误解与不必要的报复性杀戮比比皆是。

新建的巴基斯坦有东西两部分。大量伊斯兰教徒离开了印度教徒统治的地区,迁至西巴基斯坦和东巴基斯坦。生活在东巴和西巴的少量印度教徒迁移到了印度。卡拉奇是巴基斯坦最大的城市,也是该国的金融中心,那里的居民大多是从印度迁来的。

在巴基斯坦的西北角生活着一些极其独立而且非常传统的部落。连英国殖民者都不曾使其屈服。西北边疆是一片由部落所占领的土地,就算是现在,政府也难以强加控制。在50、60年代,那些部落公开操控鸦片买卖,还仿制武器。

有一次我出差到巴基斯坦,来自丹麦的儿基会代表开车带我穿过部落区,每个村庄都像堡垒一样,入口还有岗哨,通常岗哨都设在高高的围墙上方。这些部落里,无拘无束的汉子就像是过去美国西部旷野上的牛仔。他们有自己的道德准绳,比如,就算访客是敌人,也要保其安全。就是这条原则给抓捕"9·11"恐怖分子的工作设下了障碍。

那些汉子随身带枪,招摇过市,还打算给我制作温切斯特连发步

离开曼谷之前，抱着两个孩子全家合影。那时出差经常一走两三个月，很少看到孩子，后来被孩子们取笑为缺席爸爸。

枪或者史密斯手枪，都是高仿，连"美国制造"的字样都刻得分毫不差。他们就是中国造假团体的先驱。有些中国工厂制造假牛仔裤、假手表，这种行为让世贸组织和世界知识产权组织很伤脑筋。

一位留着山羊胡的老者拿来一小袋鸦片，给我看，问我能出多少钱。

在那片广大的土地上还有很多由贵族统治的小国家，都被纳入巴基斯坦共和国了。其中一个小国直到50年代末才加入巴基斯坦，那就是斯瓦特。儿基会驻巴代表和我从白沙瓦出发去往喀布尔的路上，特意兜了个圈子才参观了那个小国。斯瓦特，香格里拉一般美丽的小国，竟然还设了海关，到访者随身携带某些物品居然还要报关。斯瓦特的首领，阿共，后来成了一位政客，加入了巴基斯坦国会。我们住在这个国家里最大的酒店。酒店的建筑非常宏伟，整体结构带有殖民时期的建筑色彩，外设露台和花园。

一个戴着头巾、留着大胡子的侍者给我们端上下午茶，他会说英语，一口英音，无可挑剔。我跟他说，我喜欢往茶里加柠檬，不喜欢惯常的喝法，往里面兑牛奶，他轻声回答，"听您吩咐，阁下！"他的英音听起来好似莎士比亚时期的语言。我心中充满好奇，问他在哪里学的。他严肃地说："阁下，我没上过学，其实我是个不折不扣的文盲。"

儿子劳伦斯降生

1959年，承蒙上天保佑，儿子劳伦斯降生，就在基督复临安息日医院诞生。我记忆犹新，天色很晚的时候，曜华羊水破了，我开车载她去医院，却被医务人员告知，要到第二天一早才能生产。天刚破晓，我就回到医院，迎接我的是一位系着领结的产科医生，他说："你有儿子了！"我满怀喜悦，自言自语，"现在家里有儿有女，齐全了。"

职责所在，我长期不在曼谷，四处出差——纽约总部、阿富汗、印度、巴基斯坦、菲律宾群岛，还有印尼。我是个缺席的父亲，情况比我认识到的还要严重——我对工作的重视压倒了我作为一个家长的责任。曜华，这个尽职尽责的中国妻子，承担起了抚养两个孩子的重担。

不过，我对工作全心投入，也得到了回报。上级在1958年批准了我的第三次晋升，升为二级专员，虽然还是比同事低了两级，但我至少离他们越来越近了！

路边饮水的阿富汗人。

【第八章】

巴尔玛莎那县的里奇·考尔德勋爵

里奇·考尔德是著名的科普作家,曾于1952年发表系列文章,介绍联合国在亚洲的工作。联合国各机构非常赏识考尔德的文章,决定邀请他在1962年对十年前的工作项目再做考察,描绘十年来的变化。后来,考尔德成了爱丁堡大学国际关系学院的教授。

为了完成考察任务,考尔德需要一个组织者,一个管理人员,还有一位摄影师,最好找一个能应付三项差事的人。儿基会乐意安排行程,并进行管理,而且还大胆地将我推荐给里奇。我一个人就顶上了三个空缺。经联合国公共信息顾问委员会(这个协作小组由联合国各机构的信息干事,以及这个项目的赞助人组成)同意,我成了考尔德-凌考察组的另一名成员。

耗时最长的项目

我安排了一个历时四个月的行程。我们从位于纽约的联合国总部出发,行经十个亚洲国家。这十个国家都在儿基会亚洲办事处我的职权范围之内,也即从菲律宾群岛一直到阿富汗。之后,我们的行程将进入收尾阶段,到访位于巴黎的联合国教科文组织总部,以及位于日内瓦的世卫组织总部,最后,参观世界银行设在荷兰海牙的水利项目。除此之外,我还安排交通和住宿。这项任务是我所有实地考察中耗时

1 兄妹俩。摄于菲律宾
2 孩子的微笑。摄于尼泊尔
3 再多给一点水吧。摄于印度

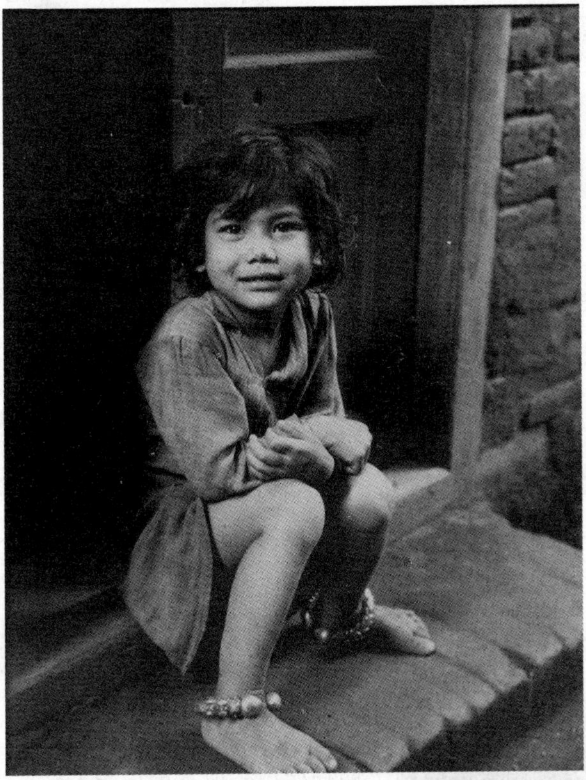

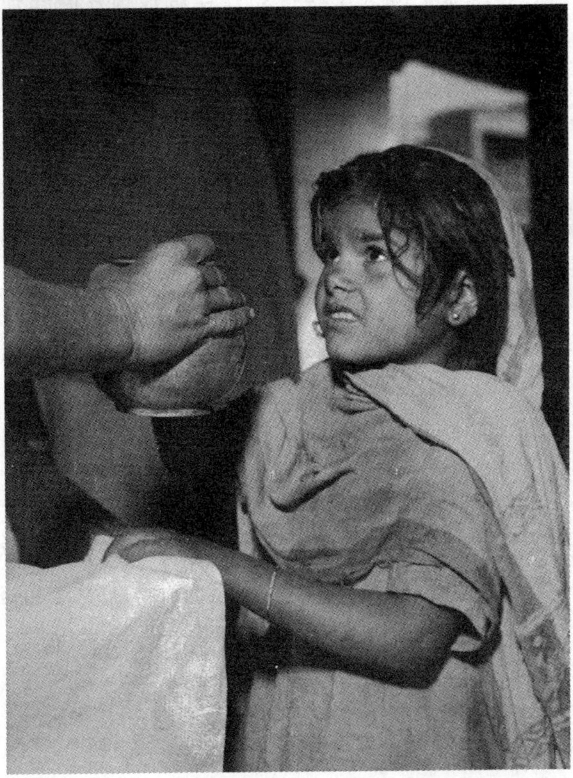

最长的一个，我几乎要离家半年。从纽约前往亚洲的途中，我在伯克利短暂停留。当时，我的妻子和两个孩子都和曜华的父母一起住在伯克利。

为了筹备这项考察行动，我做了一件联合国新闻官里前无古人后无来者的事。考尔德是著名作家，我的图片新闻又多次见报，登上包括《纽约时报》杂志在内的诸多报刊。我不明白为什么要把自己的文章白白送给别人。所以我联系了几家媒体，要把我们的系列报道卖出去，卖点就是考尔德的文笔和我的图片。我还向那些人保证，我们将严格按照新闻规范书写考察报告，绝不刻意树立联合国各机构的光辉形象。很多主流媒体都乐于为我们的报告支付稿费，其中包括芝加哥通讯社、法新社、路透社、合众国际社、丹麦流行杂志《家》，以及《亚洲杂志》（在亚洲，所有主流英语报纸都配送这本周日增刊）。我们深入联合国各机构的援助项目，汇报其进展、不足，以及失误。总体来说，这些行动计划对各国发展起到了推动作用。但其中也存在值得总结的经验和教训。尤其是在营养健康项目当中，群众的参与度明显不足。

长屋一夜

在里奇的强烈要求下，我们将婆罗洲的砂拉越加入到行程当中。这是我第二次到访此地了。不过这回，我们要在由竹桩架起来的长屋里过夜。这个村子里的五十多位达雅克人同住此屋。我们就睡在地板上。一些剩菜从竹板缝里掉了下去，下面的猪就哼哼地叫着，抢食剩菜。

村长带我们参观他屋里的头骨装饰。他的祖先是割人头颅的猎人，这些头骨就是当年的战利品。当局为长屋里的人提供接生服务，他为此深表感激，不过令他叹息的是，一个游商说服他的村民买了一辆自行车。其实，那个村民把自行车的轮子钉在墙上做装饰了，因为在长屋里，连接各家的竹子小径很窄，自行车是没法通行的！这就像是，住在阿拉斯加圆顶小屋里的爱斯基摩人经人劝说,买了一个冰箱!

在长屋度过的那一夜特别漫长。除了新月暗淡的影子,屋内没有一丝光亮,我们往竹子地板上铺了几层粗麻单子,就睡在上面。夜间,我将单子盖在身上,竟有小动物在上面爬来爬去,将我惊醒了两次。第二天一早,大家安慰我说,附近并没有危险的动物,夜里的不速之客大概就是些田鼠!

穷人经不起半点差池

在菲律宾群岛,我们在离马尼拉不远的巴尼奥斯考察了国际稻米研究所的工作,这里成果喜人。该研究所的科学家来自世界各地,他们互相协作,力图培育出抗虫害、产量高的水稻和小麦。在奇迹般的种稻革命出现之前,里奇便准确地预见到,农民之间会争抢水资源,因为这正是种植新型水稻所必需的。种植新型水稻就必须打药、施肥,这就引起了环境问题。

更重要的是,任何新兴的先进技术都服务于那些受过更高教育、更富裕的人,因为只有他们才敢于尝试新事物,只有他们才有能力承担风险。那些贫穷的、没受过教育的人更加守旧,抵制任何改变,因为他们知道,在尝试新事物的时候,一旦失败,全家人都要面临生存问题。换而言之,他们经不起任何差池。

巴纳维的水稻梯田

从巴尼奥斯出发,我们乘直升机前往巴纳维。那里的稻田就种在阶梯状的山腰上,已有百年传统了。水流借着地心引力,一节一节地往下流,灌溉了每一层稻田,如此景观,真是壮丽。与此类似的、形态自然的、为种庄稼而形成的阶梯状山腹在中国西南部,在印度的喜马拉雅山区,甚至是中美地区都能见到。难道是相距甚远的远古文化交流了农业技巧?或者说,他们想出了相同的方法来利用珍贵的水资源?

而且，各个大陆上的山区人民都喜欢在服饰上运用醒目而鲜活的色彩。他们之间有联系吗？难道是由于空气稀薄，或是因为接近太阳，才使人用色大胆？细雨之后，云隙间的阳光射出美丽彩虹，难道这些人从彩虹中得到了同样的启发？这些问题留待人类学家来解答吧。

失败的交际

在泰国北部的乌汶，我和考尔德面临一个同样困扰其他保健中心的问题。在当地食品营养计划工作总部，我们意识到，很多员工都不了解其工作的大体目标，以及具体目的。因此，他们在发动群众时，不够主动积极，没做好准备工作。墙上有一系列营养问题宣传海报，展示各种食品的营养价值。其中一张画了一个剪影，表现一个手持网球拍准备击球的运动员需要功能性食品。

当时，网球是曼谷上流社会里的新兴运动，但这绝不是乌汶的平民百姓平常所能接触到的。对于时髦的城市人来说，这个剪影是不错的视觉形象，但对农村地区营养不良儿童的母亲来说，这张图片则让人困惑，全无意义！作者表达了自己对于宣传主题的理解，但却忽略了受众的文化背景。就像是我们在印度抗击疟疾时的那幅画着超大蚊子的海报，这个食品营养系列海报也没经受住考验，未达到有效沟通的目的。大家的努力和宝贵的资源全都浪费了，这就是个绝佳的例子！

植物尚知奋力求生，人则不会变通

在印度的奥里萨邦，当地工作人员邀请我们参观大米博物馆，馆中陈列了一百种大米。有些结圆形的谷粒，有些则结长长的谷粒。大部分都是短茎稻子。只有少数几种稻子的茎部比较长，大约有10-12英尺。那些都是长在东孟加拉邦的稻子。每年一到风暴肆虐的时节，海水倒灌，淹死大量水稻。

第八章 巴尔玛莎那县的里奇·考尔德勋爵

讽刺的是，这些植物早已适应了大自然的怒浪，茎部长得长长的，这样就能在一年一度的洪水中生存下来了。但是，在孟加拉海岸，人口密集，无处可逃，人们不知道如何应对暴风雨的肆虐和洪水的侵袭。尽管当地人深知其凶险，却还是退了潮就回来生活，其中很多人注定会溺亡于此！

深居大陆，中立的尼泊尔

我们设法进入了尼泊尔境内。这是喜马拉雅山区一个封闭的国家。直到20世纪50年代末才允许外国人入境。新德里的空气快把人烤焦了，来到加德满都，清新凉爽的空气沁人心脾。我们居住的酒店古色古香，是个非常传统的建筑。我见游人拿着相机，争相抢拍城市里的寺院。走近一看，我才意识到，那些镜头是在捕捉各种性交体位。这在西方大概算是淫秽色情，但在尼泊尔，这就是生活的一部分。

到1962年，中立的尼泊尔政府依然是列强和其强大邻国的争夺目标，各方势力争取影响最大化。印度、中国、美国、英国、苏联，以及联合国各机构都为尼泊尔提供援助。该国的经济发展部长是个聪明的年轻人，也就二十多岁，或者三十出头。他的顾问团则由各国援助团和联合国行动组的专家组成。我和里奇感到奇怪，如果他必须参加所有援助项目的会议，那么他还能有闲暇时间吗？

我们在尼泊尔的考察目标中，有一项就是参观沟通加德满都和印度边境附近喜马拉雅山脚小镇的索道。我们搭乘小型飞机飞抵那里。第一次向跑道俯冲时，我们似乎是要降落，不过只是在低空飞了一两分钟，然后又飞向天空。第二次俯冲，飞行员平稳地将飞机降落在跑道上。原来，飞行员驾驶飞机第一次俯冲是为了驱赶跑道上的羊群。跑道上嫩草鲜美，当时羊群正在进餐呢。

钢索和货箱构成了这条索道。从边境小镇到加德满都，之间只有25英里。不过，对飞鸟来说，那是25英里，当地人开车则要行驶两天。

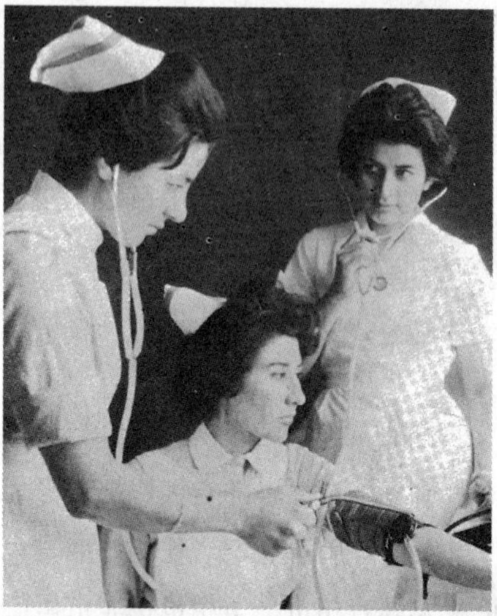

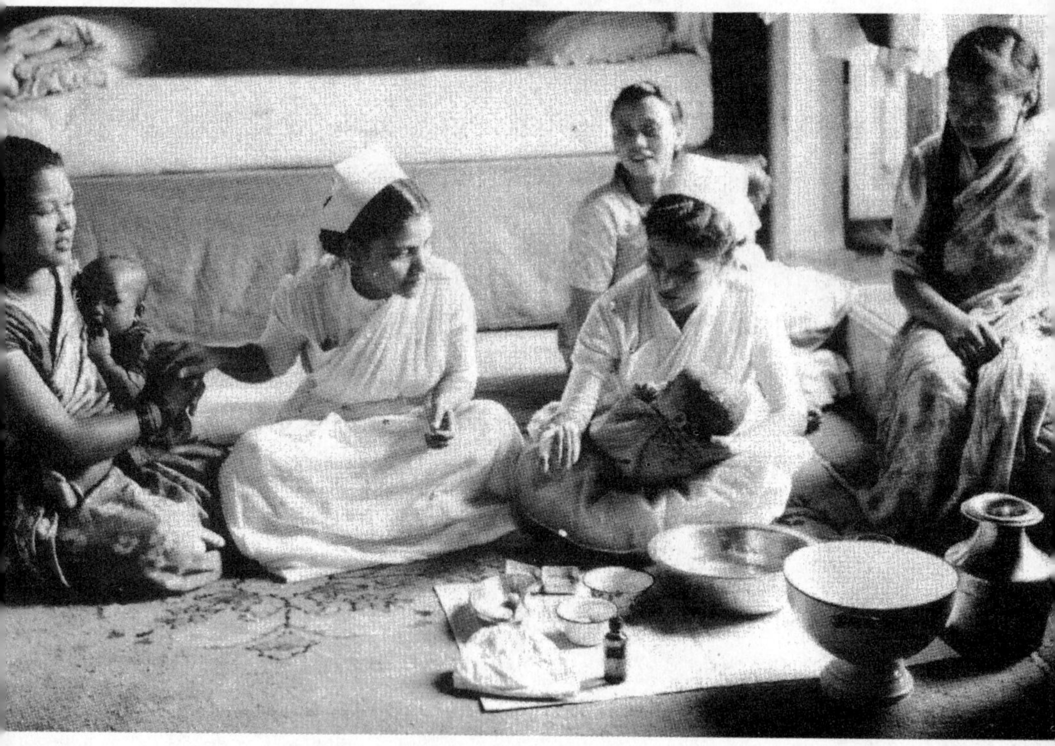

1	
2	3

1 巴基斯坦,塔宾达是一位漂亮的护士学生,她被摄影记者拍到,在各种媒体都可见到。1968年我们再去,想看看她现在的生活,她的叔父不允许再拍她:"再拍她发出来,她就嫁不出去了!"因此我们拍的是她的同学们。
2 巴基斯坦护士。
3 在露天上课的巴基斯坦护士学生。

从某种角度来说，尼泊尔的很多地方都是垂直的。从一个小镇到另一个小镇，要经过蜿蜒的道路，绕着山，又绕着村子，上上下下。有了这条索道，路上花费的时间大大减少，至少缩短到三分之一。而且当地人往加德满都运送货物时，这条索道是更快捷、更安全的选择。

考尔德-凌考察行动中，最惊险的一件事就是飞离加德满都。我们订了尼泊尔航空公司的机票，准备回到新德里。但是还剩两天就要离开了，联合国开发计划署的当地代表宴客，当时，有人告诉我们，该国飞机保养不善。鉴于联合国开发计划署正在为尼泊尔航空公司提供援助，我们认为，这个人的话应当慎重考虑。于是，我们第二天便改订了印度航空公司的机票。

就在新德里落地之时，我们听说，我们之前要乘坐的那架尼泊尔飞机坠毁了，全部乘客遇难，其中就包括两位美国国际发展署的官员。我在联合国邮袋里放了两本笔记。这两个本子也随着那架运数不济的飞机化为灰烬了。我们二人真是逃过一劫！

巴基斯坦的塔宾达

在巴基斯坦，里奇打算对塔宾达进行跟踪报道。塔宾达是一篇文章的女主角，而那篇文章被登在诸多报刊的首页。其中也有世卫组织的出版物。塔宾达，一位来自上流社会的动人少女，决心进入护士学校，今后成为护士。她的决定标志着，在巴基斯坦，有教养的姑娘们有了新的职业。

我们找到了塔宾达，她的家就在拉合尔古城。她还是那么美丽，非常上相。她不仅圆满地完成了护校的学习，还进入了医学院。还有一年，她就要成为塔宾达医生了！里奇对塔宾达进行了跟进采访，写了一篇文章。我则拿着禄来福来相机一路不停地照，记录她在家里的生活，以及她在学校的学习。这是个相当不错的人物专题报道。

不过，我们离开巴基斯坦，前往阿富汗的当晚，塔宾达的叔叔来到酒店，希望与我们谈谈。这位叔叔留着山羊胡，曾是最高法院的法官。他恳求我们不要在巴基斯坦刊载塔宾达的照片。他承认，这个专题在国外一经发表，对联合国将有重要价值，但是如果塔宾达的照片披露在拉合尔当地的报纸上，这将为整个家庭带来麻烦。我听得一头雾水，敦促他解释清楚。他这才不情愿地解释说，塔宾达已经到了适婚年龄，要是照片见报，人们看到不戴面纱、抛头露面的塔宾达，那么家里人就不好给她找新郎了！

自然，我们听从了他的要求。很明显，我们没有看清巴基斯坦穆斯林社会里文化问题的深度。

去往喀布尔的路

我们从白沙瓦的边境小镇出发，乘车前往喀布尔。我已是第二次穿越开伯尔山口了，拐过回环发卡一般的弯路时，躲避对面卡车急转弯时，我心里已经有了准备。不过，路上有大量超载的大客车，车顶上还趴着几个拿着大包小包的乘客，这景象着实让我们吃惊不小。只要那车倾斜一丁点，或是晃一晃，就能把人甩到悬崖下面去！那些客车周身都印着阿拉伯语的祷文，颜色艳丽，装饰性强，这会保佑我们大家一路平安的！

在喀布尔，我们遇到了一位联合国粮农组织的中国专家。他在这里推广养蚕项目，据说这是最受国王穆罕默德·查希尔·沙阿青睐的项目。在后来的几十年里，阿富汗骚乱不断——王室倒台、苏联占领、圣战、塔利班建立政权、"9·11事件"之后美国入侵，再加上如今哈米德·卡尔扎伊上台执政——我好奇，那位粮农专家在上世纪60年代辛辛苦苦建立的养蚕农场后来怎样了。

健康的经济和社会发展

这次考察中，我见识到了各种外援，真是大开眼界。除了儿基会和世卫组织的工作,我还考察了联合国其他机构的援助项目。其中最吸引人的,便是世界银行所支持的泰国湄南河清淤计划。我们是在海牙附近的德尔福特进行考察的。德尔福特以水利工程研究闻名于世。由于尼德兰低于海平面,荷兰人便进行填海造地,十分成功。而后,他们便开始研究曼谷的淤泥,湄南河流经曼谷时,将淤泥冲进了暹罗湾。这些淤泥会阻断湄南河的水路运输,而此地正是重要的经济命脉。不过当地繁忙的水路运输给实地考察造成了重重困难。于是,荷兰的工程师建了个模型,与湄南河一模一样,只是比实物小得多。他们还设置了水浪和淤泥,以此来研究泰国会发生的问题,以及政府为避免淤塞而必须实施的行动。

这真是让我大开眼界。从我在儿基会的办公室望出去,便是曼谷的河景,而在德尔福特的工作室,我却通过模型,见到了这熟悉的景致,每一个码头,每一间寺庙,一切都细致地呈现出来。这也让我学到一课,经济活动与社会发展息息相关。假使淤泥堵塞河道,经济发展就会受到牵制。经济不景气,社会服务工作就会受到冲击,这就会对妇女儿童的健康平安产生负面影响。所以,只有经济效益与社会效益均衡了,才会促进发展,二者相辅相成。不过在2011年,湄南河河水泛滥,导致曼谷发生特大洪水,大浪致使泰国首都陷入瘫痪,给首任女总理领导的政府以致命打击。得知此事,我想知道,当时的清淤计划出了什么问题。

考察大获成功

考察行动获得圆满成功,轰动一时。我们的报告,包括文章,配图短文,还有一些音频片段,都作为专业材料,在各大洲广为流传。这是唯一一个带来收益的联合国信息行动。对于那些资助了考尔德－凌考察团的联合国机构,我们在行动结束后还返给其一部分资金。

对我来说,与里奇同行是个有趣的学习过程。里奇是个受人尊敬

第八章 巴尔玛莎那县的里奇·考尔德勋爵

的新闻人,是英国工党的终身成员。他从没上过大学,年纪轻轻便在苏格兰的邓迪和格拉斯哥当起了记者。"二战"时,他在特务计划和行动部门任主管,为盟军做宣传,工作出色。战争结束后,他才继续自己的记者生涯。

1960年,爱丁堡大学聘请里奇为国际关系教授,授予蒙塔古布什荣誉教授称号。在授职典礼上,校方授予其硕士学位,里奇在演说中提到,他四十多年的记者生涯就是在修学士学位,他的大学时光比在场的每个人都长。他并没有创办自己的系,反而打算在各个院系开课。他坚持认为,应在各专业中开设国际关系课程。

里奇是一位著名的社会主义者、和平主义者,他与伯特兰·罗素伯爵是同一时期的人。"二战"结束后没多久,二人就共同发动了首轮核裁军运动。里奇还写了28本书,主题广泛,从医药到食品营养,再到环境问题,无所不包。他的著作当中,最著名的当属《第七天之后》。在这本书中,作者列举了世界历史大事。该书也成了发展学圈子里的畅销书。

旅途中,他带着便携式打字机,敲敲打打。仅用一小时,他就能毫不费力地打出一篇文采出众的专题报道。他分析起政治事件,视角全面,又能将科技进步的影响力放在经济与社会发展的大背景中,观点独特。作为一个科普作家,他处于科技发展的前沿阵地,成为这方面的权威顺理成章。

我们的考察结束后,又过了几年,时任英国首相的哈罗德·威尔逊提名里奇成为上议院的终身贵族。里奇决定在姓名之间加上连字符,头衔为里奇-考尔德爵士,如此一来,那些熟知这位新闻人的读者还能认出这是里奇。他还选择出生地福弗尔附近的巴尔玛沙那县作为其自治地。

60年代中期,在我的请求下,里奇帮助儿基会就发展中国家儿童权益这一论题在上议院中展开辩论。通过这种形式,儿童保健与儿童权利这一问题被纳入了英国的公共议程。他在上议院中非常活跃,继续关注人道主义问题,直到 1982 年与世长辞。他是我的引导者,同时也是令人钦佩的同事。我珍惜这份友谊,也珍视他的智慧。

【第九章】

纽约总部

考尔德考察计划结束后不久,儿基会设在联合国总部的新闻司发生了意想不到的变化。新上任的司长曾做过出版工作,而广播、电视、电影部门需要一名主管。我在曼谷工作了将近八年,也希望换工作。所以我迎接挑战,提出了申请,做所有的视觉媒体信息部门的主管。

曜华大喜过望,因为我们就要在纽约生活啦。她娘家在加利福尼亚州,距离纽约也不算太远。我便在酒店里订了个有厨房的房间,并让曜华快点带孩子过来。

接受这份工作,我心里有一点顾虑。在大众传播中,电视是新兴的主导媒介。而我对这个领域的了解仅限于《小丑巴左》,以及介绍邻国儿童状况的泰国电视节目。电视媒体可以为儿基会的新闻工作以及筹资工作提供帮助,所以我得详细了解这个新媒体在美国和其他工业化国家中的运作情况。

电视业带来的挑战

我一直在做书面工作,对于视觉信息的了解主要还停留在图片摄影上。刚一上任,我便参观了很多电视制作中心,只为了解电视网络、制作程序、在推广公共事业方面应尽的义务,以及其中的技术要求和操作要求。我从联合国公共信息部的同事那里获益不少。对于这个耗

菲律宾电视台邀请我做节目，坐在我旁边的是菲律宾社会事务部长。

资巨大的传播媒体，联合国拨下的行动预算少之又少，这使我惊讶不已。

我发现，我的支配额度远远不够制作真正对媒体有价值的电视资料。联合国其他信息部门里的一些同事为了制作一部"质量上乘的影片"用尽了预算。我的确也提倡拿出专业水平，就好像是我在考尔德考察计划中所做的那样。但是，制作电视电影需要更大的投资，而我们并没有这种资源。我试图将现有的影片卖出去，但却没有收购者。

更让我吃惊的是，联合国的其他同事为了做出一个好的宣传片来促进和支持联合国该组织的活动，不得不将三年的经费攒到一起用，而成功的肯定因素只是"秘书长喜欢"！投入了那么多时间和精力，目的是说服观众支持联合国，我们的大老板不是目标受众，得到老板的好评不应是这部影片的目的。而为了博取上司的赞扬只是讨好老板，这种做法让我莫名其妙。秘书长应该深明联合国工作的价值，我们最不需要说服的就是他！

不局限于新闻报道

既然我在纽约工作,我的工作范围就是全球性的,而不再仅限于亚洲了。我发现,在新的职位上,我需要根据总部的指示规划各项任务,而不仅仅是做"新闻报道"。经过与一些资深的商业和公共广播员进行讨论,我为儿基会广播、电视、电影部门制定了新的工作方向。

我们的工作方向就是,把信息传播给目标人群。不论我们的制作有多么精良,这个任务依然难以完成。因为,要想传播给目标人群就需要电视台,而联合国旗下一家电视台都没有。我们需要与媒体合作。由于电视台每天滚动播出好几个小时的节目,这种媒体便亟需节目热点。广播电台和电视台在播出节目时都占用公共波段。法律要求,这些媒体要分配一定时间,为公共事业服务,其中就包括宣传儿童保健和儿童福利信息。这就给儿基会提供了坚实的合作基础,让这些媒体播出其受众感兴趣的节目。

我决定采取新的合作理念,即儿基会与广播网络携手合作。这只需要儿基会提出好的电视节目选题,然后由媒体独立承担制作节目的责任。这些节目必须符合媒体、观众以及儿基会的趣味。根据协议,广播电视网的影片制作组进行实地工作时,儿基会需提供后勤支持。这很重要,因为很多广播电视网需要通过儿基会的帮助才能得到某些国家的拍摄许可。所以他们非常欢迎儿基会的后勤服务以及输送支援。

与电视台合作

我们计划围绕儿基会的儿童项目制作纪录片,或是录制采访,节目必须吸引捐助国家的观众。为了想出好的选题,我们得在前期进行大量调查。而且,这些节目必须在专业平台上进行播放。于是,我们开始在全世界范围内寻找合适的儿基会工作素材,希望能制作一个系列节目,展现妇女、儿童和各个家庭在生活环境上的变化。在每个系列选题中,我都至少挑出一集,写篇导视,然后把这些节目推介给诸多公共广播电视网。

美国的广播电视网都精明务实,怕与我们这种机构合作会使其失去独立的编辑意见。小型电视台更愿意与我们合作。波士顿的 WHDH 电视台对巴左系列节目深感兴趣,有意与儿基会合作。但是我们希望找家广播电视网。加拿大广播公司(CBC)是我们的首选。我特意前往多伦多,带着一个系列节目来到这家公司的总部,节目中有六个来自不同国家的儿童,其生活因儿基会的援助计划发生改变。在提案中,我们大致介绍了该系列的基本内容,还附上了第一集的导视。加拿大广播公司的儿童节目部当即便收购了这个系列。根据合同,儿基会承担一部分费用,为实地工作提供部分服务;该系列在加拿大播出后,儿基会有权将这个系列分销给其他广播电视网。瑞典广播电视公司和德国电视服务公司都为这个系列节目付了儿基会大价钱。

加拿大广播公司的系列节目非常受欢迎,结束之后又续订了六集。这个系列当中,有一集介绍了一位巴西孤儿,在儿基会援建的康复中心里生活,后来成为一名小号手。这个故事赢得了日本国际奖最佳教育片奖。

继而,我们与日本广播协会展开合作。到了 60 年代末,日本已经成为经济强国,可以为儿基会投入更多善款。我们计划合作拍摄两套纪录片。一套关于女性地位的变迁,另一套则关于家庭的变化。"二战"后,日本社会经历了巨大变革,女性地位得到提升;在其他国家,女性的境况也得到改变,比如穆斯林社会中的女性。这些都会吸引大量关注。至于有关家庭变化的那一套,其中有个故事讲到孟买附近的一个大家庭,全家有八十口人,这则引起了社会学研究的关注。所有这些都在儿基会的工作范畴里,但在本质上,儿基会的工作并不是其重点,这是为了避免有人在公共关系上耍伎俩、做文章。

在与加拿大广播公司(CBC)的第一次合作中,儿基会不仅收回成本,而且还小小地赚了一笔。为保证我们的选题是实实在在、有凭有据的，我与 CBC 的制片人同行，对儿童进行实地采访，并且还为摄制组安排了行程细节。

此后的很多年里，我每年都拜访日本广播协会（NHK），回顾过去一年里的合作。由此，我便与这家广播电视网建立起了良好关系。后来大阪在 1970 年举办了世博会，儿基会与 NHK 合作摄制宣传节目，还聘请了许多大牌明星。

管理预算

新来的司长即我的老板曾在出版社工作过，对于联合国里的官僚制度感到不舒服，尤其对批准预算的进度颇感不爽。他让我担起额外的工作，负责规划，做预算，以及管理整个部门。于是，除了管理视觉信息部门，我还成了司长的特别助理。

新闻司的大部分员工都有不同的媒体工作经验，大家的主要兴趣都在于制作。他们中有作者、记者、编辑、摄影师，还有电影制作人。不过，他们对资金分配和预算全无兴趣。

做预算时，我必须与儿基会副执行主席迪克·海沃德沟通。这个澳大利亚人非常精明，头脑敏锐，善于分析。和他一起工作，我就得更加精确地指出我们需要触及的目标人群是哪些人，我还得考虑到特殊观众，对于信息进行编辑加工，进行客观统筹。回顾过去，儿基会很早就采取了一种交流策略，这种策略后来被称作"营销"。

担起额外的职责，成了特别助理后，我很快便意识到，不提前计划好分销策略，直接进行制作，是个严重的错误。我以前只在自己的部门里做准备工作，但是现在，我开始将这个因素纳入其他部门工作的考虑之中。与发展成熟的媒体合作就意味着我们在向目标群体推广的过程中要提前做好分销策略。

我的早期工作经历中，有一件事是我始料未及的，那就是我有幸参与著名电视节目《道出实情》的录制。由于我曾为儿基会深入多个国家，与包括麻风病人在内的病患弱者直接接触，节目组请我作为名流嘉宾上场。另外两名嘉宾则分别是哥伦比亚大学研究生和厨师。两人都以我的身份上场。节目组提前给我们做了辅导，让我们蒙蔽观众；果然，那个研究生得票最多，我紧随其后。这对儿基会来讲，是场绝妙的宣传。

儿基会第二任执行主席

我调到纽约总部工作了三年之后，儿基会首任主席莫里斯·佩特于 1965 年 3 月因心脏病突发，意外离世。佩特作为儿基会主席，工作了十八个年头，辞世时才七十多岁。他本来计划在 1965 年年中的时候退休，甚至都选好了接班人亨利·R. 拉博伊斯，也是他在普林斯顿大学的校友。

拉博伊斯可不是联合国里的新手。从普林斯顿大学毕业后，他拿到了哈佛法学学位，又在华尔街工作了几年，而后才进入外交部门工作。拉博伊斯曾在巴黎推行马歇尔计划，并担任主管。那时，他结识了后来成为联合国第二任秘书长的瑞典经济学家达格·哈马舍尔德。在 50 年代中期，哈马舍尔德派拉博伊斯前往巴勒斯坦，作为行动主管，执行联合国难民救济工作署在巴勒斯坦的工作。拉博伊斯于 1960 年被委任为联合国秘书长的特别顾问，专门应对刚果危机。结束在世界银行的任期后，拉博伊斯被肯尼迪总统任命为美国国际合作总署的署长，他还是如今美国国际发展署的开创者，而后他被委任为驻希腊大使。

儿基会于1965年获诺贝尔和平奖

拉博伊斯刚刚接管儿基会不久，奥斯陆的诺贝尔和平奖委员会就宣布儿基会成为 1965 年诺贝尔和平奖的获奖者。委员会从奥斯陆打来电话的时候，我和拉博伊斯正驱车从拉瓜迪亚机场返回办公室。当时，我们才刚刚与友好大使，也是电影巨星的丹尼·凯耶挥手告别。凯耶乘着他的"利尔"小型喷气客机环游美国，在六个城市短暂停留，宣传儿基会的Trick-or-Treat（"不招待就捣蛋"）行动计划。每个万圣节夜晚，儿基会便举行一年一度的Trick-or-Treat活动，既有教育意义，又是一场集资活动。通过这个计划，儿基会已经筹到几百万美元，救助了很多国家的贫困儿童。

乘着喷气机周游全国，并在一些城市短暂停留，这是丹尼的想法。名流都明白在机场举办活动会招来各大媒体，这是宣传的良机。这样我们便能突出美国儿童在帮助其他地区苦难儿童的事业中所起的作用了。这真是绝妙的想法。

"每个城市，我们只需要30分钟。只把市长或者执政长官，还有媒体请到机场，"凯耶说道，"我们就能让全国的新闻媒体覆盖Trick-or-Treat活动了。"

得知荣获诺贝尔奖后，所有儿基会的工作人员都振奋不已。我们还特别召开了一个委员会会议来商讨获奖事宜，商讨前往奥斯陆的儿基会代表团成员。不过，当时的儿基会委员会主席是来自以色列的哈蒙女士，按理说，她应当作为代表出席典礼。但委员会的阿拉伯委员都持保留意见。最终，委员会一致同意由执行主席作为领队，并由他代表儿基会上台领奖。而委员会主席哈蒙女士的任务则是在翌日宣读获奖感言。

凯耶，诺贝尔奖颁奖典礼上的特殊嘉宾

丹尼·凯耶的公关经纪人沃伦·柯文询问，亲善大使为推广儿基会的工作付出了那么多，是否会被邀请。为了前往奥斯陆的代表团名单，委员会内部早有一番争斗，如今也不好重提此事了。沃伦耍了些手腕，又进行了磋商，于是诺贝尔奖委员会邀请丹尼作为"特邀嘉宾"前往奥斯陆。丹尼与其经纪人和挪威联合国协会进行合作，组织了一场演出。丹尼和很多挪威演员登台献艺，筹集资金，数额与诺贝尔奖金相当。

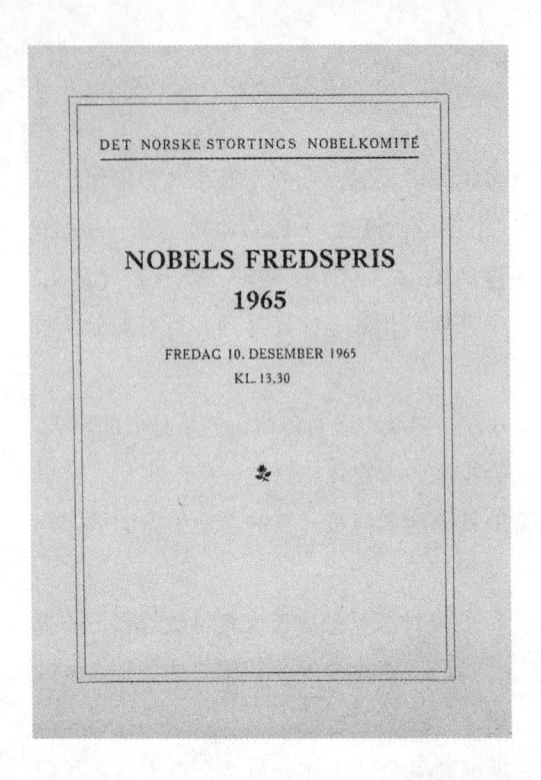

1 1965年儿基会获诺贝尔奖。
2 儿基会第一个亲善大使丹尼·凯耶。

3 斯里兰卡总理拉纳辛哈·普雷马达撒。
4 泰国国王出席儿基会在1957年曼谷组织的电影筹款活动。
5 日本首相铃木善幸和儿基会执行主任詹姆斯·格兰特。
6 中间为菲律宾第一夫人伊梅尔达。

宣布得奖结果后，媒体旋风立即扫了过来。大量平面媒体报道此事，《纽约客》杂志还发表专题文章《满城风雨》。除此之外，美国三大广播电视网，哥伦比亚广播公司（CBC）、国家广播公司（NBC）、美国广播公司（ABC），都来采访拉博伊斯。而美国公共广播公司（PBS）也要对拉博伊斯进行采访。这位头脑冷静、思考周全、不喜张扬的儿基会执行主席却推脱了。他认为，有三大商业电视网进行报道，这就足够了。他还让我转告PBS，他会在诺贝尔奖颁奖典礼结束后接受采访，那就是两个月以后了，基本定在12月。他对PBS的拒绝让我颇为吃惊，该公司在媒体中占有特殊地位，对于政策制定和决策者会产生影响。

在卫生和儿童保健方面，儿基会一直不乏正面报道，不过诺贝尔奖给了我们一个绝佳机会，直接把我们带到了头版头条，还上了黄金时段播出的新闻。我又跟拉博伊斯谈了两次，希望能说服他改变主意，接受PBS的采访。凭着PBS在媒体中的特殊地位，这个采访定会对儿基会的事业有所推助。这一点并不足以让拉博伊斯回心转意。但是信息的更新速度很快，9月份的新闻到了12月就不见得还是新闻了。到那时，记者还要跟进别的事件，而我们则会错失接触目标群体的良机。待我道出这些，拉博伊斯的态度终于有所缓和。他说考虑考虑。第二天早晨，他打来电话，说："新闻有时效性，你说的有道理。PBS不会再等两个月的。而且，我的妻子伊芙也赞成你的看法。"他的妻子伊芙是居里夫人的女儿。

诺贝尔颁奖典礼于当年12月举办，我来到奥斯陆，负责儿基会的公共信息事务。诺贝尔奖委员会成员由挪威议会任命，就是他们颁发和平奖，并主持颁奖典礼。委员会成员都是高贵而低调的议员，从容泰然地举办一年一度的盛会。每场新闻发布会，委员会只给媒体安排了12个席位。我得为儿基会到处奔走，但又要小心行事，不能得罪诺贝尔奖委员会。毕竟，人家才是东道主，儿基会只是嘉宾。

诺贝尔奖的报道

我悄悄地安排了一个摄制组，录下典礼盛况，以备日后作为新闻素材使用，并留下影像资料。我与挪威议会商量，在记者招待会上再增加 12 个席位。新添加的媒体采访将在儿基会代表团下榻的酒店里进行。

很多报社都希望采访伊芙·拉博伊斯，对四次获得诺贝尔奖的居里家族一探究竟。这个家庭中，母亲居里夫人获过两次，父亲皮埃尔获过一次，大女儿艾琳获过一次，全部都因科学成就获奖。出于对丈夫的尊重，伊芙·拉博伊斯拒绝了采访。儿基会才是诺贝尔和平奖得主，她的丈夫作为儿基会代表，理应成为媒体的焦点。

挪威媒体对一年一度的诺贝尔奖颁奖典礼习以为常。对它们来说，丹尼·凯耶这样深受斯堪的纳维亚人民厚爱的好莱坞巨星才更有新闻价值。对于丹尼的宣传报道实在太多了。典礼的前一天，一家奥斯陆晚报登载了一则漫画，画面上，凯耶开朗地挥舞着手臂，而拉博伊斯则静静地待在角落里。图片说明写道："拉博伊斯在做什么？"我认为这样的消息定会让我的上司大为不爽，于是便把酒店门口报摊上的报纸全都买走了。我想，拉博伊斯根本就不知道还有这样一幅漫画！

这次盛会上，我差点儿摊上大麻烦。我前往奥斯陆的途中要在巴黎停留，前去儿基会的欧洲办事处讨论颁奖典礼的琐碎细节。儿基会挪威国家委员会主席问我，是否可以把她在巴黎专门为此次盛会定制的礼服带到奥斯陆来。这位主席的丈夫是个富商，拥有一个百货公司，而且还是挪威红十字会的长期赞助人。我欣然同意，便把她的裙子放到了我的一个行李箱中。我到达奥斯陆后发现，行李箱找不到了。原来，法航误将这个箱子送到亚洲某处去了！典礼之前的三天里，我在酒店和机场之间来回穿梭，付出大量时间，只为把裙子找回来。颁奖典礼的前一晚，裙子终于被送到奥斯陆，把我从一场社交灾难中拯救出来。

为儿童代言

得到了诺贝尔和平奖，儿基会便不再只是一个帮助贫困儿童的机构了；如今，下一代的成长与世界和平之间的重要关系得到了世人承认，于是我们便成为全世界儿童的代言人。几个月前，联合国粮农组织发表了题为《世界农业现况》的报告。这篇报告吸引了我的目光，这是一个颇有效果的表达方式，世人读后便能了解粮农组织的作为。我向拉博伊斯提议，借着诺贝尔奖的认可，儿基会应该准备一篇报告，描述世界儿童现况。拉博伊斯是个细心的律师，也是谨慎的外交家，他没有采纳我的建议。多年以后，他的继任者詹姆斯·P.格兰特则支持这个想法，发表《世界儿童状况》报告，其公众反响超乎我想象。凭借这篇报告，詹姆斯发动起国际社会，在全世界范围内推动1983年的"儿童生存与发展改革"运动。

1973年，儿童健康事业特别紧急情况

第一次石油危机发生在1973年，当时，中东的石油输出国为了打击以色列及其盟友，宣布暂停出口。这一举措大大地影响了工业国家的经济，同时也重创发展中国家。各国领导人尽力减少经济损失，各国儿童健康事业则首当其冲。在我的坚决主张下，儿基会决定发表声明，称儿童健康事业出现紧急情况，以此来获得关注。为此，执行委员会召开特别会议。著名的营养学专家，也就是后来的塔夫斯大学校长让·梅尔收到邀请，做主旨发言。他在前台落座后，我迅速浏览了他的讲稿。这一看不要紧，把我吓了一跳，发言具有政治煽动性，他打算谴责在联合国具有否决权的大国。在发言稿中，梅尔指责苏联，称其从国际市场购买大量小麦用以掩盖赤字，这一做法造成了世界食品价格上涨。

在主席敲槌维持会场秩序的几分钟之前，我凑近梅尔，请他将有针对性的文字删除。还好，梅尔博士接受了我的建议，删掉了那一部分，如此就避免了苏联代表团的谴责，避开了冲突，保证了委员会

特别会议的成功。委员会对于儿童健康事业特别紧急情况的提议表示支持。

勃兰特和伊梅尔达

同年，儿基会欧洲办事处就此事件在日内瓦召开了一场研讨会。与会者中有前西德总理、诺贝尔和平奖获得者维利·勃兰特，和菲律宾第一夫人伊梅尔达·马科斯女士。勃兰特总理在发言中呼吁从矿物燃料中提取蛋白质来解决蛋白质不足。蛋白质不足问题言过其实，这是个非常值得推敲的建议。我劝他从发言稿中删掉这部分，但是没成功。不过，我劝服了伊梅尔达·马科斯女士，劝她不要在记者招待会上佩戴硕大的单钻饰品。否则，她一面为贫困儿童求善款，一面又展示自己门把手一样大的戒指，显得不太协调。

当时马科斯女士在国际舞台上是位举足轻重的女性，尤以在社会大事上的作为而闻名。不过那是以前的事了。后来其丈夫成了残暴的独裁者，她自己也成了奢靡铺张的代表，因拥有几千双鞋而被世人推上风口浪尖，备受嘲讽。

让日本伸出援手

日本曾经有很长的一段时间封锁国门。历史上，日本也"开放"过几次。在公元8世纪，中国对日本影响巨大，日本的大和民族建立了与李唐王朝类似的朝廷。中国的文化，包括语言和艺术，都流入日本。在16世纪，日本与西方建立接触。在19世纪50年代中期，美国的海军准将马修·佩里打开了日本的贸易口岸。明治维新打造了一个现代化的日本。正是这个现代的日本向朝鲜、俄罗斯，当然还有中国，发动了战争。

"二战"结束后，日本人在美国占领下度过一段时间。作为记者，我于1951年在日本短暂停留时，恰逢美军占领将结束之时，社会方方面面依然一派萧条。不过日本恢复得很快，到 1970 年，虽然大部分人都没意识到，当时的日本已经是个富裕的国家。

日本人与中国人和印度人不同，在"二战"之前，走出国门的日本人相对较少。有些人去美国，或者巴西，少数人去其他拉美国家。有人会说，日本走出国门干了件大事，那就是参与"二战"，其结果损失惨重。所以，要让日本公众知道自己可以帮助他国，而且也有义务这样做，真是要费一番功夫。1970 年，大阪召开世博会，儿基会与日本广播协会共同制作特别节目，请来数十位世界闻名的演艺界人士参加录制。这一举措为打破坚冰出了一份力。我们不仅得到媒体的支持，日本的童子军和女童军也献出力量，筹集了可观的资金。日本的银行和邮局也都发现，与儿基会合作是公关宣传的良机。一夜之间，儿基会在日本家喻户晓。

尽管在共同制作大阪的节目时，集资途径大大拓宽，不过日本政府对儿基会的贡献还是很小。日本协会的会长桥本正女士与执政党派自民党关系亲密。她的亡夫在 50 年代是自民党里的重要人物，曾任日本文部科学大臣。作为内阁成员的遗孀，桥本正女士有能力召开会议，与政府官员商讨支持儿基会事宜。另外，她的儿子是国会里冉冉升起的一颗政坛新星，这让她有机会接触政要官员。

其子桥本龙太郎于 1978 年出任日本厚生大臣。我劝他支持 1979 国际儿童年时，他笑着说："这是自然。作为厚生大臣，支持国际儿童年是我的职责所在。而且，这是母亲的命令！"20 年后，到了 1996 年，桥本龙太郎成了日本的首相。可惜桥本正女士中风之后卧病不起，没能欢庆其子的这一成就。桥本龙太郎以改革者而闻名，最终却没能改变其政党的传统做法，后来于 2006 年逝世，享年 68 岁。

日本的笹川基金会

1970 年的大阪世博会之后，儿基会继续着慈善事业，并从私营企业里获得了更多支持。有一个我们愿意接洽的基金会,那就是"笹川基金会",日本最大的慈善机构。富豪笹川良一通过经营赛艇博彩业积累了大量财富。"二战"之后,笹川作为甲级战犯被捕入狱,但却从未定罪。在狱中,他从美国杂志上了解到赛艇博彩业。释放之后,他设法获得了政府的批准,在中小型城镇里进行运作。这项事业利润很大,他便拿出其中一部分办起了"笹川基金会"。1970年,福特和洛克菲勒两个基金会的支出加起来都够不上"笹川基金会"的支出,可见博彩业利润之大。

笹川良一是个经历丰富而又极具争议的人物。赛马和自行车赛的行业领导者都是政府任命的,而且有任期限制,而笹川却任命自己为基金会的终身主席。说他颇具争议,是因为有段时间他大概与社会上的黑恶势力有瓜葛。不过他有效地运用基金会的资源,得到了政治上的支持。有一次,他告诉我,在近期的大选中,他赞助了一百多个国会议员!

当儿基会得知笹川基金会愿意向海外慈善机构捐款,联合国新闻中心驻东京办事处的日本同事久宇野,帮我联系到了笹川先生。鉴于他帮助过多个机构,又得到过天皇的嘉奖,我便没再犹豫,试着让他支持儿基会的事业。联合国办事处里大部分最年轻也最具有理想主义的工作人员感到不平,儿基会竟然与笹川这样的人有来往。

讽刺的是,我得向日本同事申明立场。我向他们解释,"二战"时,日本攻陷上海,我作为一个曾在日占区里生活的中国人,对战犯一点儿好感都没有。但我不能让自己的情绪影响我在儿基会的工作。我还指出,如果儿基会不去筹钱,其他的机构也会去的,只要没有附属条件,儿基会就可以坦坦荡荡地接受这笔钱。为了显示儿基会是个不为政治所左右的机构,我提交了一份提案,写到连续三年在社会主义国家和非社会主义国家筹集资金的相关事宜。后来我来到世界卫生组织任职,这才发现,世卫组织不光坦然接受笹川的赠款,还在大厅的角落里设了他的半身雕像，就摆在居里夫人像旁边！笹川良一每年来世卫组织总部，他的雕像就被移到入口的显要位置；他走后，就挪回角落。

除了"笹川基金会"的捐助，我们还为与佛教运动的领袖和与著名宗教组织"立正佼成会"奠基人庭野日敬长老的会面进行了接洽。庭野日敬有数百万追随者的支持。他在东京的总部里接见我们。这与会见教皇没什么不同。我们走过一个个前房才被引到大厅里，庭野日敬长老就在这里会客。后来，他的青年团开始为儿基会筹集资金，甚至还组团，对儿基会援助项目进行考察。

组织儿童议会委员会

自民党政策委员会主席告诉我，他可以设法增加政府捐助，不过一半捐款都要由日本协会经手。我对他说，这种做法有违儿基会的政策。于是这项提议便被搁置不理了。还有一次，又是这个人，他推荐某人补上儿基会贺卡业务的职位空缺。我认为这个候选人资质不够，于是便劝说拉博伊斯不要与他见面。但是拉博伊斯认为与候选人见面是基本礼貌。最后，当我们拒绝接纳这位候选人时，我们就要建立起来的议会制委员会被瓦解了。原因就是，面见候选人而又不接纳，这就仿佛我们在羞辱他！

到了20世纪90年代末，日本协会成了继美国政府和瑞典政府之后儿基会的第三大捐助人，其捐款超过一百万美元！

儿基会委员会驻外会议

儿基会执行委员会每年都在纽约举行会议，不过有三年则分别在埃塞俄比亚的亚的斯亚贝巴、智利圣地亚哥、菲律宾马尼拉召开会议。不在总部开会是为了让委员会成员有机会视察各地情况。

1966年亚的斯亚贝巴会议意义重大。之前的委员会会议上，佩特与各位成员一团和气，像过节一样。但在亚的斯亚贝巴，佩特的继任者拉博伊斯则面对一个棘手的问题，一个联合国机构的管理层将计划生育摆到了台面上，这还是第一次。表面上的平静被打破，就连之前的盟友都彼此反目。

委员会主席一提出这个问题，一时间很多代表举起手来。以比利时为首的天主教国家指责委员会，称其在儿基会这个苹果里放进了一条虫。美国赞成计划生育。不过其亲密盟友菲律宾则持反对态度。意大利，还有一些拉美国家总是站在美国一方，这次也都提出反对。经过一场激烈的辩论，这个问题便被搁置一旁了。后来，联合国重提此事。本来，儿基会是可以做出决断的。但联合国授权给联合国人口活动基金会办理此事。

当时雄狮之主海尔·塞拉西皇帝还在位。他曾指挥战斗，抗击意大利侵略军，是埃塞俄比亚的民族英雄。尽管他之前就废除了奴隶制，颁布了宪法，设立参、众两院，但王权依然至高无上。

在很多人眼中他都是英雄人物，牙买加人依然称其为救世主。儿基会委员会开会期间，我们在他的宫殿里受到款待。会议结束那天，塞拉西皇帝坐在发言席上。当他意识到我拿着相机正走过来，便解开带着金色穗子的夹克，将右肘放在桌上，对着我的禄来福来相机亮了个相。1974年，埃塞俄比亚爆发了一场革命，推翻了他的独裁统治，皇帝被废，一年后逝世。

1969年，委员会会议没在纽约召开，转到了智利的圣地亚哥，就在南美洲的最南端。这一次，古巴成了政治问题的中心。菲德尔·卡斯特罗领导下的古巴成了苏联和美国意见纷争的焦点，不过智利首都阳光明媚，气候宜人，缓和了各方的脾气，不至于怒火熊熊。委员会成员和工作人员都可以在圣地亚哥享受智利的文化活动，还可以在美丽的瓦尔帕莱索放松一下，享受海滨风光。这个海港距离首都只有一个小时的车程。

1977年，第三次委员会会议设在马尼拉。那时，马科斯家族已经开始实行独裁统治，并进行军事管制。新闻界受到了严密监视，广播媒体都要遵循政府的方针路线。不过，由于儿基会的工作不涉及政治纷争，当局并没有为难我们。

马尼拉的会议中心里有个文化大厅，会场富丽堂皇。一切都很顺利，只是在马拉坎南宫的典礼上发生了小插曲。按照惯例，我们同意向马科斯夫人赠予一座铜质雕像，体现她在社会事业尤其是儿童项目中的作用。我一直将这座雕像带在身边，不过典礼开始前两个小时，我将这座雕像从纸盒中取出时，发现其木质底座散架了。我们得把金属雕像和木质底座安到一起，于是就需要强力胶，我们的新闻办公室就设在会议中心里，而此处恰恰就没有强力胶。

时间一分一秒地过去了，我陷入绝望。我们用粘邮票的面糊将雕像和底座巧妙地粘在一起，不过一动就会开胶。我让拉博伊斯在典礼中用拇指按住底座，不让它散架。电视和摄像录制晚间新闻的时候，就这么按着。幸好，面糊能暂时把雕像粘牢，再加上拉博伊斯的大拇指，我们平安地熬过了典礼。典礼一结束，我们就从第一夫人那里要回雕像，打算修好后再给她。

【第十章】

拉博伊斯的任期与儿基会第一夫人

亨利·R.拉博伊斯领导儿基会十四年。在他的任期里,有很多变化是值得铭记的。儿基会的创建者莫里斯·佩特像经营家族企业一样管理着这个机构,工作人员之间关系亲密,大家都乐于奉献。其中很多人都是佩特原来的同事,很多人都是与佩特一同在救济委员会里工作过的伙伴。"二战"结束后,这个临时授权处理紧急事务的机构羽翼还不丰满,而亲密的同事关系恰好促进了工作进展。不过,联合国大会延伸儿基会紧急任务两次让儿基会长期性专注于在发展中国家推进儿童福利事业,因为那里的儿童与饱受战争摧残的国家里的儿童一样,情况不容乐观。

拉博伊斯毕业于哈佛大学,他一上任便加强了儿基会的专业性。他邀请更多的专家前来处理儿童健康、营养和教育问题,着眼于儿童的健康成长有利于国家建设;为儿童成长做出筹划则成了我们的工作重点。在拉博伊斯的领导之下,儿基会在发展领域扩大影响力,成了联合国机构系统中重要的一员。为了儿童发展事业,儿基会热情高涨地呼吁国际社会,将1979年定为"国际儿童年"。

各国委员会的角色

儿基会是联合国直属的一个为儿童服务的专门机构。它的秘书长直接由联合国秘书长任命,也不以各成员国的会费作为运行费用,而只依靠政府和社会的自愿捐助。

而各国的儿基会委员会也并非联合国儿基会的下属机构,而是在联合国儿基会的倡导和支持下,各国民间成立的非政府机构,其任务就是帮助儿基会宣传、筹款和组织活动。在儿基会总部的秘书处里,有些人将各国委员会当做儿基会的附属单位,不重视它们。而实际上,作为各个国家独立合法的实体机构,各国委员会有能力开展儿基会这样的政府间组织力所不及的活动。委员会能兜售儿基会的贺卡,组织筹款活动,组织科普教育活动,比如一年一度的 Trick or Treat("不招待就捣蛋")活动。他们不仅仅是公共信息部的分支机构,不仅仅是要将儿基会的消息传达给国民大众,而且还要有力地开展选举,给政府施压,以提高捐款额度。而各国委员会共同构成一个工作网,它们之间的信息畅通非常重要。

在联合国刚成立的 1946 年,刚刚经过战火蹂躏的欧洲,每个国家都有大量儿童需要救助,儿基会也在每个国家都设立了分支机构。到 60 年代,欧洲的整体发展水平已经很高,于是欧洲地区只在巴黎留下了一个欧洲地区办事处,其主要任务是承办儿基会项目,并为当地的儿基会委员会提供支持。不过在拉博伊斯上任之前,欧洲各国的委员会便对欧洲办事处所提供的服务感到强烈不满。在巴黎的儿基会欧洲地区办事处内部,新闻官与基金处的官员频频发生争执。瑞士委员会主席汉斯·康赛特是个颇有影响力的政客,后来在 1970 年代中期当了一届瑞士总统。在他的敦促下,拉博伊斯于 1966 年派我视察欧洲各国委员会的工作。经过视察,我向上级进言,做出人事调整,于是问题便解决了,各委员会信息畅通。

今天,随着形势的发展,儿基会的分支机构遍及世界大多数国家和地区，包括欧洲各国。它们和各国的儿基会委员会一起，共同为世界儿童的健康和福利而工作。

伊芙·居里·拉博伊斯夫人

这里，我便要特别讲讲伊芙·居里·拉博伊斯夫人了。我们初次见面时，伊芙已经六十岁左右了。她面容端庄，眉清目秀，发型经过精心打理，衣着颇有品位，一派严谨干练的作风。20世纪20、30年代，她被奉为巴黎最美的女性，其风韵一看便知。拉博伊斯常常在家招待来访的各地同事，伊芙举止优雅，是完美的女主人。她从不公开发表自己的见解，无疑，她的见解就含在她丈夫的言谈之中。招待儿基会工作人员时，她殷勤热情。

伊芙向来我行我素。她年轻时一定敢想敢做，做职业规划时选择成为一名钢琴家，后来到了40年代转而成为金牌记者，采访了很多"二战"时期的领导人。40年代后期，她还是北大西洋公约组织秘书长的特别顾问，工作极其活跃。

伊芙为母亲撰写了传记《居里夫人》，非常畅销，被译成了三十多种语言。后来这本书还被拍成电影，由葛丽亚·嘉逊和沃尔特·皮金主演，获得奥斯卡奖提名。她自己也着实是位女权主义者，闯入由男性主导的新闻界工作。"二战"时，她作为《国际先驱报》的特派记者走遍了美国、苏联、北非、伊朗、伊拉克、印度、缅甸，以及中国的前线。作为战地记者，她采访了包括尼赫鲁和周恩来在内的很多领袖，以这番经历为基线，她用英文写就了自己的第二本畅销书《与勇士同行》。

在儿基会的很多实地考察中，伊芙都与丈夫同行。她在外部关系问题上发挥了重要作用。她还了解新闻的本质，了解媒体文化。在有关女性命运的儿基会援助计划中，她做出了卓越贡献。

1976年，中华人民共和国政府邀请拉博伊斯和我来华，做为期十

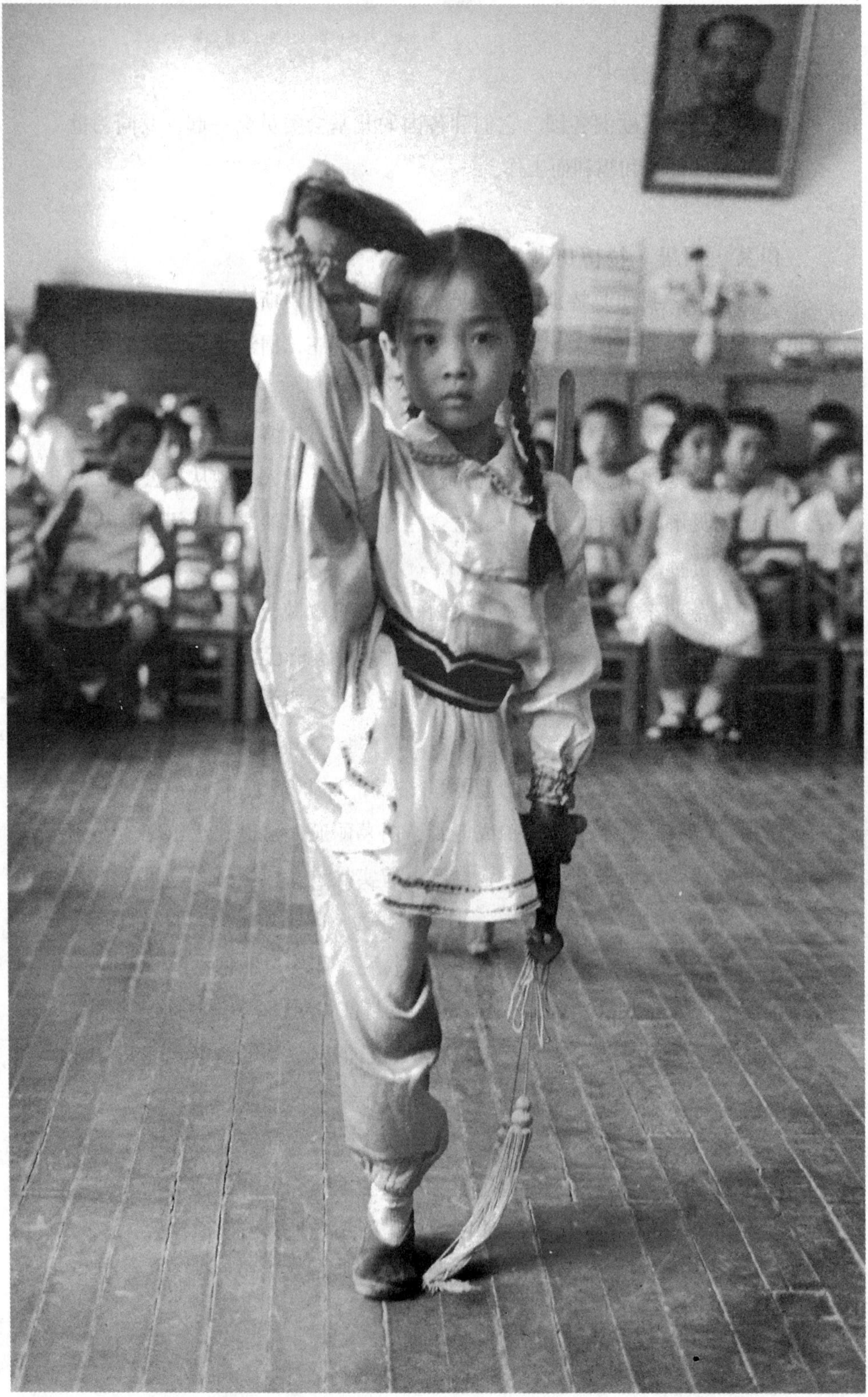

1975年访华图片

天的正式访问。在此期间,经过与伊芙的日常接触,我亲眼见到她追求细节、要求完美的一面。就算在北京饭店安排晚宴,向中国政府的款待表示谢意,也是如此。她让饭店员工排练,要求呈上的十道菜中,每一道菜都毫无瑕疵。

伊芙作为儿基会的第一夫人,备受大家尊重。在联合国,以北京为代表的中华人民共和国取代了以台湾为代表的"中华民国"。有些人出于政治敏感提出,像我这样,在此前就在联合国里工作的中国人是否该被提升为司长。拉博伊斯延续第二任联合国秘书长、瑞典人达格·哈马舍尔德的传统,认为国际公务员是独立的,在政治上持中立态度。他的立场非常坚定。我相信这也是伊芙的立场。1972年,当了近十年副司长的我终于被儿基会总部任命为公共信息与传播司司长。

居里夫人大名鼎鼎,即便是我早年在上海上学时,她的名字也如雷贯耳。玛丽·斯可罗多斯卡出生时,波兰还不许女性进入大学。她为了科学研究到法国求学。她跻身由男性主导的科学界,并于1903年与丈夫皮埃尔·居里一同获得诺贝尔物理学奖。当年,她成了首位获得诺贝尔奖的女性。她于1911年再次获奖,荣获诺贝尔化学奖。这不平凡的人生经历使她成为早期的女权主义者。

作为一位记者出身的儿基会新闻官,我一开始就对第一夫人的鼎鼎大名和其新闻背景感到十分亲切。我还纳闷,她对新闻业的了解会不会影响我与媒体打交道的工作,这是我在儿基会新闻司的部分工作。这个问题很快就有了分晓,初次见面后,她就对我的工作表现出浓厚的兴趣。

尽管我们之间常有交往,伊芙管我叫"杰克",不过我依然称她为"拉博伊斯夫人",这可以保持一定距离。就算是在我到世界卫生组织工作,亨利·拉博伊斯退休之后,我们在日内瓦湖畔一同进餐,闲聊间我依然称她为拉博伊斯夫人。

亨利·拉博伊斯于1987年逝世。成年后,他在普林斯顿和哈佛上学,

拉博伊斯及夫人在中国

　　1976年，中国政府邀请我的上司拉博伊斯和我访华。拉博伊斯的夫人伊芙·居里是居里夫人的小女儿，她是一位作家，做过战地记者，曾写过传记《居里夫人》。

在海外生活过一段时间,后来又回到纽约工作。尽管他基本上一直生活在美洲大陆,却嘱托将遗体送回到位于美国南端的出生地新奥尔良。新奥尔良的公墓不仅仅是逝者的安息之所。由于该城市低于海平面,所有的坟墓都要高出地表,有些公墓装饰华丽,富丽堂皇的高大陵墓星星点点,也成了旅客必游之所。1989年,我接受杜兰大学*的教授职务后,搬到新奥尔良居住,拉博伊斯夫人拜访了我和曜华。她每年都来新奥尔良给亡夫扫墓,顺便与拉博伊斯的兄弟姐妹走动走动。他的兄弟姐妹都是坚定的南方保守派。

20世纪90年代,我们常常在俗称"大快活"的新奥尔良见面,渐渐地,拉博伊斯夫人便成了"伊芙"。她多次谈起1976年的中国之行,还回忆起山西大寨的人民吃苦耐劳,该村是模范红旗村。后来我们发现,这也不全是真的,而是为了宣传和教育筹划出来的。她关切地发现,中国农村普遍存在贫困问题。当时,自行车到处都是,这是主要的交通工具;人们普遍都穿蓝色中山装,当然,90年代电视上的中国已经大为不同!

有一次,她让我评价一下她在《与勇士同行》中描述的战时中国。我告诉她,她对中国的贫困状况描述得极为生动,也很让人揪心。"真是可悲,"我补充道,"在中国的某些地区,书里描写的生动景象依然存在,那些地区既没有从经济改革中获益,也没有从后来的迅速发展中获益。"

在政治上,亨利和伊芙都是民主党人。不过拉博伊斯家族中很多人都是坚定的共和党人。每次她定期来到新奥尔良,拉博伊斯家的人准备了午饭或是晚饭,伊芙在饭桌上总是缄默不语,不时向我眨眨眼,

---

* 杜兰大学,位于路易斯安那的新奥尔良的私立名校,被称为"南方常春藤",以金融、公共卫生、热带病医学等专业著称。

表示不赞同其他人的说法。路易斯安那州深处美国南方腹地，有着顽固的红色思想。伊芙不肯背弃自己的政治主张，就只好谨慎言谈了。能如此克制是因为她十分珍视家庭的温暖，感激主人家的款待，尊重不同的见解。

伊芙的晚年生活

我从杜兰大学退休后，与夫人一起搬回纽约居住，成了伊芙家里的常客。她的公寓很漂亮，俯视着东河。鉴于伊芙的百岁生日就要到了，我开始活动起来，希望她能得到公众的认可。我的老同事、尼泊尔人高谭任儿基会副执行主席。我与他商量，法国政府是否可以给伊芙一个认可。高谭动员儿基会法国委员会，委员会又联系了爱丽舍宫。结果，由于伊芙在"二战"期间因工作出色曾获过级别较低的法国荣誉军团勋章，法国总统希拉克决定再次授予一枚勋章，不过这次属军官勋位级别。受奖仪式在儿基会举行，由法国驻美大使授予勋章。巧的是，这位大使年幼时在贝鲁特就认识了拉博伊斯夫妇，当时他的父亲是法国大使，而亨利则是联合国难民救济工作署的署长。

伊芙百岁生日庆典是由继女安·拉博伊斯·裴瑞兹操办的，晚宴规模不大，只请来十几位亲友，却令人难以忘怀。著名的大提琴家，也是伊芙好友的马友友前来助兴，简单地演奏了几曲。几位客人讲述了伊芙的旧事，"二战"初期她在戴高乐将军的领导下做自由法兰西斗士；后来作为美国驻希腊大使的夫人；再往后作为儿基会第一夫人。显然，她颇为动容，但她平复心情，简短地讲了几句，提到自己的直系亲属，父亲、母亲、姐姐，都是诺贝尔奖获得者，都在实验室里勤勉工作。她的父亲在意外事故中失去生命，母亲和姐姐则因长期暴露在放射性物质之下而未得长寿之福。而她自己是家里唯一一个未接触放射性物质的人，却成了百岁老人！我和曜华都听得泪眼蒙眬。

伊芙的生活很有规律，每天锻炼，去超市购物，乘公交车进城办事。

她每天花上几个小时和秘书一起，为普林斯顿大学整理丈夫的备忘录和文件，还要整理自己浩繁的信件和纪念品。有一天，我们共进下午茶，她说："我才整理完母亲和爱因斯坦之间的通信。"尽管她当时还没决定将这些文献置于何处，我当即便想，若是哪个研究所有幸得到这些资料，那真是无价之宝啊。

暮年的伊芙严格限制会客。这倒不是因为她排外，而是出于礼貌，为他人着想才如此行事。她告诉我，记忆力和视力都慢慢减退，她不想同时会见好几个人，因为记不住名字，认不出相貌，这太无礼了。实际上，筹备法国荣誉军团勋章的授勋仪式时，她特别要求，来宾上限为十五人。我钦佩伊芙，钦佩她杰出的新闻工作，钦佩她的谦卑，钦佩她严于律己，总为他人着想。

伊芙于103岁高龄平静地离开人世。儿基会组织了悼念仪式，并请我致辞。我说她带着自己的尊荣退出了人生舞台，为世人树立了榜样。在我发言的最后，我直接对她说："伊芙，尽管你没有与你杰出的家人一同在科学领域探索，为人类服务，不过你为你的母亲写了一本书。这是一本经典的科学传记，在五十多个国家销售了数百万本。根据此书改编的电影又有数百万观众。借此，你鼓励了几代女性进行科学研究。是的，你也为科学做出了巨大贡献。"

[第十一章]

实地工作

在联合国儿童基金会总部任职期间,因职责所在,我得经常出差,一年下来有两三个月都不在家。大部分出访工作都是前往捐助国。不过,我坚持认为,每年都该花上两三周时间,走访援助项目,这样我才不会脱离实际。

我在非洲遇到了一些了不起的女性,其中一位就是图雷夫人。

塞内加尔的图雷夫人

1977年5月,我到访西非国家塞内加尔,在孔贝利省的图巴图结识了图雷夫人。图雷夫人裹着艳丽的头巾,身着飘逸的长袍,身材高大,雍容华贵,已是一位祖母了。当时她五十多岁,要么就刚过六十,居于半沙漠地带,生活的艰辛在她的双颊刻下了深深的皱纹。她管理着一个妇产合作社。整个医疗机构就在一个圆形的院子里,一共有六间小屋,泥墙草顶。就是这个小医院,为周围的十几个村子的孕妇提供她们急需的助产服务。每间棚屋里有两张为临产妇女准备的病床,图雷夫人和其他三位"智妇"为她们接生。

当地没有电,就靠两口井取水。直到生产之前,患者都是自己在炉子上烹饪食物,这炉子其实就是地上挖出的洞。合作社为孕妇提供护理,但是看起来这更像是一个大家庭,透着一种随意。助产装备里苍老的双手,崭新的生命。

塞内加尔"智妇"。

再访阿富汗,拍摄男孩希尔的生活。

有一些一般接生所需要的基本工具，比如剪刀、纱布、小瓶碘酒，等等。这些工具都摆放在柜子里，柜子上清晰地标出儿基会字样。如果天黑后才生产，那就点燃煤油灯提供必要的照明。

在合作社建立之前，依然由这些"智妇"进行接生，不过她们用竹刀切断脐带，靠反复念咒抵御发烧。婴儿活过一岁的几率相当低。当地婴儿死亡率曾一度高达活产婴儿的千分之二百。也就是说，五个婴儿中就有一个活不过一岁！很多婴儿死于各种感染，以破伤风居多。死于生产的女性数目高至首都达喀尔的三倍。有些患者支付现金，不过大多数人都以物品来抵接生服务，她们送来鸡蛋、鸡肉、羊腿，或者一捆捆的蔬菜。

图雷夫人是社区里最受爱戴的传统"智妇"，她从自己的母亲那里学到了接生技巧，而她母亲就是从她外婆那里学来的。起初，她带头抵制任何变化。一代一代的"智妇"遵循着同样的接生手法，没有理由去改变什么。毕竟，她接生了三四十个婴儿，只有两个夭折。不过，儿基会工作人员向她展示数据，比较她所在社区的妇幼死亡率和城市里的死亡率。看到这些，她勉强同意前往达喀尔参加由法都·恩高姆夫人组织的培训班。法都夫人是主管助产师，曾接受儿基会的助学金。在那里，图雷夫人转变了思想。

我前往这个合作社，看看它是如何运作的。合作精神被初级卫生保健（PHC）采纳为基本原则中的一项，即雇用社工，开展培训，培养他们处理特定事务的能力，从而保证最基本的医疗保健能够惠及所有人。当时，国际医疗卫生专家计划于1978年召开会议，主题便定为初级卫生保健。这次会议为其后几十年的国际卫生保健事业确定了工作方向。

天色渐暗，我决定在图雷夫人的妇产合作社里留宿一晚。图雷夫人热情好客，把最好的简易床让给了我，还给我端来一盘蒸粗麦粉，里面放了几块羊肉。她给我讲了讲自己的经历。参加完达喀尔的培训，她便放弃了传统做法,转而采用有序的助产步骤。她还给两名新来的"智妇"上了生动的一课。

"把设备放在沸水中彻底消毒。不干净的工具能害死人,看到婴儿露出头,什么也不用做,不要添乱,手不要乱动。"她平静地说,"要是生产的时候见到两次日出,就把孕妇放在手推车上,送到最近的医疗中心或是医院。"

"现在,每四十个婴儿中,只有一例夭折,或者说死亡率为千分之二十五,跟二百个新生儿中有二十五例夭亡相比,死亡率显著下降",她骄傲地说。

晚上十一点左右,我们便歇下了。刚过午夜,窸窸窣窣的脚步声将我吵醒。原来,一个产妇出现了产前阵痛。图雷夫人穿着睡袍,带上工具包,便开始工作了,那包上还有醒目的儿基会字样。两个年轻的"智妇"取来两盏煤油灯。半小时后,我听到了女婴尖细的哭叫声。图雷夫人的双手已然苍老,饱经风霜。她用深棕色满是褶皱的双手托着一个哇哇啼哭的新生命。年轻的母亲面露喜色,这已是她的第三胎了。我亲眼目睹生产过程,并为助产士拍了照片。在典型的非洲农村,她借用儿基会的助产工具完成工作。我为这张照片所写的说明是:"苍老的双手,崭新的生命"。

呼唤水源

第二天一早,我与图雷夫人道别时,想起前一天路上的情景,希望这位领头的智妇帮忙解释一下。

当时,天色近晚,我们乘坐的吉普车在沙漠中向着合作社的方向行进,我看到一些妇女,其中还有一位挎着婴儿,大喊"水!水!"由于我们已经晚于预定时间了,司机便疾驰而去,很快就将那些妇女甩在后面了。那条沙路的两边都是贫瘠龟裂的土地,什么都种不出来。不过路的两边却都有形态古怪的树木,看起来就像是枯树桩。凑近一些才发现，这些歪斜扭曲的树枝向上伸展，让人误以为这地方着过一场大火。其中有很多树表皮光滑，颜色较浅，从沙地中直伸出来，有些甚至长到四英尺高。上面满是秃枝，歪曲缠扭，密密丛丛，几乎不长树叶。这使我想起了愤怒的拳头。20世纪60年代末美国黑人运动中的抗议手势就是举起的拳头。

图雷夫人让我坐下来，再喝一杯茶，听她解释。原来那些追着吉普车的妇女住在没有水井的村子里。她们误以为我们是水利工程师，是另一个国际援助计划派来挖水井的。她们只是恳请我们为她们的村庄挖口井。那个地方的妇女得走上好几里路，到邻村的浅塘或是水井汲水。

"看到了吧，我们生活的土地干燥、贫瘠。我们的生活很艰难。水是生命之源。她们需要帮助，"她说。

"那些样子古怪的树又是怎么回事呢？"我问道。

"啊，真主阿拉让我们在艰苦的环境中生存，以此来考验我们。我们必须努力克服困难，之后才能获得回报。不过我们必须心怀希望，保持乐观。那些树叫做面包树，是我们周围仅有的植物。这种树可以储存水分。这是自然的恩赐，让我们贫瘠的土地上长出植物。这种树还为我们结着葫芦一样的果实，叫做'猴子的面包'，大小各异，形态不同，味道不错。"这位上了年纪的"智妇"停了一下。

"我们有些人认为这些树其实是倒着长的，"她沉思着，继续说道，"那些秃枝其实就是树根。地底下则别有洞天，有流不尽的水，树叶永远青翠，芬芳的娇花在树上盛放。伊甸园就在地下，每个人都能享用牛奶和蜂蜜。命中注定，这就是我们最终的归宿。"

我认为这种解释很有道理，甚至觉得很感动。那些妇女跟着吉普车奔跑，为水呼喊，这显然说明她们的生活非常艰辛。我沉思良久，希望自己有力量将这个荒诞的故事变为现实。她们终有一天会生活在流着牛奶和蜂蜜的丰饶之地上，这是她们应得的！

当地人自发的社会运动

在西非国家肯尼亚,我结识了另一位令人难忘的女性。在吉库尤部落的中心地带,距离肯尼亚山大概25公里处,我见到了莉亚·卡谷热,这位女士55岁,领导20位女性,致力于改善居住环境,特别是用"马巴提"安装屋顶。"马巴提"就是波浪形的铁皮。她领导的小团体恰好体现了肯尼亚的"哈兰比"精神,即社区自助精神。

我到达时,她正好在领着大家唱诵欢乐的歌谣,跳起节奏感很强的快步舞:

"如果你想盖起房……

打算自己来动手……

那就不要来找我……

如果你不愿劳作……

而且你还很懒惰……

请离我们远一点!"

歌舞持续了几分钟,然后,大家蹲坐在鸡舍前的草坪上,听莉亚汇报各种事项的进展,谈到了鸡蛋的销售情况和购买种子的事。最后,莉亚在一片掌声中宣布,如果各位成员继续上交月费,那就攒够钱,可以将三个草屋顶换成"马巴提"铁屋顶了。这个团队的成员都要交月费。一旦攒够一定金额,就挑出受益者,帮其换上新的屋顶。在这30个月里,马巴提团队已经换了10个屋顶了。除了换屋顶的事,这个团队还建了一个厚垫草式鸡舍,以及一个小菜园,当时还在酝酿养猪计划。

"山丘层峦,小屋点缀其中,草屋顶既别致又凉爽,为什么要换成热钢片屋顶呢?"我问莉亚。

"问问我们的队员,"莉亚回答说,"她们定会异口同声,要换成波浪形的铁屋顶。金属屋顶防雨性能更好,而且易于安装,不用太多架构,五到十年间都少有损坏，甚至不用修补。再说，这种屋顶便于我们收集雨水，而且还能防火。"

"马巴提"屋顶计划的发展要追溯到20世纪50年代末到60年代初的独立运动。当时英国殖民当局在紧急状态下，常常采取点燃草屋顶的方式对付"茅茅叛乱"。

"马巴提"集会结束之后，莉亚请我到家里坐，她家的屋顶光亮崭新。这个女人吃苦耐劳，意志坚决，在英军镇压"茅茅叛乱"时失去了丈夫。她历经艰辛，独立带大三个孩子。后来，孩子们都上了学，在邻镇上班，当上了白领，而她自己则一直都不识字，继续打理小小的农场。

去莉亚家的路上，几位吉库尤妇女迎了上来。每个人都咧着嘴对我笑，还伸出手来要和我击掌。我有点受宠若惊，便只握了握莉亚的手，嘴里还重复她的话，"瓦基亚－阿瓦，瓦基亚－阿瓦"。那些妇女咯咯直笑。真是难为情，后来我才知道，"瓦基亚－阿瓦"是"你好啊，小伙子"。我应该回答"瓦基亚－麦图"，"您好，妈妈"。我们喝茶的时候交流了一下各自的家庭状况。然后，其中一位年长的妇女拉起我的手，仔细地相了相。

"你在家种什么食物？"她问道，还给我看她短粗的手指，指甲里还有田里的新鲜红土。

"我什么都不种。"

"你会种吗？"

"恐怕不会。"

莉亚和她的朋友们爆发出一阵大笑。

"你是说，只吃进去……"说着，她用手比划，食物从嘴里进到肚里去，"而什么都不种？"

"恐怕是这样，"我不好意思地说。

"好啦，好啦，"莉亚打断这个话题，袒护我说道，"别取笑咱们的客人了。他已经够累的了，跑上山坡，还气喘吁吁的，还得用脖子上的黑盒子（照相机）完成工作呢！"

然后，莉亚对着陪我来访的政府工作人员抱怨起来，说我的行程安排不合理。

"要是时间充裕，我们本来可以为客人准备美味佳肴的！"

"哦，不必了，我很高兴能打个招呼就来，实在不想给您再添麻烦了。"我回答说。

"啊哈，看吧，"她说，"不愿接受好意的人往往害怕付出！我儿子去马赛（肯尼亚地名），举目无亲，我真心希望当地人善待我儿子，就好像现在我想对你好一样。"

告别时，莉亚告诉我她刚刚当上祖母，不过依照吉库尤的传统，那个孩子管她叫"麦图"（妈妈）。实际上，莉亚即便当上曾祖母，大家还是管她叫"麦图"。她告诉我，这样一来，上了年纪的妇女就会再一次感到自己很年轻，被人需要。

当地自发的"马巴提"运动惠及几百位村民，她们自己动手改善了住房条件。这是个很好的范例，充分利用当地的习俗来改善民生，而不是引进西方文化中的新思想。往往西方的做法在当地是无法扎根的。

一场雪崩埋葬永盖

有一年，我前往秘鲁北部，报道一场耸人听闻的地震，以及由此引发的雪崩。1970年5月31日，周日，那是一个温和的下午。在秘鲁安第斯山脉中，最高峰瓦斯卡兰山峰海拔6,700米，而永盖是一个风景如画的小镇，就坐落在瓦斯卡兰山谷中。当时，镇里的人都在关注国家队和阿根廷队之间的橄榄球赛，大家很是兴奋。小镇距离秘鲁海岸大约20公里，高于海平线2,400米，坐落在首都利马北方400公里处。下午3点23分，雷声隆隆，人们吃了一惊。

不到五分钟,夹杂着冰、雪、石头、树和土的雪崩从垂直高度2.5千米的山上翻滚而下,有11千米宽,时速为250千米,形成一层厚厚的死亡之毯。这场雪崩掩埋了永盖,还有邻镇华拉兹和然拉伊尔卡的绝大部分。倾泻而下的雪崩几乎夺走了所有永盖人的生命,有些地方的瓦砾残骸竟达30米厚。华拉兹和然拉伊尔卡也被毁得难以辨认。

这场骇人的地震达到了里氏7.8级。永盖的2.2万居民中,只有92人幸存。据估计,雪崩还波及永盖以外的地区,总共夺去7万人的生命,造成5万人受伤,毁坏约20万间土坯房和砖房,致使80万人无家可归。

永盖是个历史名镇。1839年,在联邦战争期间,智利—秘鲁军队在此地打败了秘鲁—玻利维亚军队,标志着短命联邦的解体。这场战斗名为永盖之战。另一件历史大事发生在1969年。当时,美国考古学家、康奈尔大学的托马斯·F. 林奇在吉他泰罗岩洞中发现了古文化遗址,距今约有一万年之久,使此地成为"美洲农业起源的伟大见证"。加上周围险峻的山峰和独特的美景,永盖是度假者们最喜欢的休闲之所。

在永盖的幸存者当中,玛丽和大卫·塔马友是一对年轻的夫妻,两人都是教师,青梅竹马,一起长大。他们在利马度完蜜月,乘公共汽车回家。在离永盖20公里处,二人刚下车就听到震耳欲聋的声响,看到山上的瓦砾碎片如巨浪一般倾泻下来,意识到大难临头了。公路也不通行,他们在路边等了很久,最终决定在一个小农舍过夜。

第二天早晨,二人得知这场地震引发的可怕后果。他们历尽艰辛回到永盖,心中做了最坏的打算。但是他们没料到,整个家族,所有的邻居,绝大部分朋友都被活埋,当场死亡。

灾难发生的几个月之后,我来到永盖,了解儿基会在此的救助工作。这个小镇荡然无存。镇里的广场不见了,教堂不见了,在秘鲁处处可见的典型建筑也不见了,一幢房子都没有。只有一片死寂。视野之中,荒无人烟,满是岩石和干巴巴的泥土。几棵棕榈树的顶部从淤

秘鲁地震中，永盖镇唯一没被损坏的就是这座耶稣雕像。

泥中伸出，让这情景更加诡异。几棵小小的植物破土而出。一个扭曲的车门，半个生锈的炉子，几个轮胎散落各处。一只黑色的童鞋不知怎么被抛到了泥石流之上，就躺在几朵黄色的雏菊边上。

我朝着本该是小镇边缘的地方走去。那里立着一座巨大的基督像，雕像伸展着双臂，面对高山。这个宗教雕像竟然奇迹般地逃过了灾难，毫发无伤，立在这里藐视瓦斯卡兰山峰，看着那个陡坡，骇人的雪崩就是从那里滚下的。

我在基督像底下遇到了这对年轻的夫妻。他们正跪在地上祈祷。他们来此向遇难的家人和其他受害者致哀。

塔马友夫妇住在华拉兹，那里已经完成了部分复建。失去了至爱亲朋，使他们悲痛欲绝，不过已经回到华拉兹的学校教书了。

玛丽平静地向我讲述她与大卫从利马回来的那个下午。大卫大声地问，为什么上帝要饶他们不死。他们认为这一定是有原因的。要不是他们去利马度假，一定会像其他人一样被埋葬的。他们决心继续教书，努力帮助孩子们完成学业，尤其要帮助那些死里逃生的孩子。

"命运与天机让我们逃离雪崩，我们要做些事，让这一切都值得，"大卫说，"我们要坚定地相信，人们的不屈精神定能战胜艰难险阻。"我与这对夫妻一同跪下，为遇难者祷告。

这场恐怖的地震发生在40年前。我与塔马友夫妇并没有进一步的联系，不知永盖后来怎样了。我上网搜索相关信息。一个秘鲁网站记载着1970年的恐怖灾难，上面有条注释，一个捷克斯洛伐克登山队也被雪崩埋在了下面，无人生还。另一个网站写道，秘鲁政府禁止挖掘永盖老镇的遗址，并宣布这里是国家公墓。还有两个网站为永盖做宣传，称其为旅游镇。幸存者一定是在老城遗址附近重建了自己的家园。我几乎能听到孩子们的欢笑声，也许那些孩子就在塔马友夫妇的注视之下。这些都是我为这个事件所写的专题报道，全都被该国委员会采纳，登在其出版物上，或者该国报刊上。关于永盖的文章被制作《丁丁历险记》的比利时动画制作公司收购，翻译成法语，并向儿基会支付了一笔不高的报酬。

再次访问阿富汗

为了完成与广播电视网的合作项目，我再次准备出发。我的工作内容是将观点展开，写出建议采纳的导言，有时候还要负责寻找采风的地点，还要提供各种实地考察所需要的帮助。这是儿基会为合作项目提供的全套服务。不过，其中一项合作计划却不仅限于广播电视行业了。WHDH的《巴左》系列是关于亚洲儿童的纪录片，其后续系列

第十一章 实地工作

则需在拉丁美洲完成,而且还将合作项目带入了出版领域。

我的同事朱迪·斯皮格尔曼联系了西蒙舒斯特出版公司麦斯那童书部,并将我在秘鲁拍的照片拿给麦斯那的编辑看。编辑对我的照片很满意,他们希望做成一套六册的图片丛书,展现不同国家儿童的生活。儿基会和西蒙舒斯特出版公司就这套丛书签订了合同。根据合同,儿基会负责提供书籍内容,版税归儿基会所有。书中自然而然地提到了儿基会的援助,不过这套书旨在教育美国儿童,将他们所生活的世界展现出来。麦斯那负责向学校和图书馆营销。

经过几次磋商,我答应完成至少两本书的摄影工作,由儿基会的其他摄影师完成剩下的四本书。朱迪负责整个系列丛书的文字编写工作。我在儿基会总部的工作非常繁重,已无法再投入时间,拍出更多照片了。我们手里就有在秘鲁拍的照片,这就是第一本书的内容。为了第二本书,我第三次踏上了阿富汗的土地。

两位阿富汗的工作人员带我和朱迪从首都喀布尔出发,行进30英里,到一个村子里采访一位名为希尔的十岁男孩。希尔就是狮子的意思。这个男孩就住在农场里,他是儿基会援助行动的受益者。我们一整天都在村里采访,临回喀布尔时,天色已晚。就算是在当时,阿富汗的乡下也不安全,总有匪徒出没,有时野兽会在夜间出来觅食。我们的司机带着手枪自卫。

从首都出来,走上10英里,柏油路就没有了,剩下的路窄窄的,满是凹凸的岩石。太阳落山后,我们回喀布尔的路上,座驾开始咯吱作响,没过多久就开不动了。乡下漆黑一片,我们不知道自己离最近的民居有多远。我们也不知道步行向前是否安全。我们手中没有能与办事处联系的通讯工具。于是我们便待在车上,等待天亮。

司机拿出手枪,安慰我们说,他会保护我们免受匪徒和野兽的攻击。远处传来狼嚎。不时地,风吹树叶沙沙响,我们很自然地想象,黑暗中埋伏着陌生人。我们都累坏了,打着瞌睡,忽睡忽醒,对周遭

第二次去阿富汗,我的阿富汗之行引出了一本书"Share of Afghanistan",记录男孩希尔的生活瞬间。此书由西蒙舒斯特公司1996年出版,所有版税收入都归儿基会。

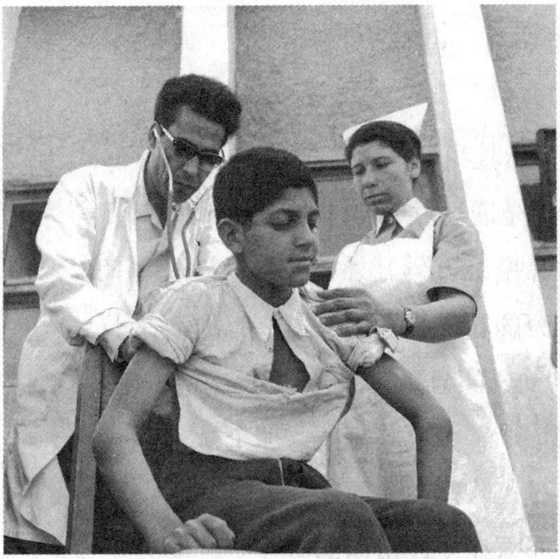

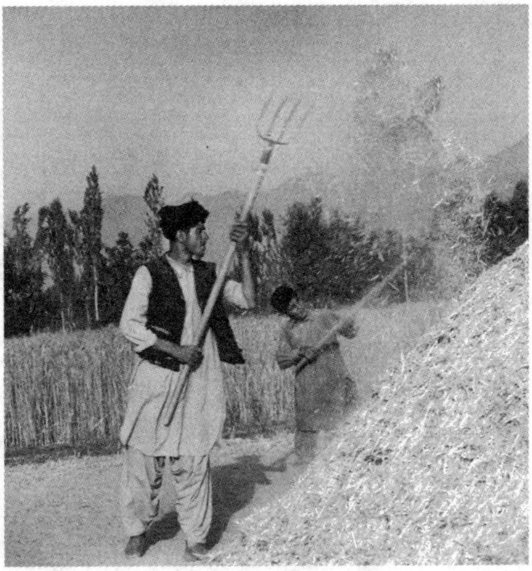

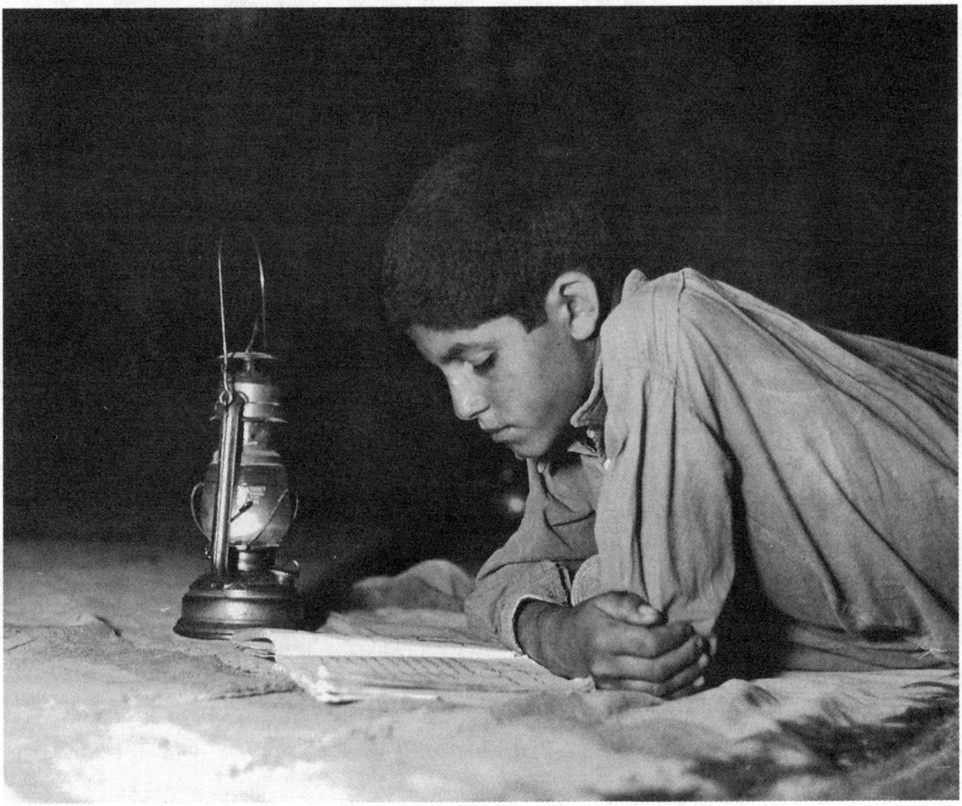

环境感到不安，期望天光大亮，赶快拯救我们。

到了第二天早晨五点半，丝丝阳光透过附近的树林，我们才发现，我们离自己所惧怕的无人之地还远着呢，50码开外就有一个村子。不过由于没有电力，夜幕降临之后贫穷的农民都不愿点燃仅有的油，于是便在日落时睡下了。那夜的惊心动魄其实只是我们凭空想象出来的！

想到如今所有发生在阿富汗的惨剧，我不禁想问，那个狮子男孩希尔怎么样了？他熬过战争了吗？他加入圣战了吗？他是塔利班成员吗？如果他平安度过了各种艰辛，那么在复建祖国的事业中，他会起到何等作用呢？

【第十二章】

与名流共事

我在纽约总部的主要工作就是动员公众支持儿基会的事业,在这20年里,我有幸同很多社会名流共事。这些名流来自影视圈、摇滚界、体育界,甚至还有政治领袖。借助他们的帮助,儿基会的信息通过各种媒介传达到目标受众那里。

丹尼·凯耶是首位儿基会亲善大使。儿基会能变得家喻户晓,丹尼功不可没。社会名流参与宣传工作,推广儿基会的崇高事业,这在如今已经屡见不鲜了。比如博诺、沃克斯、安吉丽娜·朱莉、布拉德·皮特、乔治·克鲁尼、成龙都参与其中。要是为"名流宣传社会事业"书写历史,那么丹尼就应当是奠基人。

首位亲善大使丹尼·凯耶

丹尼与儿基会的合作非常密切。有一回,一个小男孩跟朋友说,自己的父亲在儿基会工作,他的朋友说:"你是说,你爸爸是丹尼·凯耶?"

在这十多年里,丹尼还为儿基会的 Trick-or-Treat("不招待就捣蛋")活动做策划,每年都驾着喷气式飞机环美飞行,四处宣传这个颇有教育意义的筹款活动。他驾着利尔喷气机,在十二个城市短暂停留,就在机场召开记者招待会,敦促人们参与其中。他在纽约第五大道的

| 1 | 3 |
| 2 | 4 |

1　与拳王阿里（右三是杰西·杰克逊，后成为美国著名民权政治家）。
2　与球星贝利。为了邀请贝利夫妇担任国际儿童年的发言人，我们费了很大工夫讨好他的夫人，结果一个月之后他们就离婚了。

3 与儿基会亲善大使彼得·乌斯季诺夫爵士,他是我认识的最有天赋的人,音乐家、作家、画家、导演,会说六七种语言。

4 与来自挪威的著名女演员和导演曼丽芙·乌尔曼,她也是英格玛·伯格曼的伴侣,人非常好,很随和,完全没有架子。她的女儿也曾帮助儿基会工作。

雪莉·荷兰旅馆有个套房。有很多个下午，我都是在这个明亮的套房里度过的，帮他规划环美行程。他与他的妻子西尔维·芬妮都全身心地投入到儿基会的事业中。

才华横溢的彼得

说到才华，彼得·乌斯季诺夫爵士无人能及。他是一位伟大的演员、剧作家、导演、作家、漫画家、音乐家，而且还很会讲故事！他身材肥硕，不是女性青睐的型男，也绝不是好莱坞爱情剧中的主角。不过在文艺界，他却是最受欢迎的人。他能当30年的亲善大使，真是儿基会的幸运。彼得出差也不带随行人员，还为配合儿基会的工作调整自己的工作安排。另外，他还为儿基会在德国和法国播出的电视节目当了二十多年的主持人。

彼得在1970年的大阪世博会上登台献艺，为儿基会拍摄的大型电视娱乐节目做表演嘉宾。正是因为这次合作，日本民间才开始向儿基会捐献大量物资。彼得总是不拘小节，轻松幽默，还大方地贡献出自己的闲暇时间，与儿基会的工作人员一同工作。他是很多同事家里的座上宾，却从不标榜自己的多方面贡献。2002年，在乌斯季诺夫爵士出任儿基会亲善大使三十周年之际，联合国秘书长安南为他举办午餐会，向他致敬。两年后我最后一次见到他是在瑞士的洛桑医院，不久他便过世了。

其他光明使者

丽芙·乌尔曼是我最喜欢的亲善大使，我还喜欢凯特·斯蒂文斯。十多年里，丽芙一直不懈努力，在亚洲、非洲和中东地区推进儿基会的工作。她甚至还把自己的女儿带进儿基会。在她的影响下，女儿成了儿基会积极热情的支持者。斯蒂文斯也就是现在的尤瑟夫·伊斯兰，他将自己巡回演出的所有收入都捐给了儿基会，还嘱咐我们不要将他的慷慨馈赠透露给媒体。

除了上述所提到的明星，还有一些社会名流通过音乐会或是电视媒体帮助儿基会筹集资金。其中就包括甲壳虫乐队的吉他手乔治·哈里森和鼓手林戈·斯塔尔，音乐人埃里克·克莱普顿，以及鲍勃·迪伦。他们参与了在纽约麦迪逊广场花园举行的为孟加拉国筹款的音乐会。这可能是援非活动之前首场大型慈善活动，比援非活动早了十多年。为了推广 1979 国际儿童年，由比吉斯兄弟牵头，大卫·佛洛斯特爵士制作并主持歌会 A Gift of Songs（"歌声献礼"）。瑞典 ABBA 乐队成员，以及约翰·丹佛、奥莉维亚·牛顿-约翰、唐娜·萨默斯、地球风与火乐队，还有克里斯·克里斯托弗森参与演出。亨瑞·贝拉方特和小萨米·戴维斯也为儿基会登台献艺。儿基会在巴黎播出的电视节目吸引了马龙·白兰度的注意，其中伊丽莎白·泰勒和理查德·波顿呼吁大家捐款。60 年代末，弗兰克·辛纳屈也曾走进我的办公室，主动要求为儿基会举办十场演唱会，不过他的家庭陷入麻烦，致使他未能履行承诺。

奥黛丽·赫本绝对是所有亲善大使中最光彩夺目的一个。我前往世卫组织就职后不久她就加入了儿基会。她将自己人生中的最后 20 年贡献给儿基会，走遍多个发展中国家，大力推广儿基会的事业。

与马龙·白兰度见面

为了宣传国际儿童年，联合国请来球王贝利和拳王阿里，借用其亲身参与及名声来传播经由联合国大会批准的"儿童权益"。

尽管我与乌斯季诺夫爵士和丽芙共事了很多年，但建立了密切的工作关系，多次到访我家，与我保持君子之交的却是马龙·白兰度。

马龙·白兰度于 1951 年出演《欲望号街车》，因斯坦利·科沃斯基一角在百老汇舞台上一举成名。而后他在《码头风云》中扮演码头工人特里·马洛尔，凭此片于 1954 年获得奥斯卡奖。在 20 世纪后半叶，

合作过的艺术家：
1　1979年"国际儿童年"，在联合国儿童基金会音乐会上演出的流行音乐组合Bee Gees，系列演出捐助超过一千五百万美元。
2　与英国著名的披头士乐队的领唱乔治·哈里森，他们的摇滚和民谣歌曲在全球销量超过一百亿专辑，他们帮助联合国儿童基金会于1972年举办了历史性的音乐会，以支援孟加拉国。
3　热门歌手史蒂文斯来自塞浦路斯，后皈依伊斯兰教，并改名为约翰·伊斯兰，他贡献了他1976年世界巡演全部收入给联合国儿童基金会。

第十二章 与名流共事

他被世人称为舞台和银幕上最伟大的演员。关于白兰度,有很多文章写到其张力十足的演技、其女性伴侣和儿女、其特质性格和对好莱坞陈规陋习的反抗。但让我敬仰的则是白兰度与他人的交往,还有他时刻惦记如何帮助穷人,如何伸张正义。白兰度也很幽默,总是模仿别人,有时还搞搞恶作剧。

1968年,白兰度主动联系我们,成为儿基会亲善大使,并为我们工作了很多年。我很仰慕他的才华,他的正直,还有真诚,不过他不守时,这让我们的合作很难出效果。到了70年代末,他便逐渐退出了儿基会。当时让他忧心的事情越来越多,从环境问题到少数族群的权益,尤其是美国原住民的权益问题,无所不包,但他却越来越力不从心。

1968年春天,我前往喀布尔执行儿童图书计划,经过曼谷的时候收到儿基会印度办事处的电报,让我前往新德里,因为那位著名的艺术大师白兰度正在那里等我。作为影迷,我欣喜若狂。电报上还说让我带一个超八毫米摄影机供这位电影大师使用。

他身在印度是因为比哈尔邦发生大旱,几百万民众的生命受到威胁。当时,他已经与儿基会设在新德里的办事处取得了联系。原来,白兰度看了媒体铺天盖地的报道,内心震撼,这才决心向儿基会伸出援手,当时儿基会正动员全社会帮助那些不幸的儿童。白兰度就是准备拿摄影机记录下受灾民众避难迁徙的情形。

我在深夜来到新德里,他给我留了一张字条,邀我第二天一早共进早餐。实际上,他还安排我住在阿育王酒店,就住在他隔壁。早餐时,我发现他对我的情况了如指掌。他从儿基会新德里办事处的新闻官处了解到我的教育背景、工作背景,甚至还有家庭情况,这让我非常惊讶。

我发现这位著名的好莱坞明星非常友善,风度翩翩,还有孩童一般的顽皮。他特别渴望利用自己的名气和才华为儿基会工作。

在新德里,他引来了平面媒体和广播电视的大肆宣传。记者争相采访,影迷打电话追到酒店。他回绝了所有人,不过回了两封信。一个来自马德拉斯的年轻姑娘送来一封信,希望得到白兰度的亲笔签名,信封里还有个小小的金戒指。他送还戒指,还写了张言辞礼貌的字条,附上了签名。

另一封信则来自一个住在附近房间的美国男孩。这个孩子刚看完白兰度的电影《追逐》,他也索要签名。不过,字条上写明收信人是保罗·纽曼,这孩子显然是把这两个人搞混了。其实保罗演技深受白兰度的影响。我以为马龙会因张冠李戴而被冒犯,不过他却被逗得咯咯直笑,签上了保罗·纽曼的大名。他还让我把这封信从男孩房门下塞进去。

为了让马龙·白兰度见证旱灾带来的后果,儿基会为他的比哈尔之行做了精心安排。他本该在天刚破晓时搭乘印度航空公司的飞机飞往比哈尔首府勒克瑙,然后再乘坐路虎越野车前往受灾村庄。但是前一天晚上,儿基会为他准备的晚宴过了午夜才结束。我们互道晚安时,他漫不经心地说他大概赶不上早班飞机了,打算乘晚一些起飞的航班。

我没当真,径直去睡了。早晨5点半,我想打电话叫他,但是接线员说他留了话,8点以前不可打扰。与他见面时,我很愤怒,告诉他,他这样做很不负责,儿基会为他的行程做了周密的安排,而且到最后一刻才换航班,儿基会得支付一笔罚金。他被我的愤怒惊呆了,但却对罚金一事非常困惑。他说,在美国从没因类似情况付过罚金。我告诉他,这是在印度。他一再道歉,还要来航空公司的电话。航空公司的经理听说这是马龙·白兰度本尊,立刻回答"没问题",便把罚金一笔勾销了。

他还反复问我是否会陪他一同去比哈尔。我说我另有公务,而且不会考虑改变工作安排。有那么一阵子,他好像是生气了。讽刺的是,我认为正是我坚定的立场使他将我平等对待,没把我看成是狂热影迷,或是巴结他的仆人。

我们在新德里见面之后,他在纽约简短停留,让人把他在比哈尔拍的超八毫米胶片放大成十六毫米，这样就能放在电视上播出了。由于他周末要到洛杉矶，就要求两天之内做完。我跟他说，采用最新转换技术的公司至少要用一周时间。他拿过电话，联系电影公司。果然，十六毫米胶片两天就交货了！

赫尔辛基的筹款晚会

　　一年之后，芬兰电视台请白兰度参与儿基会举办的筹款晚会。他从自己大溪地的住所乘了二十多小时飞机，从南太平洋中部出发，到达欧洲北部的赫尔辛基。等到了芬兰首都，他血压蹿升，不得不就医。这场晚宴舞会是以他的名义举办的，却没能等到他的到来。他在酒店里休养身体，第二天恢复体力后又出现在芬兰的电视节目上，受到当地观众的热捧。

　　他的到来在赫尔辛基引起轰动，专门为他处理儿基会事务的助理，或说是秘书，不得不制定详细计划，筛查来电。我们被告知，马龙·白兰度的健康状况可能会影响他与电影公司的谈判，也许谈的就是《教父》吧。正是这部电影给他带来了第二个奥斯卡奖。

　　我们与他的助理密切合作，面对媒体绝口不提他的血压问题。不过，我从白兰度的房间里给我的德国同事打了个电话。这个同事身在巴黎，有博士学位，喜欢别人以学位称呼他。有位颇有野心的记者借着与饭店总机有私人关系，由此揣测出白兰度没在晚宴上出现是因为健康问题！我们拒绝对他的揣测作出评论。

　　白兰度最长的一次出差是在1970年，参加大阪世界博览会。儿基会希望以此为跳板，在日本获得更多募捐。日本曾是儿基会的帮扶对象，也是潜在的捐助大国。作为远东地区新兴的经济大国，日本也希望通过世界博览会向世界展现自己的新面貌。

　　因为此前曾与日本国家电视网，即日本电视协会有过密切合作，我把建议书呈交给其总裁前田先生，希望举办一个大型筹款活动，标题定为"儿基会70博览会",从大阪展览会会场直播,演员则来自欧洲、亚洲、非洲。大牌艺人中包括著名歌手蒂娜·萧尔、黄金档电视剧明星艾迪·艾尔伯特,以及多才多艺的英国演员彼得·乌斯季诺夫等。

其他人表演歌舞,而白兰度则要代儿基会发言,呼吁各方捐款。我们准备了一页台词,他花了两天时间修改润色。最后,他多多少少还是采用了最初的版本,不过他说要加点东西,不过不会事先透露给我们。

揭开大幕,白兰度坐在舞台中央的高脚凳上,说:"女士们,先生们,晚上好。"接下来,他静默了整整一分钟。导演以为麦克风坏了,这可把制片人急疯了。然后,他戏剧性地说,"在刚刚过去的一分钟里,一万五千名儿童刚刚死于饥饿、营养不良、传染病……"他接着描述那些孩子的困境,用数据说明这场悲剧的严重程度,以及儿基会在如何减轻这场灾难。他的发言感人肺腑,无人能及。

当时所有在场为儿基会演出的艺术家都要按照常规签署一份协议,说他们不会接受任何报酬。日本广播协会的一个年轻员工满面愁容地朝我跑来,说白兰度签的是"吉米·杜兰特"!白兰度一阵大笑之后重新签上了自己的真名。

随着"儿基会70博览节"大获成功,私营企业受到鼓舞,大力支持儿基会。童子军为儿基会四处奔走,银行与邮局也都帮助收集捐款,很多佛教团体派出考察团,前往发展中国家了解儿基会扶助贫困儿童的项目。实际上,截至2006年,日本民众是包括政府和非政府机构在内的儿基会第二大捐助人。白兰度在博览节上的发言堪称是点燃善举的灿烂火花。

朋友间的交往

那些年里,白兰度总在下午晚些时候来我办公室,事先不打招呼,有时还带个陪同。说他的婚姻和韵事走国际化路线,毫不夸张,甚至可以说是热衷异域风情。他跟我说，自己的第一任妻子是爱尔兰和东印度混血，婚姻短寿；第二任妻子是个墨西哥演员，这段婚姻纯属为了给孩子法律上的名分，保护其权益；现任妻子是大溪地人，为他诞下两个孩子。他向我倾吐了一件事，那个墨西哥女演员其实是回到家乡才生下孩子的，后来她还不顾婚前协议，起诉离婚分割财产。白兰度向她回击，手里有亲子鉴定，证明自己与那个孩子并无血缘关系。不过白兰度还是承担抚养费，视同己出。

有一次，和白兰度一起出现的是一位中非混血的牙买加建筑师。还有一次，他的旅伴是来自蒙特利尔的混血印第安人，兼具法国血统和加拿大血统。要是他自己来，我就带他回家吃便饭。我的妻子曜华则会急忙拿出冰箱里的食物，随便加工一下。要是他带了陪同，我们就请他在拐角的中餐馆吃饭。有一次他是自己来的。他正在跟我描述他最新的女友，一个中国人，还有一位是金发碧眼的美国姑娘。这时，曜华从厨房出来，正要摆餐桌。出于对我妻子的敬重，白兰度当即打住，忽然转换话题，聊了聊儿基会的事务。等曜华回到厨房，他才又继续讲自己的女朋友。

这样聚餐几次之后，白兰度说该他请我们吃饭了。一个周五，他在城里给我打电话，让我找家方便的餐馆订桌，还说我们三人晚上7点半一起吃饭。于是，我就在一家名为 Per Baco 的意大利北部风味餐馆订了桌。那个餐馆离我们居住的东27大街只有半个街区。我们等了半小时，他都没出现。回家之前，我们还嘱咐餐厅经理，如果白兰度来到此地就给我们打电话。

那个经理带着戏谑的笑容看着我，答应下来。显然他不相信我们会有马龙·白兰度这样的朋友。不管怎么说，晚上9点时，马龙从餐馆打来电话。我告诉他我们用过餐了，回家吃的。他恳请我们至少再陪他吃点甜品。我们不情愿地走回到餐馆。

我问他为什么迟到，为什么不给我打电话。他嘟囔了几句。曜华意识到我们之间气氛紧张，便打破僵局，告诉白兰度，周日要请出差的同事吃晚饭，也欢迎他一起来。马龙说他要去芝加哥，周日晚上才能回来。"8点整开饭。"曜华说。

周日那天，同事都在享用开胃酒，大家都很开心。我们把白兰度抛在脑后，其实我们也不指望他能出现。8点整，门铃响了，马龙站在门外。"克里斯汀（曜华），没想到我会准时出现吧，是不是？"他咧嘴笑着说。

那天晚上，马龙把大家逗得前仰后合。他模仿他胖墩墩的朋友彼得·乌斯季诺夫，模仿他住在大阪的日本传统客栈，从榻榻米上起身，到小小的木制浴盆里洗澡，还平躺在地上，只为了照照低矮的梳妆台上的镜子。

实际上有一次，马龙和彼得都来我家，有趣极了。那一次，马龙就静静地听着，反倒是彼得，这也是个好模仿的家伙，大谈政治、音乐、哲学，还有他纠结的家史。

有时马龙并没察觉自己给他人造成的困扰。我在伦敦出差的时候，夜里三点被他的电话吵醒，他却说了些无关紧要的事。在巴黎的时候，他打断我的会议，坚持让我去摄影棚陪他吃午饭。午饭时，他说自己正在拍一部奇怪的电影。后来我才发现那部电影就是《巴黎最后的探戈》，这部电影因一些性暴露场面而引起争议。

还有一次，他在马尼拉拍摄《现代启示录》，深夜将电话打到纽约，问我是否可以帮助一位参演电影的越南女人搞到联合国护照。我跟他说，就算是联合国秘书长都爱莫能助。她得向联合国难民署提出申请，只有难民署才负责帮助难民和流离失所之人。

想法多多，不切实际

为了帮助儿基会，马龙想法多多。比方说，访问比哈尔之后，他想找个工程师，帮他将想法落实。他打算造个跷跷板，把水从深井中压出来。就算可能会压出水来，设备的维修保养却不大可行。

他还想把美国三大电视网都叫来，共同为比哈尔做一个特别节目。我跟他说，就算是美国总统都别想让三大电视网共同报道国家大事。但马龙还是给它们打电话了，结果石沉大海。

他还有个伟大的想法，建立一个帮助儿基会的国际演艺人员协会。我们为这个想法兴奋不已，甚至还印了一批信纸，抬头上写明马龙·白兰度为名誉主席。但后来我们发现，要将这个想法付诸实践，我就得付出大量时间安排各项工作，迎合白兰度没谱的时间安排，这样一来我就没法履行自己作为儿基会新闻司司长的职责了。兴奋了两周以后，我们放弃了这个计划。

最后的探戈

白兰度为儿基会工作的时候，他处于巅峰状态，广受爱戴。当时他出演电影《教父》，获得了奥斯卡奖。他在拍先锋派电影《最后的探戈》时，曾给我打电话。我向他抱怨："凭什么你用三周时间拍摄《教父》，酬劳却是联合国秘书长年薪的20倍？如果用钱来丈量价值，那么价值体系中一定存在漏洞。"他并没被我冒犯，倒说金钱并不能带来尊重。

马龙·白兰度在《超人》中扮演了一个次要角色，有报道说，他短短三天就挣了一大笔钱。我再次问他："为什么你参演三天就挣那么多钱？"他像往常一样嘟囔着："这就是好莱坞运作的方式啊。你知道的，金钱并不等于权利，更与价值无关啊。"

渐渐地，马龙对儿基会的兴趣减淡，他越来越关注美国印第安人的生计。在我们的偶尔联络中，他对印第安人的待遇感到愤愤不平。当他第二次获得奥斯卡奖时，他特意请一位印第安人接过小金人。这位印第安人还做了一番热情四溢的演讲，痛斥这个国家对印第安人的残酷。

影星马龙·白兰度。

我最后一次见到他是在1978年,当时我们在他家商讨为1979"国际儿童年"准备的拍摄计划。如果我们能说服白兰度,让他加入其中,那么英国广播公司(BBC)就愿意拍摄一部纪录片,将儿童的需求展现给世人,在国际儿童年期间将引起大众关注。白兰度起先答应了,不过他与BBC的制片人和导演谈过之后,双方就该片的形式和档期存在分歧,导致该计划最终没能执行。

他家住在贝弗利山庄,不过他家却非豪宅,只是宽敞的平房,设施齐备,还有游泳池。他养了两条体型巨大的圣伯纳犬,这两条狗总是把他客厅的纱门咬出大洞。他家还设了电子金属门,防止不速之客进入宅院。

我于1982年离开儿基会,前往日内瓦的世界卫生组织就职。早在那之前，我就没机会与马龙·白兰度直接接触了。我去杜兰大学担任公共卫生学教授后，从报纸上读到他的一些负面消息，他在大溪地的孩子身上发生了惨剧。他的儿子杀死了自己姐妹的情人。当时马龙的女儿怀着身孕，后来便自杀了。我给他致信，在信中说，我知道他是尽职尽责的父亲，这样的惨剧并非由他的作为所致。我还说，并不指望他回信，只希望他知道，我并不同意那些批判者。

2004年，我从报纸上读到，他去世了。

马龙无疑是个才华横溢的人，一个充满人情味，并具有慷慨胸怀的人。他的一生非常充实，颇有成就。他的知名度就像一张厚厚的毯子，罩着他，让他肆意放纵，这个责任要由他本人、他身边的人和他的拥趸共同承担。几乎所有人都乐于为他奉献，他便体会不到自己给他人造成了多少不便。至少有一段时间，我是他影视圈以外的朋友里，极少的偶尔拒绝他要求的人。

尽管他懒散放纵，比如他不守时，马龙·白兰度仍然是个为大家带来乐趣、怀着怜悯之心的人。我相信他不是故意给他人造成不便的。认识他并成为他的朋友是我的幸运。

儿基会贺卡。

【第十三章】

传播策略

我被调到总部后，不时代表儿基会参与联合国机构之间的合作会议。我这才发现与其他机构相比，儿基会的新闻司规模较小。儿基会执行主席每周都主持管理人员例会，我在会上呈交了一份报告，列出联合国其他机构信息服务部门的规模，还指出在所有机构中，只有儿基会仅仅依赖自愿捐助机制。后来，我又在会上向与会人员展示图表。我将儿基会分支部门涂上不同的颜色，其中有十多个部门支出专款，这些部门为红色；只有三个部门创收，标为蓝色。这个图表明我的观点，清楚地表明了要扩大我的部门的需要。

不过三年后执行委员会才让我在 1975 年的会议上提交报告，阐述公共新闻策略。对于儿基会来说，这是首篇评述。而我提交报告之前则投入了大量时间，咨询联合国系统内部的传媒专家以及信息学专家，还咨询了儿基会各国委员会的业内人士。这还是我第一次向儿基会的管理层提交报告。执行委员会全力支持，确定会扩大新闻司的规模。

在向与会者介绍我的报告时，我指出了一个社会问题，后来我将这个问题称作"贫富信息差距"。城市富人，尤其是生活在西方工业化国家的城市富人，面临信息过剩带来的威胁。农村居民，尤其是生活在发展中国家的农民却享受不到现代信息技术所带来的便利。农村地区的贫民与世隔绝，远离日新月异的外部世界，单单依靠传统方式获取信息。他们所获取的新信息并不足以改善其生活状态。不过，在那之后，尤其是20世纪90年代以来，信息传播技术迅猛发展，电子邮件的服务范围迅速扩大，手机行业不断推陈出新，信息传播工具得到广泛应用。不过，让我感到欣慰的是，在缩小差距方面也有进展，现代通讯业的高新技术也走进了农村地区。例如，即便在非洲农村地区，人们也很快就看上了电视，用上了手机。但在边远的赤贫地区，生活依然很落后，最新的通信技术仍然没有为他们带来好处，贫富间的信息差距也许更糟糕。

将战略性目光投放到关键问题上

儿基会需对特定受众给予关注，这很重要。我对报告进行口头介绍时，借用了50年代的读者调查数据，对上述观点进行了解释。20世纪50年代，正值苏联太空计划取得成功，而美国则意识到加强科教的重要性。调查指出，中西部的半数民众不知道月亮的体积小于地球。而这条真理早已流传好几个世纪了。

月亮比地球小，这是众所周知的。我们从那全无了解的半数民众可以看出，要让所有人都接收到新信息，是很困难的。我所说的信息中就包含了儿基会的消息。要让所有人都拥护儿基会，这固然是好，但这却如天上掉馅饼一样不切实际。于是，我们便需要制定一个策略。

由于儿基会的信息经费支出有限。我们要选择目标受众符合儿基会利益的活动开展工作，这对我们来说是至关重要的。实际上，这就需要我们对于辨识度高的重要目标做出战略规划。所以，儿基会的公共信息项目不但要在调查和分析上下功夫，还要重视调控和评估。

倡导儿童权益

这个报告确定了倡导儿童权益的工作方向，我们将为满足儿童的需求寻找捐助者，寻找解决儿童问题的途径。在联合国文件中，"倡导"一词大概还是首次出现。我记得我得说服执行主席，让我把这个词留在文件当中。拉博伊斯是位律师，毕业于哈佛大学。他对这个词产生质疑，问我是否会因这个词而让儿基会陷入纠纷，上庭申辩。我回答道："不会的，不过我们会在大众观念的法庭中为儿童权益问题申辩一番。"

我们儿基会的所有工作人员都意识到面对全球儿童的巨大需求，我们所配备的资源是极为有限的，这让我们非常痛苦。要想让政府将儿童援助项目列为重中之重，就需要我们通过大众传媒进行公共宣传。而大众传媒则需要考虑公共关系，而这又要考虑行政管理支出。我认为，做好宣传策略，让更多的国家资源向儿童健康和教育项目开放，这并非是儿基会的公关策略；相反，做好宣传策略，就会使那些儿童的生活得到改善，所以宣传经费应该被算作是"项目支出"。

1979年国际儿童年结束后，倡导儿童权益被看做是项目经费的一部分，这种做法被广泛地接受了。待到詹姆斯·格兰特接过衣钵，成为第三任执行主席，倡导儿童权益便成了儿基会使命的核心和灵魂。这些年里，"倡导"广为流行，所有推动各项事业发展的机构和非政府组织都全心致力于宣传工作。

发展传播

我向委员会提交的报告被称作"项目支持传播（PSC）"，这在联合国系统中更广泛的叫法是"发展传播"。委员会通过了我的报告，这便使我对于PSC的实行有了合法性。

1958年的泰国苏梅岛之行为之后的报告打下了伏笔。当地卫生机构的使用率并不高，这显然是因为卫生服务人员没有积极努力地接触民众。而且项目覆盖地区少有人了解该卫生中心的服务项目。换句话说，服务者与当地民众之间完全没有互动。

尽管这一问题在曼谷引致了热烈的讨论,类似问题在泰国以外的地区却没有引起重视。1962年到纽约工作后,我不止一次地提出这个问题。只有曾在亚洲工作过的粮农司副司长略感兴趣,其他人都只是礼貌地附和一下,并不付出行动,其中还包括一些高级项目专员。

几年后,儿基会开始大力宣传"为儿童做规划",关于儿童问题的媒体报道铺天盖地,这便给我们提供了一个机会,让我们回顾为推动项目而开展的宣传工作。在60年代末,我被提升为儿基会新闻司副司长,我设法从执行主席那里得到了一些"项目支持传播"的帮助。

为儿童做规划

厄金斯·柴德思来自爱尔兰,是位很有才华的播音员,兼任电影制作人。他与儿基会驻曼谷新闻官马里卡·瓦拉松共事,他建议紧跟新的宣传计划,设立一个新部门,专门致力于动员媒体关注儿童问题。这个想法与我在苏梅岛之行后所提出的建议十分相近。我立时决定,从总部给予支持。

在联合国开发计划署(UNDP)、联合国公共信息中心以及儿基会的经济支持下,这个新部门在曼谷成立了。厄金斯和马里卡快速推进这项工作,不仅通过媒体直面当地的个人和团体,后来还设法让社区参与进来。在我的建议下,掌管项目事务的执行副主席发出指示,在指示中说明了信息传播在推进项目实施中的重要性,这也就是我所说的"项目支持传播(PSC)"。

后来执行项目计划的同事认识到了信息传播在其工作中的中心地位,"项目支持传播"在儿基会里便成了"项目信息传播"。我到世界卫生组织就职后不久,"项目信息传播"部门就从新闻司里分了出来,进入了项目司。

儿基会于20世纪80年代初开展"儿童生存革命"时,詹姆斯·格兰特发现了项目信息传播的价值,便将其扩展,调动一切相关的社会力量，实现共同目标。"社群动员（Social Mobilization）"一词便出现了，而且这一术语在国际发展学界被广泛接受。

在60年代初期，我们尽力接触工业化国家里的重要社会阶层，力图为儿基会的工作争取支持。显然，我们应当从儿童入手，这些孩子该与发展中国家的兄弟姐妹共享财富。我并没有只关注贫穷儿童的紧迫需求，而是与加拿大电影委员会展开合作，以森林中、沙漠中、海岛上、高原上等地的孩子为主题，制作了一个系列幻灯片。

这个系列并没有得到各国委员会的热烈反馈，他们认为这与儿基会没有直接关联。很多年后，这些委员会欣然接受了这些更为全面的科教资料，还放入其简报中。

儿基会的贺卡

儿基会的贺卡项目在过去的几十年里筹集了几个亿的美元。这个项目是儿基会公共信息部门第一届领导的独创之举。"二战"刚结束不久，一个名叫姬塔的捷克小女孩为牛奶配给计划表示感谢，画了一幅画。图中，孩子们围着五朔节花柱手舞足蹈。这幅画被选作儿基会的招贴画，后来制成了贺卡。首张儿基会贺卡成功发售，后来每年都在全世界范围内发售，总共售出十多亿张贺卡。

过去和现在的画家画作都被儿基会印成了贺卡。有趣的是，像夏加尔、雷诺阿、莫奈和毕加索等艺术大师的作品所制的卡片并不抢手，反倒是描画四季景色的贺卡最畅销。由于贺卡计划组既涉及教育，又能募款，我便将其视作下属部门，监管了几年。后来这一工作发展迅速，显然需要作为一项事务来看待了，这个计划组便成了独立部门，与各国委员会紧密合作，由委员会做营销。不过我依然是这项计划的管理者，我要确保新产品兼具文化与艺术特色，同时能促进世界儿童团结。

"国际儿童年"与《世界儿童状况报告》

1965年，我向儿基会执行主席建议，获得了诺贝尔和平奖的儿基会可以扮演社会良知的角色，向儿童提供帮助，还可以发表一篇文章，概述世界儿童现况。不过我的建议石沉大海。儿基会的领导认为，儿基会为发展中国家儿童服务，超出这一范围便偏离儿基会的使命了。

到1978年，借着在儿基会内部"提倡"开办"国际儿童年"的机会，我重提当年的建议。我提出，这样一篇《世界儿童状况报告》是为"国际儿童年"做准备。我得到了积极的答复，我们有幸请到天才作家、《新国际主义者》杂志创刊人彼得·亚当森作为调查研究的顾问，并执笔撰写报告。

在1978年底，彼得尽职尽责地完成了《世界儿童状况报告》，对于"国际儿童年"来说很及时。亨利·拉博伊斯对各种政治影响十分敏感，他并不想发表这篇报告，原因是，这篇报告中缺少很多国家的数据，尤其是东欧国家。这篇报告在我们的书架上死气沉沉地放了10个月。到了1979年底，拉博伊斯将题目改为《世界发展中国家儿童状况报告》后，才勉强将其发表。

这篇报告引来了媒体的强大兴趣。时任儿基会委员会美国首席代表的吉姆·格兰特找到我，建议我们每年都出一份报告。那时，他已被推选为拉博伊斯的接班人了。我告诉他，数据变化不大，不足以出年度报告。

我将这篇报告看作是公共信息手段，吉姆·格兰特则将它变成了每年必做的大事，这份报告也成了传媒界乃至政界、项目计划专家的案头工具。毋庸赘言，吉姆证明自己的想法是正确的。即便数据变化甚微，我们这个世界恰恰需要定期检视儿童生存状况。

与亲王同行

在为儿基会做宣传和筹集资金的过程中，有一段经历让我难以忘怀,那就是与沙特阿拉伯的塔拉勒亲王殿下共事。这位亲王是沙特阿拉伯首任国王伊本·沙特最小的儿子。这段经历正值拉博伊斯将要卸任,而吉姆·格兰特成为第三任执行主席接过衣钵。

塔拉勒早期的自由解放的想法和行为,包括为沙特女孩建立第一所学校等,使他在国内不再是政界的主流人士。这位亲王非常崇拜埃及总统贾马尔·纳赛尔,通过一系列努力来提高沙特女性的地位。由于他倾向于"解放",被世人称为"红色亲王"。多年里,他在贝鲁特过着流亡生活。70年代,他回到沙特首都利雅得,同意远离政治,从而开始了非常辉煌的商场生涯,成为大富翁。他希望为国际发展做出贡献,尤其为儿童项目做贡献。

我们商讨为亲王殿下和其他阿拉伯领袖的捐助设立基金的问题时,总部派我作为"先头部队"与这位皇族进行接洽。

塔拉勒亲王计划捐助一亿美元,儿基会要与其商讨支出情况。我和联合国开发计划署的掌门人布拉德·莫斯和儿基会执行主席吉姆·格兰特一起前往塔拉勒亲王在尼斯的夏季行宫。由于我是从纽约而来的首位高官,我与亲王手下的工作人员都见过面了,保安就只允许"凌先生的陪同"进入行宫。于是,那一次,这两位联合国分支机构领导便成了我的陪同!

走访沙特阿拉伯时,有一次,我与亲王一起乘坐其私人飞机,一队空姐全部出动,服侍我们饮食。在波音737客机上,亲王可以享受自己的卧室,还有一个无线电室,两排独立的沙发座椅靠着机身两侧排开,这是供客人坐的。主人则坐在中间的转椅上,转椅还有大大的扶手。

所有的通关程序都由一位随从负责,亲王和其客人则乘坐一队豪华轿车,车直接开到停机坪上,停在飞机台阶下,亲王和客人登机便是了。同样,皇室成员和其客人下了飞机就直接坐上早已等在停机坪上的汽车,汽车将他们送到贵宾休息室,而手下人则负责拿行李,过

与沙特亲王塔拉勒的合影。

海关。怪不得亲王就算是经过了漫长的跨海航行也从不会显出倒时差的疲态呢。毕竟，让旅客疲劳的基本上就是办理登机手续，过关，还有不能在飞行中平躺休息这些事吧。

对于亲王殿下的努力来说，事不凑巧，海湾地区爆发了一系列危机，让人猝不及防。伊拉克总统萨达姆·侯赛因本来愿意向塔拉勒基金捐助数目可观的资金。亲王殿下也从其他海湾国家的领导人那里得到捐助委托。不幸的是，两伊战争爆发，伊拉克收回承诺。

实际上，塔拉勒亲王成了唯一一位捐助人，这个基金项目也没有圆满完成既定的宏伟目标。不过，这些年来，该项基金的确对联合国儿基会和联合国开发计划署的工作给予了支持，只是支持程度比最初预想的要低很多。

顺便一说，塔拉勒亲王的儿子是一位身家亿万的沙特亲王，而且还是投资业的老手，据称是中东地区最富有的人。他在金融界出类拔萃，鹤立鸡群，是花旗银行的主要控股人。

1980年与联合国秘书长瓦尔德海姆和儿基会总干事吉姆·格兰特在一起。瓦尔德海姆因为"二战"时期与纳粹的关系,在任奥地利总统期间被美欧多国列为"不受欢迎的人",而被禁止入境。但我认为他是最积极有为的一任联合国秘书长。

【第十四章】

回到中国，格兰特的管理工作

回乡探亲

离开祖国 26 年后，我于 1975 年携全家回国探亲。我的一双子女成长于美国，不了解欠发达国家的民生现实。于是，为了让他俩做好心理准备，我们取道欧洲，在巴基斯坦短暂停留，检视儿基会援助活动后再飞往北京。

在卡拉奇，他们亲眼看到贫民区的民众生活贫困，非常悲惨。那些孩子在垃圾堆里翻找食物，这让我的儿女感到惊异。他们还深入拉合尔附近的很多村子，亲眼见到贫农的生活条件有多么艰苦。就是在那里，我儿子劳伦斯打哈欠的时候竟不小心吞下了一只苍蝇！在这些地方，儿基会开展了援助活动，在用水、卫生和妇幼保健项目上提供帮助。这些工作改善了一部分人的生活现状，尤其是当地儿童的状况。

离开伊斯兰堡，我们直接飞往北京。到达后从飞机上望出去，首先映入眼帘的是一个年轻女人，身穿布袋一般的制服，指挥飞机靠近机场航站楼。在其他国家的机场，这种工作一般都由高大健壮的男人完成。

到北京之后，我们亲历"文化大革命"的最后一波狂潮。这一次是"批林批孔"。林彪在长征中曾任军团长，后来一度成为毛泽东的接班人，而孔子则是中国古代的圣贤先师。我们很快就意识到，说是反对孔圣人，其实是把矛头对准了大家爱戴的周恩来总理。

尽管当时人们议论纷纷，我们还是在北京和上海见到了亲人。外公的二姨太当时已年过八十，与其长子，也就是我的三舅住在北京。三舅曾在日本学习，新中国成立后任铁道部的首席工程师，刚退休。我们在华侨大厦与陈氏一族聚餐。晚餐时还有几位表亲是我头一次见到。这位外婆还给我们讲当年在上海给我接生的经过。

暗藏危机的海外关系

我们在上海宴请母亲的几位弟弟妹妹。其中一位姨妈是外公三姨太的女儿，排行十二。她怕海外关系会使她个人和她的家庭陷入困境，便拒绝参加聚会。在"文化大革命"的高潮阶段，很多人因冒险联系海外人员而遭祸。这种情况就是当时的主流政治氛围，大家都怕因与外国联系而受到当局的责罚，而这种责罚不论是真的还是想象出来的，都叫人害怕。毕竟，这一刻还能接受的行为也许到下一刻就成无法接受的行为了。谨慎方为大勇嘛。

我们还拜访了曜华的祖父母，他们还住在上海的老房子里，已经年近九十了。曜华的几位亲戚甚至还从外省特地赶来见我们。大部分宅子里都挤了好多家。曜华祖父母的房子分成了几部分，由几个家庭分占。我们当年在法租界里的房子也是这样：三层小楼里住了六户人家，车库里住着一户三口之家。我们就在餐馆或是酒店里接待亲戚。

在 1975 年，作为海外华侨，我们受到了热烈欢迎。由政府的法律文书可见，我们成了"贵客"，可以乘坐所住饭店叫来的出租车。不过，当地居民得在饭店的访客登记簿上登记个人信息；所有来饭店探访的亲戚都不例外。我们还可以在友谊商店购物，这很好。我们拿着外汇兑换券，满心欢喜地买了贵重的景泰蓝盘子、丝巾，还有鼻烟壶。鼻烟壶内胆里有图画，可以买来做纪念品。

1 酒店门口，去机场前亲戚来送行。
2 陕西南路旧居前合影。

面部特征显得更有特点

每个人的衣着都很简单，基本上都穿中山装。我们走到哪里都有路人打量，因为我们穿着西式服装。五颜六色的西式服装让我们很是惹人注目。在当时的中国大陆，大家基本上都穿灰色或者蓝色的衣裤，这便中和了个人特点，于是我们得在面部特征上多留心，只能靠这一点来区分大家了。

在上海的一辆公共汽车里，挤满了人，但却安静得可怕，没有人说话。毕竟，无心的口误便能让人获罪啊！我那两个孩子，一个18，一个15。一路上带着他们真是有点小问题。女儿坚持要穿高跟鞋，在这里穿着高跟鞋看起来稀奇古怪。她脾气又暴躁，饭店员工服务时态度不好，她便上前理论。儿子留着快到肩膀的长头发。一天下午，我们在上海的南京路上走着，有个人看着我儿子，大声说，"这是小伙子还是小姑娘啊？"女儿略懂上海方言，正走在她弟弟后面，回敬道："他是男的。"

那次回国是我首次与外交部的官员接触，他们嘘寒问暖，给予热切关怀。儿子生病时，外交部的一位官员还特地来北京的华侨大厦探望。

收到邀请，做官方访问

一年后，中国政府邀请拉博伊斯先生、拉博伊斯夫人和我做一个为期10天的访问。

我的旅行证件成了个问题。20世纪50年代，我在曼谷任职，想在泰国旅行，可是手里并没有香港开具的法律证书，只有当地"民国"派出机构为我开具的"护照"。当时在曼谷，联合国系统中的中国员工都是这种情况。儿基会派我做正式访问时，我拿的是联合国的通行证。我1975年来华时，中国方面给我出具了法律文书，并附上了签证。不过，此行中当局要求我上交"国民政府"的护照，简单写写我的人生经历。我认认真真地提交一篇短文，写到了我在1951年赴朝鲜半岛当战地记者的短暂经历。我当时作为联合国特派记者，为一家亚洲通讯社工作，立场中立。我为联合国工作，报道了朝鲜战争，这会不会有什么影响？显然不会。中华人民共和国给我签发了护照。

这两周的访问，我们真见识了不少地方。那是因为整个行程都是外交部安排的，有这样靠谱的向导，我们得到了周到的照料。

李道豫，李鸿章的玄侄

中国代表团中，有个官员负责接待陪同，这个活力四射、风华正茂的二等秘书就是龙永图。后来他当上了中国入世谈判中的首席谈判代表，任中国外经贸部副部长。做安排时，他信心十足，雷厉风行。他给我留下了极为深刻的印象，所以得知他仕途得意，很快便在政府中升至高位时，我一点都不吃惊。

在北京时，外交部派出两位官员陪同我们出行。部门主管张宗安女士与拉博伊斯夫妇乘坐红旗轿车。张女士的助理李道豫和我乘坐车身较小的人民牌轿车。

李道豫是晚清重臣李鸿章的玄侄。帝国主义列强觊觎中华大地，作为朝廷重臣，李鸿章参与了一些条约的谈判，让出了一些港口的主权，支付了巨额的战争赔款。有些历史学家钦佩其学识和外交技巧，但是也有人将他视作卖国贼。

李道豫毕业于沪江大学，该校与我的母校圣约翰大学一样，都是教会学校。由于我们可以用家乡话交流，便成了朋友。他英语很好，超出其同辈同僚的水平。而且他早早便掌握了国际关系要点，这使他在80年代青云直上。用邓小平的话来说，李道豫是坐着直升机上来的。他的工作非常出色，曾在80年代出任中国驻联合国日内瓦代表团参赞、外交部国际司司长，在90年代出任常驻联合国纽约总部代表，最后还当上了驻美大使。

大寨红旗村

1976年,政治气氛依然很紧张。我看到一个农民骑车带着儿子,便照了下来,当时并没留意这位农民的衬衣上有个大洞。张女士警告我说,拍照的时候该当心点。当时就有个案例,意大利电影大师安东尼奥尼因展示了中国农村生活的阴暗面而受到严厉批判。

经过与外交部的磋商,又欣赏了北京和其周边地区的景致,我们便被带到了大寨红旗村,也就是当时的模范公社。大寨村的景象着实让人眼前一亮。村民在女干部郭凤莲的带领下创造了奇迹:改河道,让河水回灌农田,大规模提升农作物产量。公社社员的事迹让人颇为动容:大片大片的土地上种着小米,有些耕地是搬开岩石、铲平泥土、开垦山脊得来的。公社食堂里食物丰富,足够大家享用。领头的公社社员给我们讲述,他们的辛勤劳动为公社带来了财富。几百个农民和学生从各地赶来,打算向大寨学习。好几十位来访者集聚在树下,记着笔记,参加学习,情形非常火爆。

不过多年以后,我们得知我们看到的有些情况是为了宣传模范公社特意做出来的。大寨村是"文化大革命"的一个亮点,带动全国各地的公社向其学习。有趣的是,郭凤莲在低调反省之后,又出现在人们的视野中。在中央政府推动的改革浪潮之中,她在当地领导了经济改革。这就表明,有才干便不怕世事变迁。

我们从大寨回到北京后,我发现自己把折叠伞落在大寨的招待所了。我就跟陪同官员随口提了一句。等我到达广州,那把伞竟已经在我们下榻的酒店等待我了,真是神奇!

正式访问中国的这一年是意义重大的一年。我和拉博伊斯夫妇乘坐火车从广州出发前往香港时,政府发布了朱德元帅离世的消息。同年,毛泽东去世,唐山发生地震灾害,数十万人失去生命。我和拉博伊斯都找到中国代表团,签发了悼念逝者的文书。像其他的联合国机构一样,儿基会希望给予援助。不过中方拒绝了我们的好意。当时的中国还没有与国际社会合作、共谋发展的打算。

中国与儿基会合作

又等了两年，中方才对合作项目做出了积极的试探。1979年4月，儿基会派出团队，考察中国农村地区的妇幼保健状况。而这恰恰被阿拉木图会议列为卫生事业发展中的初级卫生保健范例。其实，中国农村地区的赤脚医生能为民众提供卫生保健服务，这正说明初级卫生保健这一概念的合理性。而这一概念是国际社会于1978年在意义重大的阿拉木图会议上通过的。

由社区成员提供初级卫生保健，在60年代，很多地区都不接受这种做法。工业化国家的医疗机构认为无证行医的人都是招摇撞骗的庸医，非常危险。很多发展中国家的人认为培训没有行医资格的医务工作者诊疗常见疾病，这是穷国受到的不公待遇。在中国，赤脚医生救扶大众，这种光辉形象让国际公共卫生专家深受启发。世卫组织秘书长哈夫丹·马勒博士是初级卫生保健的主要倡导者。马勒博士知道世卫组织与医疗卫生机构关系密切，便邀请工作覆盖面更广的儿基会参与阿拉木图会议，并力劝儿基会邀请能在卫生、规划、农业、社会服务业等方面做出贡献的各机构负责人参加会议。

来华考察的团队中有12位代表，分别来自6个亚洲国家。项目负责人拉尔夫·埃克特和我受命领队，我们还要到北京与中方讨论儿基会与中国的合作。

我们与中华全国妇女联合会和外交部商讨确立合作框架，及在北京设立儿基会办事处事宜。通过外交部国际事务司司长，即黄华先生的夫人何理良女士的安排，我们与妇联主席康克清女士，妇联党委书记黄甘英女士，以及儿童工作委员会秘书长张淑仪女士会面。康克清女士可是位了不起的女性。据说康克清女士在长征途中手持双枪，顽强战斗。当年10月，儿基会驻北京办事处便成立了。

我向拉博伊斯推荐了埃克特，这位项目主管平日里较为寡言，为人谦逊，经验丰富，是管理这个办事处的不二人选。

寻访祖屋

当年的中国之行中，我们到了广东省的省会广州市，我随口提到我的祖宅就在番禺县的深井村，离广州市区很近。广东省卫生局的官员当即便劝我周六下午顺路去番禺寻根。不过很多村子都重名，到底哪一个才是我要找的村子呢？不过我还是与一位向导一起来到番禺，找到了一个深井村。在村委会办公室，我问是否有凌氏在此居住？"有啊，我们村里百分之七十的人都姓凌，"一位拄着拐杖的老人说道。

我说父亲是"华"字辈的，"中华"的"华"。一位身着丝绸外套的老妇答道："我亡夫也是'华'字辈的。"看来，我们离祖屋越来越近了。

终于，为了印证这的确是我的祖辈所居住的村子，我问道，这凌氏一族吃不吃青蛙呀。"不吃，我们绝不吃青蛙。先祖令我们爱护青蛙。其实，我们在附近的山里还为青蛙设过神龛呢。"我还真是回到家乡了。

我参观了祖父的宅子，其中一部分被用作厂房，生产尺子一类的小文具。宅子里有庭院和水井。庭院边上的两个屋子被远亲占下了。一位与我同为"生"字辈的堂亲走上前来，与我握手。多年后，我被问到，我兄弟二人作为法定继承人，继承了祖父的房产，是否愿意将宅子捐出来。由于我们都不打算在此居住，便欣然应许，将宅子捐给国家，作教育之用。

1976年回到祖籍，让我印象深刻。我请向导带我看看荔枝园。这是小时候祖父总向我提起的。不过我们发现荔枝园被改成了足球场，场边只剩几十棵荔枝树了。我还想看看青蛙神龛，不过已经被铲平了，无迹可寻。即便如此，深井村依然是我家人的祖籍。

中国列席儿基会理事会

当时，中方在儿基会理事会中得到一个席位。我们也热情接待每年到访纽约的中方代表。其中的大部分人都是全国妇联的工作人员。代表团中，妇联分支单位的马兗生副秘书长后来加入儿基会，在项目司工作，主抓妇女事务，颇受同事欢迎。

马女士也是圣约翰大学的毕业生。通过她，我们又结识了其他从大陆来此的工作人员，其中就包括马女士在圣约翰的同学汤兴伯。汤先生在联合国秘书处领导中方人员工作了几年，后来回到中国外交部，就任纽约领事馆的总领事，位高权重，相当于大使级别。

中方代表团来访儿基会理事会，其中有一次让我十分难忘。1981年，代表团团长是中国卫生部妇幼司司长、儿科专家林佳楣女士，她也是当时即将担任国家主席的李先念同志的夫人，也即后来的中华人民共和国第一夫人。她曾到我家来做客，在她到达之前，早有便衣警察在附近进行安保工作了。林博士轻声软语，气质高贵而平易近人。我家客厅里挂着一幅外公的水墨，上面有一棵枝叶横生的松树。林博士看到上面的落款，认出了外公的名字。我外公正是中国儿科医学的先驱。

格兰特掌管儿基会

1980年詹姆斯·P.格兰特当上第三任执行主席，儿基会在中国的工作也迎来了转折点。格兰特进儿基会，这是其人生经历自然发展的结果。他说一口流利的普通话，还带着纯正的北京儿化音。其实，格兰特家族与中国的渊源可追溯三代。

吉姆的祖父是来自加拿大的医学传教士。他曾在浙江的临海城市宁波定居，吉姆的父亲约翰·格兰特医生就是在那里出生的。在20世纪20年代，约翰任职于洛克菲勒基金会，是公共卫生领域的先驱，也是北京协和医学院的奠基人之一。协和医学院久负盛名，是当时全中国唯一可以授予医学博士学位的机构，吉姆就是在此出生的。因此，吉姆·格兰特算是第二代中国人。

在中国受过初等和中等教育后，吉姆在伯克利上了大学。后来他参加美国陆军，成为美国公民。吉姆还曾在缅甸战区担任陆军情报官，"二战"结束后加入了联合国善后救济总署（UNRRA），来到中国工作。

1947年，乔治·马歇尔将军作为美国总统杜鲁门的特派员，来到中国为国共双方调停。当时吉姆在共产党的解放区为联合国善后救济总署（UNRRA）工作，因其操着一口流利的普通话，便被调来做马歇尔将军的翻译。

马歇尔调停无效，中国内战硝烟再起。吉姆回到了美国，在哈佛大学拿到了法学学位。

实际上，格兰特早在20世纪60年代肯尼迪执政初期便为拉博伊斯工作过一段时间。当时美国国际开发署（USAID）还叫国际合作总署（ICA），而拉博伊斯则担任该机构的首位负责人。70年代，格兰特担任美国国际开发署的署长助理，其工作重点在于国际发展问题。而后，他离开政府部门，在首都华盛顿创建了海外发展理事会，当了多年理事会总裁。该组织专门研究国际发展策略，是个颇有影响的非政府组织。

格兰特精力充沛，善于当面说服别人，通晓各项政策，了解媒体运作。他坚信有志者事竟成，任何阻挠其他人的困难，他都能化解。儿基会执行主席是由联合国秘书长任命的，但之前会向儿基会执行委员会征求意见。1965年，拉博伊斯到儿基会任职时已61岁。1979年国际儿童年年底，柯特·瓦尔德海姆与儿基会执委意见一致，任命詹姆斯·格兰特从1980年伊始接替拉博伊斯。

新领头人格兰特

格兰特很快便开始"驾驭"儿基会，向着他的既定方向前进，将儿基会打造成国际发展界事事先行的国际机构。他对儿基会的工作人

第十四章 回到中国，格兰特的管理工作

员说:"我们要换挡，提速前进。"

吉姆习惯与海外发展理事会的小委员会共事，其中成员还都是他自己任命的。不过儿基会的执行委员会里有30位代表，全部来自政府部门，各自奉行不同的方针政策。小委员会与大委员会的工作方式大相径庭，起初还有点文化冲突。吉姆提出，要添加几位副手，被执委会否决了。这次否决打破了双方和谐友好的关系。不过在多年的工作中，格兰特逐渐地赢得了执委会的尊重。

格兰特不像拉博伊斯，他可是位不知疲倦的行者。他与政府领导会晤，与各位部长大臣会晤，还要直面各大媒体，相当活跃。为了与专家商讨策略，为了更好地执行各项计划，为了拉来更多赞助，他到处奔波，不停奔走。

格兰特正是这样一个人，才思敏捷，不停忙碌，迅速找到问题，确定目标，在国际发展界被尊为偶像级人物。他身上具有一种救世主特质，面对重重阻碍总能确定他口中所言的"可行"目标。在众人甚至是身边人的反对下，他力排众议，组织了1990年的联合国儿童问题峰会，就此开创了就非政治问题召开"峰会"的先河。1990年之前，只有政治性首脑会晤才是峰会，比如里根和戈尔巴乔夫在冰岛的会晤。

他还动员国际社会，关注儿童生存和发展改革。通过此项改革，几亿儿童免于绝症困扰，营养不良儿童免于夭亡，无数婴儿不致死于由痢疾引发的脱水，多种致命传染病不再肆虐。通过鼓励母乳喂养，不鼓励奶粉喂养，数以百万计的世界人民得到健康发展。

他被称为"儿童问题特别代言人"，也是人类历史上拯救儿童最多的人。1995年，在他的葬礼上，当时的第一夫人希拉里·罗德汉姆·克林顿在悼词中称赞吉姆为20世纪美国的伟人。

我初见吉姆·格兰特是在1978年，当时他任儿基会执委会的美国委员。自从1980年1月1日他成为执行主席，我在他手下工作了两年多一点，一直任新闻司和礼宾司司长。后来我在1982年1月被借调到

世界卫生组织。

儿基会是由首任执行主席莫里斯·佩特在1946年创立并亲自执掌了十八年。由于他亲自选定自己普林斯顿的校友为继任者,从他到亨利·R.拉博伊斯的过渡非常平稳。佩特是丹佛人,气度不凡,一头白发好似光环一般笼罩在高大的身躯上。而拉博伊斯则非常英俊,发色发灰,带着外交官一样的优雅气质,来自新奥尔良。二者都严谨慎重,三思而后行。

而格兰特则精力充沛,雷厉风行,上任伊始便急于"换挡",将儿基会提速,以至于让人觉得这是对两位前任的轻微忤逆,毕竟二者行事稳健,略显落伍。因而,在他上任的前几个月里,曾与拉博伊斯关系密切的工作班子对他的到来不免惶恐。而在他与执委会的冲突中,他提出加任两名副手,享助理秘书长待遇,请求通过新预算。他的提议被执委会投票否决。这也加重了总部内部的不安因素。实际上,前两任执行主席一直都与执行委员会保持着热情友好的关系。格兰特与执委会的冲突史无前例。

不足一年,格兰特便证明自己学习能力很强。他坚持自己雷厉风行的行事风格,在员工中树立紧迫感,也敦促驻地办公室加快项目实施步伐。物资送得迟了,他便严厉谴责,还命令副手提出新的项目主打方向。

他雄心勃勃,要将儿基会从一个万人敬重的、四平八稳的儿童权益组织转变为一个高度进取的、为儿童权益大声疾呼的组织。其使命如此重要,必须得到最高政治层面上的关注。这一点在他大力筹款、誓将儿基会资金翻倍的热情中体现得再明显不过了。面对大众传媒,他长袖善舞,用媒体支撑他向各国政府伸手要钱的强力举措。他随身带着赞美歌颂儿基会的剪报,在争取捐款时,毫不犹豫地拿出来给政府领导看。

他采纳了儿基会的创新之举,请社会名流担任儿基会的亲善大使,请他们大声疾呼,尤其请来那些拥趸无数的演艺界大亨。佩特是在20世纪50年代时亲自把丹尼·凯耶招募进来的,拉博伊斯则支持我把面向不同受众的亲善大使这一做法制度化。我签下挪威女演员丽芙·乌尔曼的时候,格兰特对这件事充满热情,还亲自陪她出访孟加拉国。在20世纪90年代,他竭力与奥黛丽·赫本以及罗杰·摩尔配合,甚至设法和纳尔逊·曼德拉同乘一架飞机,以便说服他成为儿基会的代言人。

吉姆接管儿基会后,我除了履行新闻司司长的职责外,也负责日本、澳大利亚和新西兰等国儿基会国家委员会的工作。

尽管我在1979年建立儿基会与中国的合作关系方面起了一些作用,但是比起格兰特对中国的强烈兴趣和他在中国的个人关系,我的那些关系都靠边儿站了。

在日本筹款

与拉博伊斯掌权时相比,在格兰特的领导下,儿基会在日本的工作收效更多。为在日本这个国内生产总值全球第二的国家募集到更多的资金,我们采取了双重策略——拜访政府首脑和国会议员,并向民间的头面人物发出呼吁。我们与铃木首相的会晤热情友好,因为那些年过六旬的领袖们仍然没有忘记战后几年间日本从儿基会得到的援助。

在同欧洲等地领导人讨论时,吉姆总通过比较每年不发达国家儿童的死亡人数和结束太平洋战争的两枚原子弹所造成的大量死亡人数来反复强调儿基会使命的重要性。我提醒他尽量避免打这个比方,因为日本民族对原子弹相当敏感,年轻一代尤其如此。一次,在与五位日本国会议员午餐时,谈兴正浓,吉姆不知怎么搞的,又打起了原子弹的比喻。这使得其中两位大为不悦,向他摇手叫停。吉姆不愿前功尽弃,便当即道歉,转换话题,长时间讨论起儿基会的每个美元在用来满足贫困的东南亚邻国儿童需求方面能发挥多大作用。

在与争议人物、右翼政客、曾被起诉的战犯、日本船舶振兴会奠基人笹川良一的会面中，以及与著名宗教组织"立正佼成会"奠基人庭野日敬长老的会面中，格兰特的呼吁得到了积极的响应。他解释道，帮助儿童、战胜贫困对于国内国外的和平发展具有重大作用。

与笹川良一先生的会面，地点定在东京的笹川大厦。大厦外观相当宏伟，内部设有大会堂，堪比联合国大会厅。笹川基金会的工作人员身着制服，整齐划一，我和吉姆都觉得这场景像是身处电影007系列中的《诺博士》中。

1981年，吉姆将儿基会"人之父"大奖授予了笹川良一先生。

《世界儿童状况报告》

1979年，吉姆仍是海外发展理事会主席，并在儿基会执委会担任美国代表时，他就对《世界儿童状况报告》显示出极大的兴趣。我当时也有意用这本书来发起"国际儿童年"。1965年，我曾试图劝拉博伊斯做一个侧重儿童状况的报告，但没有得到重视，部分是因为在那个时代，儿基会除了拥有某些欠发达国家儿童的疾病死亡数字外，还没有掌握儿童状况的可靠数据。

当联合国大会批准1979年为"国际儿童年"时，我作为这个建议在总部的推广人之一，重新提出撰写这个报告的想法。就像我之前讲到的，彼得·亚当森，这位世界上最具才华的发展问题思想家和作家，撰写了第一篇报告，准备在1979年1月1日发布。但是拉博伊斯秉承其一贯的循规蹈矩的风格，只同意在1979年年底发布，还要在标题中加上"发展中国家"。

吉姆跟我说他希望每年都出一份报告，我告诉他，要是每年都做，儿基会恐怕收集不到足够多的新资料，两年做一次兴许还可以。他坚持每年都要出一份报告，不过每年的侧重点有所不同。

尽管我起初只把这当做一个信息工具，但是吉姆的想法要大得多。

他全心投入《世界儿童状况报告》的各项工作，将其做大。他还将第一份报告的作者彼得·亚当森召来，使其成为自己最亲密的顾问。

彼得又做了两期年度报告，侧重点是由执行主席确定的。新闻司负责调查研究，提供后勤支持，在几大国首都同时发行，并进行大规模新闻覆盖。吉姆亲自动手，精心安排，将报告在全球范围内发行，使其成为儿基会进行宣传和制定计划策略的重要工具。实际上，近二十年里，这些报告为儿基会在全球施行的儿童权益计划提供了驱动力。

1990年联合国儿童问题峰会

吉姆的最高成就还要数1990年的"联合国儿童问题峰会"，这是国际发展领域前所未有的事件。当他起先提出这个建议时，除了心腹之外，没有几人觉得能实现这项计划，成功几率连一半都不到。在那以前，峰会是用于解决政治问题和安全问题的。就算是经济问题都不值得让各国元首齐聚一堂开峰会。曾几何时，社会发展人士穷竭其力，企图通过服务和培训平衡社会发展和经济发展的关系，但都是一场空。如果没有身心健康、受过教育的民众，就没有人会为了提高生活水平，从事促进经济增长的生产活动，但对这一道理，人们只是嘴上说说罢了。

彼得·亚当森常指格兰特的方法有点疯狂。借着彼得的支持，格兰特全心投入工作，追求自己的目标，举办儿童峰会。1988年起，他去了很多国家的首都，寻求领袖们的支持，制定了一个吸引关键国家政府注意的明确策略，并按照自己的计划坚定不移地走了下去。1990年春，萨达姆·侯赛因的军队入侵科威特，世人的目光齐聚海湾战争，已经订好日期的峰会显得飘摇无期。但是格兰特又加倍努力，亲自拜访重要的领袖，并指出战争当前，儿童的需求更为紧迫。他最终占了上风。大约95名国家元首和政府首脑来到纽约参加峰会，一致签署了一个宣言，内容涵盖了从降低婴儿死亡率和营养不良，到普及全民基础教育,以及大规模提高免疫接种覆盖率等。各国政府随后通过了具体的国家行动方案,并制定出可以衡量的目标。

儿童权利公约

除了为20世纪最后十年儿童国际卫生确定了方向的峰会目标以外,一个关于儿童权利的公约后来也被除两国以外的所有政府采纳。吉姆·格兰特还将儿童参与解决自身问题纳入儿基会的工作范围之内。

我和吉姆在儿基会共事仅仅两年有余,甚至曾经在一些人事问题上和他产生过分歧。其实,有些贬低他的人责备他在柬埔寨形势上表明立场,越过了绝对非政治化的底线,以及削弱外地决策权力这一儿基会在联合国系统内独此一家的特色。尽管如此,我在调至世卫组织后的几年间越来越尊敬和崇拜他所做的工作。

1982年,就是我转到世卫组织的那一年,吉姆把顶级的儿童健康卫生和儿童福利专家召集起来,寻找机会扩大行动范围。这次会议催生出"儿童生存与发展革命",聚焦于以下四点:

  Growth Monitoring to fight malnutrition
 监测成长,防止营养不良
  Oral Rehydration to stop children from dying of diarrhea
 口服液盐,防止儿童死于痢疾
  Breastfeeding to prevent infections that kill babies
 母乳喂养,预防新生儿感染
  Immunization against six preventable infant-killing diseases
 接种疫苗,预防婴幼儿六大杀手疾病

这场新的国际行动被称为GOBI,取自上述四点的英文首字母。行动当中,吉姆拓宽了我在20世纪70年代发起的项目传播范围,将其变成一场为实现某一特定目标而动员社会一切可以动员的力量。当时的口号就是"扩大规模"。

于是吉姆将"社群动员（Social Mobilization）"作为儿基会工作实行的核心元素。如今看来，我真希望吉姆将其称为"社会动员（Societal Mobilization）"，因为"社群"只着眼于社区，而"社会"则指包括社区在内的全社会的力量。而很多发展援助机构，包括很多非政府组织，将"社群动员"代指社区群体的动员。吉姆当年的思路其实更全面。

90年代中期，吉姆和其同事找到我，要设计一套"社群动员"培训课程。在杜兰大学诸位同事的协助下，我设计了课程雏形，并在杜兰大学办了三期暑期培训。如今，培训班的毕业生已经将这种培训以不同方式带到了十多个国家。在我加入杜兰大学公共卫生和热带医学院，并担任教职之后，我提名吉姆·格兰特为荣誉博士，并邀请他做毕业典礼演讲人。吉姆和其第二任妻子艾伦于1994年5月参加毕业典礼，接受了博士称号，还与我们夫妇在新奥尔良共度了一些时光。我们还谈起了过去访问中国时的趣事。

他对我说马歇尔将军曾经力阻中国内战，但是无果。当时马歇尔将军令他当口译员，他不得不辞去联合国善后救济署基层官员的职位，重新加入美国陆军。只有这样才能身穿军装，站在将军身旁提供翻译服务。他还告诉我们，他们家起初在美国，但是在独立战争期间他的祖先支持保皇派，遂迁至加拿大。他只是在大学期间才加入美军，成为美国公民。

杜兰大学授予格兰特荣誉博士称号

吉姆来到杜兰大学时已经疾病缠身了。他被诊断身患癌症，但仍旧坚持工作。在新奥尔良，艾伦对我坦言，吉姆每天早晨都发烧。我当时才知道，虽然表面上看不出来，但吉姆已经病入膏肓，时日无多。的确，过了7个月，他便辞世了。病榻上的他还曾致电克林顿总统，希望美国接受《儿童权利公约》。克林顿总统依言签字,但是没有获得国会的通过。于是,美国和索马里仍是世界上仅有的未签约的两个国家。

我提议杜兰大学以他的名字建立了一个詹姆斯·P.格兰特儿童生存奖,用以表彰公共卫生领域和热带医学院里优秀的国际卫生专业学生。

悼念从世界各地如潮涌来,称赞他为儿童的救星。他当然是一个奇才,一个不同凡响的政策专家,乐意冒险,并开辟新的疆界。

美国前总统吉米·卡特是他的崇拜者,并称:吉姆·格兰特为儿童所做之事超过了有史以来世界上任何一人。对于那些不曾有幸认识他的人来说,这个评价听来有些夸张,但是如果数一下他一生所接触过的儿童数量,这一称号的确实至名归。

【第十五章】

加入世卫组织的工作

我21岁就开始为儿基会工作了，职业生涯中的绝大部分时光都在于此。离开儿基会，固然我有些不忍和纠结。不过回望过去，吉姆·格兰特掌权后，我的职业道路基本上也止步不前了，那也许正是我另谋高就的好时机。

吉姆快要接管儿基会时，发现这里的高级工作人员在国际发展协会并不活跃，而他就是国际发展协会的会长。惊讶之下，吉姆决定加强人才建设，带来了三位有发展协会背景的高官，其中两位做他的副手，还有一位做项目司司长。有了这样的人事安排，实际上其他司长就都没有上升空间了，而我正是管理层中最有资质的官员。

后来，吉姆又任命了自己的第三位副手。塔兹·维塔奇来自斯里兰卡，是联合国另外一个部门的新闻司司长。这对我来说是巨大的打击。当年，就在我短暂的朝鲜之行结束的短短几年之后，塔兹便加入了泛亚新闻社。他文笔流畅，而且与格兰特私交甚笃。他们二人是在斯里兰卡首都科伦坡相识的，当时吉姆是美国使馆驻锡兰的外援专员。我反对这项任命。我对新上任的执行主席说，凭塔兹的资质，新闻信息这个领域容不下这么多有才之人。显然，我该另谋高就了。吉姆对中国相当了解，渊源颇深，联系密切，于是我与中国的联系就显得不那么重要了。

多年以来，很多工作机会自己送上门来。联合国经济及社会新闻中心的主任一职两次空缺，负责联合国公共信息的副秘书长两次请我担当此位。我心知联合国秘书处官僚气氛之浓厚，便婉拒了。

踌躇于世界银行的邀请

多年以前，我还是儿基会新闻司三把手的时候，世界银行就向我发出过邀请了。1980年，该机构再次请我去位于首都华盛顿的总部工作，位列管理层。如果是公共信息部门的职位，我倒是乐意尝试，只不过世界银行希望我开设新部门，主管出版发行。我和曜华还去了一趟华盛顿特区，行程经费由世界银行承担。该组织内部的数位副主席都接见了我，其中就包括掌管人事调动的副主席。由于我一直都在公共信息领域工作，自认为不适合开办新部门，便向对方坦率说出了我的意见和考虑。

20世纪60年代末，香港中文大学新闻学院院长，也是我在斯坦福大学的校友，让我在80年代中期接替他的职位。不过当时我还没准备好离开儿基会。1980年，我又收到一封香港发来的邀请函，请我做丽的映声电视台的总经理。当时当总经理的正是我1956年在伯克利办婚礼时的伴郎，黄锡照。他希望我能接替他的职位，也说服了他在伦敦的上司，不过我并没有积极响应，因为我在儿基会的任期还没有结束。香港一家颇有影响力的报业连锁机构也看中了我，该机构的所有人简单地协商了一下，安排给我的职位是《香港虎报》《星岛日报》《星岛晚报》的出版人和总经理。在为联合国工作之前，我曾在香港《虎报》当过记者，而《星岛》则是香港最大的报纸之一

德国之行

1981年春天，德意志联邦共和国请我前往该国，做正式访问。同年秋天，斯坦福大学请我当一段时间的访问学者。我接受了这两个邀请，

这样就能争取些时间，思考自己的下一步去向了。

我在德国参观了很多城市，了解了社会活动的方方面面。访问柏林的时候，我越界进入东德看了看，发现东德的社会秩序刻板僵化，而西德则动力强劲，市场经济繁荣昌盛。不过双方都怀有强烈的愿望，期盼统一。

我还发现西德和日本一样，在社会服务业投入大量人力物力，为"二战"之后迅速发展的经济铺平了道路。德国人也和日本人一样，严于律己，勤勤恳恳。

在斯坦福休假

我在斯坦福大学商学院参与卫生经济学课，在医学院讲授国际卫生学。除此之外，校方还让我围绕传播学和发展学主持一个两学分的研讨课程。这次尝试激发了我对教学的兴趣。在教学中，我可以帮助年轻人从不同的角度看问题，即便是稍微改变他们看待问题的方式，也是有价值、有意义的。

在斯坦福的第一周，我接到了世界卫生组织发来的第三次邀请。公共信息司司长的职位即将空缺。世卫组织总干事哈夫丹·马勒博士决定将这个司与卫生教育普及司结合起来，成立卫生信息与教育司。这个部门将承担起世卫组织四年计划中的六个主打项目的工作。鉴于这是世卫组织第三次试探我的想法，我跟曜华说，如果这一次我再不接受，恐怕世卫组织也不会再发出邀请了。同时，世卫组织将由医疗机构转型为公共卫生发展机构。在此过程中，马勒是个重要人物。他领导了初级卫生保健运动，支持母乳喂养，反对奶粉喂养，还倡导合理配给基本药物。我钦佩他的领导能力，钦佩他有勇气规范婴儿食品厂和制药公司。看起来，到世卫组织工作是个正确的选择，而且时机刚刚好。

我还拿这件事跟曜华开了个玩笑，就算是三国贤哲诸葛亮也经不起汉家皇叔刘备三顾茅庐，最后还是接受了邀请，带领刘备的军队打了多场胜仗。

尽管我已下定决心接受世卫组织的工作，要告别儿基会，告别我事业起步发展的地方，我的心中依然非常不舍。我在儿基会贡献了我的全部力量——引进发展传播学、开展合作制片、让亲善大使的团队制度化、扩充新闻司的队伍、发动宣传倡导、推动并支持国际儿童年的工作。

到了1980年，儿基会已经成了在多个国家家喻户晓的名词，大部分辞典中都收录了这个词条。

缺勤的父亲

在纽约儿基会总部工作的那些年里，我也并非只顾工作，不顾家庭。不过曜华也许会不同意我的说法。我的妻子尽职尽责，是中国传统的贤妻良母，不时抱怨我总不在家，总在办公室加班。的确，我的孩子们也都赞同曜华的批评，这两个孩子一有机会就提醒我，我是个缺勤的老爸！

我们全家刚离开曼谷的时候，儿子劳伦斯才两岁多一点，主要说泰语，还会几个英文词。我与考尔德一同考察时，我的妻儿在伯克利生活，劳伦斯起了皮疹子，病得很厉害。医生诊断后，认为起疹子是因为劳伦斯想用泰语和邻居家的孩子交流，交流不成，产生了强烈的挫败感。吉纳维芙还比较能适应美国的生活，因为在曼谷时，她在英文学校上过两年学。实际上她可以在泰语、英语、粤语之间自由转换。她说粤语，是因为我家的厨师说粤语。凭着她与生俱来的好奇心，她还能听懂一些上海话。上海话是我和曜华的家乡话，我俩偶尔说几句。

来到纽约生活，我们先把吉纳维芙送进了公立学校，这样她可以与来自各个阶层的纽约人的孩子融合到一起。不过六个月后，她放学回家，

曼谷家庭生活

对总穿长衫的曜华说，"您为什么不像其他美国母亲那样打扮呢？"

我当时便意识到，该把她送进联合国子弟学校了。孩子们在那所学校可以平稳过渡，在融入美国生活的同时懂得欣赏自己的文化。吉纳维芙和劳伦斯在上大学之前，一直就在联合国的子弟学校上学。

贤内助曜华

前六年里，曜华一直是家里的司机，接送孩子上学放学。有一天，曜华又去接孩子，吉纳维芙提出异议："为什么我们不能像别的孩子一样乘公交回家？"孩子们的趋同心理很明显。曜华理解了，心想既然我们搬到了离联合国子弟学校很近的地方居住，那么他们可以坐公交。同时，曜华也开始了自己的职业生涯——起先在银行工作，后来在规模很大的大都会人寿保险公司工作。其总部离我们的公寓只有几个街区。

曜华情商很高，很快就从理赔部门升到了人力资源部门，短短几年里就升到了管理层。就算工作再忙，她依然是贤妻良母，随时都能麻利地做出体面的中餐，招待来访的儿基会地方工作人员享用。有时还有一些名流到家里共享美味，像是马龙·白兰度、彼得·乌斯季诺夫，或是凯特·斯蒂文斯。这些名流有时临近傍晚，也不提前打招呼就出现在我的办公室里。曜华在工作与家庭之间来回奔波,只为满足家庭的各种需求。

三百六十行,做家务并不算一行。不过我认为,能够处理好家务杂事,进行统筹规划,尤其是把厨房里的事做得井井有条,曜华当真是善于规划的供需主管。再说,曜华还要担起工作重担,从这点来看,她真的不仅仅是我的贤内助了。换句话说,她是非同一般的贤妻良母。要是没有她的支持,我绝不能将大量的时间精力投入到儿基会的事务当中。

我们有个小秘密,后来在家庭聚会时我才说出来——曜华帮我进行"前期检查"。我会拿出所有重要的备忘录和报告给曜华看,询问她的意见,我提出的新举措就更要给她过目了。她发现有表述不清的地方,我就尽量言明;她发现有语气过硬的地方,我就缓和一下。我相信她对常识事理的把握,这让我的各项事务都能平稳运行。

吉纳维芙和劳伦斯在联合国子弟学校读完十二年级后,分别进入塔夫茨大学和哥伦比亚大学读书。高中最后一年,二人都在康奈尔大学上了夏季预科班。

一辆车也能出车祸的奇事

有一次,在去康奈尔大学的路上发生了一场骇人的事故。我开着二手雪佛兰,忽然车在17号公路上打了个滑,翻到了路中间。一辆车也能发生事故,真是奇闻。当时下着小雨,方向盘打转,我忽然失去了控制,车就拐着弯地滑下了高速路。发生事故的时候,我车速适中,每小时只有55公里。幸好周围没有别的车。

曜华坐在副驾驶的位置上,撞碎了挡风玻璃。她昏迷了半个小时,头上有很多割伤。我爬出汽车,头晕得很,衣领破了,肋骨也骨折了。两个孩子在后排座上,身上有割伤,手臂和肋骨都有骨折。曜华说:"别担心,我们会平安无事的!"这是翻车之前我听到的最后一句话。

第十五章　加入世卫组织的工作

当即，两边路过的车辆都停了下来，路人都过来帮忙，拨打911报警。几分钟后，救护车和警车都赶到现场。就在事故现场，警察向我索要驾照，并将驾照扣下，他们也不顾我的伤痛，不考虑我取出钱包、再掏出驾照有多困难。他说，这是车祸，他得留记录。

救护车驶出17号公路，把我们送到了汉考克的一所医院。曜华直接被推进了手术室，等她醒来，头上缝了17针，才把左前额上的伤口处理好。在这家小医院里，我们四个人就占了整整一层的病房。

曜华还在手术室的时候，我在等候室里依然隐隐作痛，头晕虚弱。这时，一个交警让我签署证明，承认自己驾驶不谨慎，否则不给我驾照。原来，我签了这张证明就等于自称驾驶失误，这样就没法以路况不安全为名起诉当地政府了。

当时，我觉得大概是前面的卡车漏油，而我又开到了油上，才出了车祸。而且周围没有别的车，我的车速又不快。儿基会派出一个工作组来到汉考克，确保我们得到精心的照料。三天后，我们乘着救护车回到了纽约。

不久，保险公司便联系我，答应赔付车辆损失的费用。这辆雪佛兰被送到了垃圾站，无法再修。保险公司还让我为孩子们的伤情象征性地付一笔钱，因为孩子们可以因伤起诉我，而保险公司则要避免此类后续事件！美国社会就是这样喜欢起诉！

不过，一年后美国通用汽车公司召回一批雪佛兰，原因就是方向盘制动缺陷。当时，我们那辆车已经报废了，而我则打算重新调查事故原因。至少我心里清楚，并非因为我不安全驾驶才导致事故发生。要是算上发生在朝鲜半岛上临近前线的那次车祸，再算上我在加德满都临时换机，从尼泊尔航空公司转到印度航空公司，那么，这次车祸真是第三次险些丧命了。

离开儿基会前往世卫组织前，在儿基会总部与全司合影留念。

离开儿基会，开始新旅程

  马勒博士正式提出借调我到世卫组织的申请后，吉姆·格兰特表示挽留。他与他的首席助手，加拿大人玛吉·凯特利－卡尔森将我叫来，提出，如果我愿意等六个月，可以得到欧洲地区主任一职。尽管在各位司长看来，欧洲区主任这一职位是个嘉奖，但是我觉得在那个职位上，我做的事情与我之前一直在做的工作没有太大差别，区别就是不在纽约上班，而在日内瓦上班，而且还与项目司没有直接联系。但是儿基会的工作信息可都是在项目司定下来的。

  我最终接受了世卫组织卫生信息与科教普及司的工作。1982年6月底，我和曜华怀着沉重的心情登上了去往日内瓦的飞机。

第十五章 加入世卫组织的工作

去日内瓦就意味着曜华要终止自己在人力资源部门蒸蒸日上的事业了。她成了分工专家,还为大都会人寿做主要工资审核。我们的孩子都是纽约客,不,严格地说是曼哈顿人了。曜华说得对:我迫使她离开了自己的工作,自己的孩子,和舌头,就是说进入不熟悉的法语环境。

虽说我多次从纽约出发飞越大西洋来到日内瓦为儿基会办事,但1982年6月我和曜华同乘瑞士航班,却是不同的旅程。与我们同乘一架飞机的,有几位我的新闻领域的同事,他们要去欧洲参加一年一度的各国委员会会议。他们一路上开着玩笑,颇为友好,稍稍减轻了我离开儿基会新闻团队的遗憾。那个团队是我多年来建立起的。我很荣幸能够带领一支非常有才华的强大的班组,三个同事后来也成为部门

日内瓦世界卫生组织总部

主管,其中一人还被任命为管理人权事务的助理秘书长。

飞机钻出云层的一刹那,阿尔卑斯山博朗峰那白雪皑皑的山顶将我拉回现实,我要开始新的旅程了。

我和曜华婚后曾取道欧洲前往曼谷,与那时相比,日内瓦一切如旧。这个安宁又井井有条、风景如画的城市有二十五万人口,与纽约形成鲜明对比。纽约喧嚣异常,拥有至少八百万人口。日内瓦被夹在两条山脉之间,一个清清静静的小湖将市中心与外界的交通隔离开来。而纽约则受两条泥河的夹击,阴森的摩天大楼遮挡了阳光。至少三分之一的日内瓦居民都是衣着体面的外国公民,都是来此办理国际事务的。而在纽约,一百多万贫困的移民来此寻找发财的机会。在日内瓦街头,大家基本上都说法语。在纽约,人们说英语。要开始新生活,我们就得做出调整。

在日内瓦定居

在同事的帮助下,我们在日内瓦美丽的郊区,橡树园里,找了间宽敞的公寓。道路畅通,工作节奏适中,我不用参加午餐会时,就可以穿过日内瓦湖,回家吃饭。在交通拥堵的纽约,回家吃午饭是件无法想象的事情。曜华从搬家这件事上得到的补偿之一就是有机会同家人共进午餐。

可以想见,曜华并不精通法语,于是难以找到工作。她很怀念在工作环境中与朋友谈笑的情景,也很想念孩子们。我答应她,只要出差超过两周,就安排她随我同去。在余下的工作生涯中,我一直严格遵守这一诺言。

卫生信息与科教普及司

我被任命为司长的部门叫做公共卫生信息与科教普及司(IEH)。世卫组织第六个四年里,归我负责的大规模全球项目也叫公共卫生信息与科教普及（IEH）。我还负责在1984年到1989年的第七个国际项目周期里为世卫组织的IEH行动做准备工作。

IEH是由两个截然不同的部门融合而成的：规模稍大一点的是信息司，而科普教育司则规模较小。我在儿基会供职的那些年里要经常跟世卫组织打交道，于是就认识了信息司的大部分工作人员。我决定立即展开与卫生科普司同事们的合作，尽量让这个部门融入新的公共卫生信息与科普司。我希望能够减轻科普部门同事的不安，他们怕自己的工作隐没于信息部门的工作中。我向他们保证，媒体支持会为他们的工作注入新的活力，带来推助力，而这正是信息部门所擅长的。同时，我们要对信息部门的工作人员灌输这样的想法，他们的工作不仅仅在于打理世卫组织的公共关系，在各种工作计划的执行中，他们有实实在在的作用。

公众对卫生教育普及的看法

首要问题就是，提到"健康教育"一词时很容易让人产生误解，因为"教育"总让人联想到老师和学校。公众对健康教育的看法就是教授健康卫生课程，或者，在某些情况下，就是对保健员进行教育。实际上，健康教育的过程需要社区的群体参与，需要大家一起获取健康卫生问题的相关知识，这样，不论是民族、个人，还是群体，都能对自己的卫生健康问题作出知情决策。

由于健康教育需要公众的参与，这就跟发展传播差不多，需要我们与帮扶对象进行互动。我们对他们进行帮助，让他们有能力帮助自己。二者的目标都在于养成良好的卫生习惯。我与同事们展开讨论，试图找到扩展传播工具的方式，也就是在他们的职权内，运用各种各样的传播方式。

有人建议采取新的术语，比如用"健康传播"来表示施教者与大众之间的互动。这个建议被坚决抵制，因为该领域的业内人士将"健康教育"一词看得庄严神圣。不仅如此，其中一些业内人还坚持认为只有受过培训的卫生领域施教者才能开展健康教育活动。不过在我看来，这显然会弄巧成拙。只让专家承担知识普及工作，我们就把工作在第一线的卫生从业者排除在外了。而我们这项任务需要一个尽量大的网络，医生和护士都是可靠的信息来源。将这些每天与病人打交道的从业者排除在外，那可不行。

经过多次商讨，我们有了折中的方案。我们认识到需要广泛吸收从事健康教育的人员，不论是教员、社工、注册护士、医学博士，还是相关的家庭成员，只要他们宣传科学的、正确的信息就可以。换句话说，卫生健康知识普及员并不需要进行测试，也不需要证书。另一方面，我们也承认健康教育专家应在设计和引导科普活动中起主要作用。

大众传媒的作用和初级卫生保健

为了开展健康教育工作，我们需要更充分地利用大众传媒，不过只靠传媒并不会带来持续的行为变化。要产生有效的持续行为变化，人与人之间的教育正是一个重要因素。

幸运的是，世卫组织定于 1983 年召开国际会议，各大专家将出席，在初级卫生保健运动的背景下，为卫生教育制定新的方针。在阿拉木图会议的《初级卫生保健宣言》（1978 年）中曾特别列出了 PHC（初级卫生保健）的八项最基本要素，其中，"向公众普及卫生知识"居八项之中的首位。我来到日内瓦没多久，这个专家级会议便召开了。作为会议的主席，我借机阐明卫生教育的要义，阐明卫生教育者的角色，以及卫生教育专家的具体职责。在卫生教育活动中，大众传媒的作用越来越重要，二者的合作越来越顺利，这一点也得到了大家的认同。专家组的会议报告作为世卫组织文献发表，世界各国的卫生部长都以此指导卫生教育工作。

在联合国发展的第三个十年中，社区参与是工作重点。而这正是在"阿拉木图会议"的初级卫生保健活动中率先提出的。那时，阿拉木图（Alma Ata）还是苏联的大城市，后来更名为 Almaty，成为哈萨克斯坦首都。

PHC（初级卫生保健）是我负责的最重要的项目。为了惠及大量农村人口，拥有小学文化水平的社区卫生员经过培训，有能力处理常见的健康问题；在中国，他们被称为"赤脚医生"。遇到复杂病症，这些社区卫生员便移交给附近卫生中心的正规医务人员。在需要资格证书的医疗机构看来，初级卫生保健是一项革新之举，不易为人接受，不过这却是马勒博士所推崇的常识性做法，并在1978年意义重大的阿拉木图会议上得到国际社会的一致通过。

我还投入大量精力，试图将健康教育部门融入到公共信息部门当中，因为我坚信，就像我在儿基会做的那样，信息工作本可以，也应该支持项目的实施。我特意召开专家会议，讨论健康教育在初级卫生保健中的作用。我还坚持，在推动初级卫生保健工作当中，信息媒体应当是不可缺少的一部分。

我到任没多久就在都柏林召开的世界卫生教育大会上致辞。很多健康教育专员认为自己在发动大家养成良好的卫生习惯的健康教育工作中起着不可替代的作用。我了解他们的想法，便力劝他们敞开心胸，和卫生系统的其他人一道，为让社会群体参与进来而努力。

发起两项卫生运动

我在世界卫生组织的公共卫生信息与科普司任司长期间还发起了两项卫生运动：健康促进与学校健康教育。

美国人拉里·格林是著名的格林健康教育模式（即 Precede-Proceed 先行模式）的主创，也是世卫组织专家团成员。在20世纪80年代，格林认同，我们有必要在最高的政策层面上产生影响，以此来支持社区层面的工作。他用"健康促进"一词表达含义更广的工作方式。几乎同时,世卫组织欧洲地区健康教育顾问艾露娜·吉克布什呼吁,从生态学角度开展一个涵盖范围更广泛的科学方法。不过,"健康促进"一词是由欧洲办事处最先引进世卫组织的。在总干事的支持下,欧洲办事处曾围绕此议题多次召开会议。我曾参加过一次预备会议,欣然接受这个更为广泛的概念,并且鼓励大家将这个术语推上国际舞台。后来,从80年代末一直到2005年,世卫组织通过《渥太华宪章(世界第一届健康促进大会宣言)1986》向全世界发出呼吁,希望社会各界都参与到行动中来。

世卫组织推动健康促进,而在吉姆·格兰特的有力领导下,儿基会将项目传播进行扩展,提出"社会动员",二者异曲同工。

在第二个运动,即学校健康教育中,我起到的作用更为直接。我在健康教育上投入了更多的时间和精力,愈发觉得改变已经养成的行为习惯难上加难,而教育学龄儿童养成良好习惯就容易多了。所有的宗教团体都知道吸收年轻信徒的重要性。基督教的教会为教育儿童,办主日学校。伊斯兰教则办校教授《古兰经》。公共卫生事业怎么就不能从娃娃抓起呢?

在世卫组织的第三年,我们召开国际会议,讨论学校健康教育问题。会上,一篇题为《向十亿儿童普及健康教育知识》的报告敦促我们立即在全球范围内展开行动。很多国家对这篇报告产生了浓厚的兴趣。位于亚特兰大的美国疾病预防与控制中心打算齐心协力,落实报告中的各项建议。从过去到现在,我一直都觉得学校健康教育是公共卫生事业中最有价值的投入。

更好地利用媒体传播

一进世卫组织我就发现,担任项目总监的基本上都是著名的科学家,他们都不愿在公众面前曝光,不愿与所谓的"一般老百姓"交流,甚至还有人问我怎样才能避开媒体。这是因为科学工作者受的是研究型的训练，从未考虑如何有效地将信息传达给非专业人士。

实际上，我们培养的是科学工作者获取信息并且挖掘新知的能力，并不是分享信息的能力。现实是，那些迎合大众媒体的科学家总被批为"好出风头"。

我们曾收到一篇三百页的研究报告，其内容对于公共卫生事业将产生深远的影响。在发布这篇报告时，我们那些典型的科学工作者出身的工作人员要列出报告中的全部十五条建议。我不得不向大家解释，这样的方法不会在公众中达到预期效果，媒体在报道中找不到最重要的建议。

传播媒介越多，传播信息越多，关注范围就越小，所以我认为这些科学家应该从十五个条目里抽取三条最重要的建议，向媒体发布。虽然忽略其余的条目也许不符合科学精神，但是那三条主要的建议被采纳的可能就更大了。

大部分卫生部长都觉得自己是远离政治的技术人员，在内阁中排位靠后。这种态度恰恰体现他们满足感的减退。卫生问题在政治上非常重要；政治家通常都会建立一个平台，为公众提供良好的卫生服务。那我就要问问了，凭什么让卫生部长屈居次要位置呢？

我开办了一系列媒体研讨会，将卫生领域的工作领导和媒体聚集在一起。我还开办了一系列地区宣传研讨会，让世卫组织的工作人员认识到他们在卫生宣传工作中所起到的作用。如今，世卫组织的文件将倡导与宣传作为工作中的重点部分，这让我十分欣慰。

格兰特与马勒

1982年夏天，我离开儿基会的时候曾与吉姆·格兰特达成共识，决定1982年到1983年间的《世界儿童状况报告》将以营养状况为主题。但在儿童健康与营养方面，儿基会的工作并没有取得明显的进展，吉姆·格兰特感到沮丧，便在意大利科莫湖召开会议，请来一众公共卫生专家。会上提出了儿童生存与发展革命的工作计划，这为此后十年的公共卫生工作制定了框架。

1983年，儿基会开展了风风火火的儿童生存与发展革命，其中有四项具体工作：生长监测、口服补液盐、母乳喂养、接种疫苗（缩写GOBI）。不久之前，世卫组织正大力发展意义重大的阿拉木图会议所提倡的初级卫生保健体系，于是儿童生存与发展革命在世卫组织受到了怠慢。马勒博士在世界卫生大会上向代表们发言，让大家留意外界来的"降落伞"，在发展和完善卫生体系、从事初级卫生保健的同时不要受干扰，不要前功尽弃。

《纽约时报》隐约察觉两个联合国机构之间存在分歧，便打来电话，问我因何事产生冲突。我没有与马勒博士商议，只觉得如果分歧落到实处，并被宣扬出去，那么两个机构的工作都会受影响。我指出，自己刚从儿基会调到世卫组织，这显然说明双方协同合作，而儿童健康与营养是双方共同的工作目标。《纽约时报》记者便不再跟进有关分歧的报道了。

一直以来，世卫组织在各个项目中都有积极表现。的确，首先要说的是，世卫组织为这些项目提供技术引导，又是儿基会的合作伙伴。双方存在分歧是因为儿基会采取强有力的"垂直做法"或说设立单一目标，攻克特定疾病。这与世卫组织的"水平做法"相悖。世卫组织从体制入手，推进初级卫生保健。个性与自我意识无疑造成了一些分歧，不过原因主要在于两个迥然不同的组织有着不同的基本章程和不同的使命。

世卫组织与儿基会之间的相异之处

世卫组织是联合国体系中的一个专职部门，有自己的大会，而儿基会则属联合国秘书处下属机构，是在联合国大会上成立的。世卫组织的财政依靠政府捐款，会员国根据评估公式缴纳会费。儿基会的基金则是自愿捐助的，接受政府和个人的捐款，这就需要极高的曝光率，所以儿基会在新闻传播与媒体关系方面更为积极。

世卫组织中大多是科学工作者，习惯于根据可证实的凭据有条理地开展工作；而儿基会中大多是人道主义者和社会活动家，他们时刻准备着，也渴望立即行动起来，帮助毫无防御能力的儿童。科学工作者通常在研究中检验假想，在实验室的动物身上测试药物或疗法，然后再应用在人类身上。他们做事十分严谨，生怕踩过界，进入未知领域。儿基会的社会活动家则急切地想用新的药物和疗法解决老问题，尤其是面对下一代的问题更是如此。儿基会的官员大多是发展领域的专业人士，只想如何完成任务，不受更为审慎的科学思维所牵绊。

世卫组织与儿基会还有不同的预算体系，在做计划和执行计划时采取不同的做法，组织文化也大为不同。

世卫组织有六个地区办事处，由各个地区国家选出自己的区域主任。每个区域主任都有自己的势力，就算是总干事都要礼让三分，想要区域主任听从安排则必须以礼相待。地区办事处管理自己的预算和技术资源。由区域主任任命辖区内各国代表，这些代表当然要忠于自己的区域主任了。

从一开始，儿基会就很重视各个国家的能力。在70年代，儿基会决定削弱地区办事处的势力，将更多的权力移交给各国办事处。总体来讲，相较于世卫组织的各国办事处，儿基会代表团人员更多，预算也更多，能更加迅速地对于愈演愈烈的事态做出反应。

除了两个组织的地区办事处权力不同，世卫组织和儿基会的区域划分也不完全一致。于是在合作中要进行跨区域的协商讨论，这便拖延了合作进度。

《世界报》是法国很有影响力的日报，曾刊登有关世卫组织的文章，称其区域主任为"军阀"，有自己的封地。马勒博士曾半开玩笑地说："他们说世卫组织什么都明白，但是什么都不做。儿基会什么都不懂，但又什么都搀和。"这样的挖苦还真有那么点意思。

大体上看，儿基会与世卫组织之间的合作基本上很活跃。但与所有的合作关系一样，总会产生分歧，而且双方领导的自我意识也在某些情况下成了绊脚石。鉴于二者有如此不同的使命和体制，双方的合作已算相当成功了。就我个人来说，能与两个机构合作，我感到非常骄傲。

妥协与合作

世卫组织与儿基会之间的纷争之激烈，工作人员中流传的一张卡通画画得非常形象，格兰特与马勒领导着各自的项目，擦肩而过，却互不搭理！这两个人之间一定要建立对话！

美国国际开发署就口服补液盐问题在华盛顿特区召开国际会议，这下机会来了，双方领导还有我都在被邀请之列。我在华盛顿安排两位领导单独会面，散会的时候，他们达成共识——GOBI 是儿童生存与发展革命的四项基本工作：生长监测、口服补液盐、母乳喂养、免疫疗法行动是初级卫生保健运动的切入点。按理说，我应与世卫组织的意见保持一致，不过从实际行动上来说，我发现，整体地铺开来发展卫生体系，这个做法不现实。如果先开展一两个项目，像是免疫疗法或是口服补液盐，激起各位领导的兴趣，引起公众的无限遐想，也许更好。设计和计划这些行动的时候，可以将其作为广义的初级卫生保健运动的切入点。

实际上，世卫组织和儿基会一直都是完美的合作伙伴，彼此相辅相成。世卫组织谨慎小心，有条不紊；儿基会则总能迅速介入。在儿童的问题上，公众期待我们迅速做出反应。儿基会可以像施放烟花一样迅速获得人们的重视和支持，然后通过与世卫组织的合作，确保干预的好处能够持续。

第十五章 加入世卫组织的工作

最令人失望的计划

这是最令我失望的一个行动计划,我们曾夸下海口,若能完成这计划,便能大大推进世界公共卫生事业的发展。这一想法的发端始于一位名叫约瑟夫·威拉德的同事。他提议将奥运会作为世卫组织的代言人,就像是儿基会请来了丹尼·凯耶。奥委会的办公地点就设在洛桑,离世卫组织总部不远。我们立马着手开展这个计划,让我们既能借着奥运会进行宣传,普及卫生知识,同时又能让不同的竞技体育项目散发健康的光辉。

我们将这个项目命名为"卫生冠军"。国际奥委会代表"冠军",世卫组织代表"卫生"。我们打算开展"卫生冠军"跑步比赛,从日内瓦跑到洛桑。这场比赛就是我们这个为时二十四个月的项目的开幕仪式。二十四个月后,夏季奥运会就要在汉城开幕了。我们还要在各国开设"卫生冠军"委员会,成员为来自卫生、青少年、教育、社会福利和体育等相关部门的代表。这样一来,多个部门协作,为推动卫生事业建立委员会,便是开了先河,而且还会起草并更新卫生事业的章程。这个项目还会在地区的奥运会赛事选拔中起到作用,把地区冠军视作乐于承担健康教育和促进行动的人。

国际奥委会主席安东尼奥·萨马兰奇与世卫组织管理层会面,还受邀在世界卫生大会上宣布双方的合作。在1988年的汉城奥运会上,世卫组织总干事要向萨马兰奇提交改动后的卫生宪章。奥运冠军也要签署文件,在进行其国内,或者地区内,甚或是全球旅行时,宣传卫生宪章上对于各种卫生问题的具体信息。世卫组织和卫生问题将会成为奥运会开幕式中的一部分。整个开幕式要在所有电视网络上转播,而世界上一半人民都会看到这个节目。

但是,科学工作者的严谨思维为计划设置了很多障碍。起先,有人担心起草新卫生宪章的相关事宜。法务部门问道,产生世界卫生组织的那个卫生宪章有什么问题呢？后来，各个项目的负责人坚称，就算卫生信息要写得简短易懂，那也必须得科学准确。而且，要是有些冠军行为不端，损害世卫组织的威信可怎么办呢？

一点一点地，这个计划便被砍掉了。我很沮丧：大家没有推进项目的热诚，也没有克服障碍的热诚。宣传工作靠的就是满满的热情，还有一些创业精神和冒险精神，不过世卫组织的文化中并没有这些元素。

1986年夏天我决定离开世卫组织的时候，世卫组织总部与国际奥委会之间只草草订立了行动计划。

继续为世卫组织工作

早早退休后，我与世卫组织的联系并没切断。

1986年到1987年的寒暑假，我对东地中海地区办事处做了短期访问，完成了一个让人愉快的任务。我在世卫组织总部的最后一年，作为公共卫生信息与科普司的司长主持了一个关于学校健康教育的国际会议，我在埃及的工作就是跟进学校健康教育。那篇名为《向十亿儿童普及健康知识》的报告就是东地中海地区办事处开展学校卫生初级教育大型项目的蓝图。

来自苏丹的欧默·苏里曼博士有前瞻性，有行动力。在他的指导下，东地中海地区办事处已经开设了一些课程。世卫组织让我辅佐苏里曼博士，并且组织专家撰写一套丛书，供老师讲授，并附上练习题。为了完成这个任务，我于1987年进行了两次短期访问。1988年，我和曜华又到埃及亚历山大小住了四个月。

我早已习惯了联合国系统内部的机构合作，鉴于联合国教科文组织和联合国儿基会都参与了合作，我便接受了这项任务。苏里曼博士将行动计划推进了一步，邀请伊斯兰教科文组织成为第四位合作伙伴。

工作中，同事之间会有意见分歧，但是从整体来看，专家组的工作非常顺利。学科数目要根据《阿拉木图宣言》中的初级卫生保健推行方法来决定。专家组里的教育家逐步完成初稿的准备工作。医学专家确保其中的科学知识严谨准确。

我坚持要开设一个课程，帮助孩子们甄别矛盾信息。他们会接触到多种信息来源，其中包括同学之间和数不胜数的媒体信息，遇到矛盾之处是不可避免的。

我还要求开设关于医患关系的课程，让孩子们做好准备，在面对医疗卫生领域的专业人士时，秉持平等原则。

在专业编辑的帮助下，我们编出了教材。这套教材有英文版和阿拉伯文版，有一本教师指导用书和一本教师课本。

1988年6月，世卫组织、联合国儿童基金会、联合国教科文组织以及伊斯兰教科文组织共同举办典礼，推广这套教材。我动用人脉，请儿基会中东和北非区域主任理查德·里德，和联合国教科文组织教育部门助理总干事千叶先生到开罗参加活动。这两位都是我在儿基会工作时的好友。我们还设法让联合国人口活动基金会与美国国际开发署为典礼提供支持。媒体报道铺天盖地。

这套教材可以从四个合作机构的网站上找到。我收到消息，包括巴基斯坦在内，至少东地中海地区的七个国家采纳了这套课程。一年后，儿基会在塞拉利昂的办事处请我到该地引进课程，为教师培训中心的教师开设研讨会。在尼日利亚也是如此，儿基会利用这套课程作为教育项目的辅助工作。1989年，我在中国的内蒙古处理儿基会健康教育事务，自治区的卫生厅希望了解这套教材，而后便制作了蒙语版本。

在盖西姆地区开展健康教育

为东地中海地区办事处工作时，除了推行学校健康教育计划，我还于1993年来到沙特阿拉伯的盖西姆地区，对健康教育培训工作进行评估。盖西姆是该国最保守的地区。

我主编的世卫学校健康教育课程教材。

在盖西姆地区推广新颖的健康教育计划要考虑严格的伊斯兰教义，尊重男女分开的风俗。由于当地没有女性指导员，我们就要从埃及请来女指导员，培训女教员，再由女教员向沙特阿拉伯妇女普及知识。这些教员极具行动力，全心投入，这让人叹服。不过我更推崇开设以培养技能为主的讲习班，对男女学生进行专业指导。总之，在当时的情形下，这项计划得到了长足发展。除了在省内的重点地区开设健康教育点，这项计划培训了包括护士、教师、志愿者在内的二百多位女性卫生工作者，让她们去做家访。

当地专门为我安排了一次课，在自由问答环节，这班女教员给我留下了深刻的印象。她们从头到脚都裹得严严实实，面纱开口处射出求知的目光，有些犀利的目光是穿过镜片射出来的。不过在长袍和宽松的裤子下面可以看到她们时尚的高跟鞋。尽管她们身着长袍，然而在我面前，她们的智慧咄咄逼人，有时还抛出非常尖锐的问题，回答我的提问也不避讳诸如生产和接生这样的敏感话题，答得相当直率，毫不犹豫。她们还为下一年制定了很好的工作计划。大家的英文都很流利。

盖西姆之行真让我大开眼界。机场公路沿途都是大农场，农场里用自动洒水机浇灌麦田。令人惊讶的是，田里并没有农民，现代机器完成了大部分农活。马来西亚和印度尼西亚这样的现代化穆斯林国家与沙特阿拉伯这样的保守国家天差地别。沙特妇女没有选举权，不能开车上路。在盖西姆首府布赖代，因为来自麦加的警察局长新娘坐在了副驾驶的位置上，宗教监督提出了批评。一位联合国女性顾问坐在酒店大厅里，被人指控在街上闲逛。

不过，此行中，我受到了当地卫生部门的热情礼遇，尊贵的费沙尔·本·班达·本·阿卜杜勒·阿齐兹王子殿下送给我一个香几，盖西姆卫生厅厅长塔拉勒·本·侯赛因－贝亚利博士送给我一套古兰经磁带。

1 在世卫组织接待客人，右为中国籍世卫组织助理总干事陆如山博士，也是圣约翰校友。
2 会晤中国卫生部部长陈敏章。

【第十六章】

中国同胞和我的访华经历

儿基会秘书处里的中国专家也就寥寥几位。作为联合国的下属单位，儿基会从联合国总部秘书处的中国事务部门那里接收文件。而世卫组织有自己的中国翻译事务部，各个部门又都有几位中国专家。

大约我刚被任命的时候，中国政府的医学科学家、专门研究核辐射对人体影响的陆如山博士成了五位助理总干事中的一员。陆博士待人友好，是宁波人，也曾在圣约翰大学就读，比我高几届。他曾是在学校里工作的中共地下党员，所以新中国成立之前他就是老干部了。陆博士的妻子吴旷云女士是微生物学家，也毕业于圣约翰大学，在其研究领域享有国际地位。

职业公务员与政府任命者

陆博士尽职尽责，为马勒博士工作了将近六年。他是出于政治考虑而任命的官员，是由中国政府提名的，而我是自己加入联合国的，我的职业是国际公务员。进入联合国工作几年后，联合国与我签订了长期合同。在世卫组织工作一段时间之后，陆博士回到北京，成为医学情报研究所所长。他在该岗位上工作出色，直到八十多岁才退休。我们一直保持着友谊。每次来北京我都与陆氏夫妇小聚，回忆过去我们一起在世卫组织的时光。

在日内瓦，我们定期与世卫组织执行委员会和大会的中国代表见面。通常情况下，中国代表团团长都是卫生部部长。我们热烈欢迎来访高官，包括颇有威严的中医崔月犁，还有不拘小节的部长陈敏章。陈部长来自上海，是一位癌症专家。召开世界卫生大会时，他们都与随从一起来过我在橡树巷的寒舍共进晚餐。

世界真小

这里还有两位中国口译员：法语翻译刘培龙和英语翻译吴国高。两人都从上海来，把握问题的能力很强，同声传译的时候从容泰然。两人后来在美国的约翰霍普金斯大学拿到了硕士学位。该校以国际公共卫生等领域的卓越成就而闻名，于是两位翻译很快便在卫生部获得升迁。后来，刘培龙当上了卫生部国际合作司司长，而后又被世界卫生组织总干事、韩国人李钟郁任命为助理总干事。吴也平步青云，成为国际组织部的处长，还加入了世卫组织的西太平洋地区办事处，处理外部事务。

在设于马尼拉的世卫组织西太平洋地区办事处里，中国人占据了几个职位。刘锡荣医生是公共卫生专家，也是上海人，在项目管理部门的重要职位上做主管，也是地区办事处的二把手。刘曾作为国际合作司司长在卫生部供职多年，到马尼拉就职之前，曾在世卫组织执行委员会工作过。这位来自上海的主任言谈爽直。他曾在圣方济各·沙勿略学院就读。我正是在那所学校打下了英语基础，不过比他早几届。

在儿基会工作的那些年里，我几乎不用中文，更不要说上海话了，只是偶尔在家才说说。没想到，能在世卫组织里结识那么多上海朋友。中文俏皮话，混着广东话、普通话、上海话，这让我们的交谈更有趣味。能在日内瓦结识他们，找到同胞，真应了那句话，"世界真小！"

为世卫第一次访问中国

世卫组织曾为了两个项目将我和曜华派到中国。

第一次是在 1983 年，我们受到世卫组织西太平洋地区办事处的负责人中岛博士的邀请，来为中国的卫生教育活动提供支持。第二次是在 1986 年，我们来此检验并见证世卫组织的《世界卫生》杂志与卫生部核心刊物《健康报》的合作成果，而且还要验收健康教育的进展。

从广州出发，中岛博士和我一同参观了很多卫生设施，讨论了初级卫生保健的发展状况。中岛博士对减少上呼吸道感染的措施十分感兴趣，其实上呼吸道感染就是因炉子不设烟囱而人们吸入浓烟引起的。西太地区办事处的主任继续向西，而我则前往北京，为中国的健康教育状况做深入调查。

中国政府在传播卫生信息方面有很长的历史，往往通过一劳永逸的做法，或是用传统的宣传方法将信息传播给大众。全国爱国卫生运动委员会就是个多部门参与工作的机构，由国务院直接领导。20 世纪 50 年代初刚刚成立时，周恩来总理亲自任主任，并由卫生部部长任秘书长。"爱卫会"的工作网覆盖全国省、市、县等各级政府。每一级别，至少任命一位副行政首长作为地方"爱卫会"主任。

从组织结构上来讲，中国为推进卫生教育活动设立了很好的工作体系，这一体系令别国眼红。"爱卫会"在很多活动中工作出色，例如杀灭害虫蚊蝇的行动，以及在农村地区提供水资源和卫生服务等活动。

几十万卫生员做起了教育工作。其中的大部分人遵从传统方式，进行直接宣传，有时进行劝诫，有时则打出朗朗上口一二三编号的标语。健康教育宣传墙展出一些文章和图片，这种做法很普遍，在学校里、公共汽车站、办公楼前都可以见到。有时候，文章比较长，展报上就画个很好看的插图。这样的展览宣传效果很好，尤其是在 20 世纪 60 年代，物资稀缺，印发的资料相对较少。公众也通过官方广播或者电视节目来了解最新的公共卫生运动。

当时的社会正进行着经济改革,新兴报刊百花齐放,多个广播电台和电视台播放节目,这些墙报则须竭力争取大众的关注。不过,到了80年代,墙报还是随处可见的。在成都的一个市场里有一张非常有冲击力、非常形象的海报,展示了粒性结膜炎的危害,提示大家用干净的毛巾。在卖毯子和毛巾的摊位,这张海报就挂在收银台上方,六英尺高的地方,但顾客无法看清上面的文字,不能理解粒性结膜炎和公用毛巾之间有何关联。

我看到卫生宣传员的热情投入,心里暖暖的。到处可见色彩鲜艳的宣传资料,显然,作家和画家用艺术的手法进行了阐释。但是没有人组织他们进行调查,大众是否能够理解那些宣传材料。没有人受过培训,不知道如何掌控并评价那些宣传作品。

第二次来访

我第二次为世卫组织访华是在1986年。当时我来北京商讨是否能出版中文版的《世界卫生》,这是世卫组织的核心期刊。但是考虑到预算有限,我不打算做小规模的中文版期刊。卫生部的《健康报》发行量很大,不如让《健康报》隔月刊发《世界卫生》版面。来华期间,我与《健康报》的磋商非常顺利。

世卫组织在前三年里提供资料和经济上的支持,之后由《健康报》独立工作。在其主编的要求下,我还为《健康报》提供预算,让其买了第一辆公车。我还安排刘哲宣副主编来日内瓦学习两周,看看《世界卫生》是怎样运作的。其实刘副主编也是圣约翰大学的毕业生,他大一时还跟我和其他四个学生在一个寝室住了一个学期呢。

云南之行中,我发现当地的健康教育部门干劲十足。部门领导是个雄心勃勃的外科医生,对于录制影片很感兴趣。我看了样片,那些镜头都很业余,电视台大概是不会播出的。我悄悄劝他,让专业人员来制作,但是他要么没听见,要么就是不想听这样的建议。

卫生专家学着利用传媒手段达到工作目标,这很好,但如果他们自己想要成为"好莱坞"级别的制片人,那就犯了致命错误。

每次与卫生部门领导见面,我都规劝他们,不要把自己宝贵的资源浪费在购买贵重的装备上,也不要浪费在自己安装生产设备上。一则,没受过正规训练的医生和护士造不出能真正投入使用的设备。反过来说,媒体若想编辑健康教育材料,也离不开卫生专家的技术支持。这里也体现了儿基会的合作原则。

不管怎样,卫生部门保养贵重的生产设备,只偶尔使用,而且过不了几年设备很快就过时,这样做非常不划算。专业的媒体制作组让仪器一直运转,因为他们的工作就是一直在工作室里忙忙碌碌,为了生存,他们必须要更新设备。我承认,与卫生部门领导为此事争论时,我可能没那么有说服力,因为一个部门,尤其是一个新开设的部门迫切希望拥有自己的设备。扛起摄像机,参与制作,这种诱惑不可抵挡。

一年来华两次

1989年,我跟进了两项儿基会工作项目,来到中国推进健康教育。年初,我跟随第一个项目组来到福建省的边远地区。我的儿基会陪同官员就来自省会福州。我祖父曾在福州的德国公司当买办,不过我父亲常去的地方都无迹可寻了,像是由凌氏所有的葡萄牙剧院,还有父亲就读的三一学院,全都不见了。

跟沿海地区的其他省会相比,当时的福州非常落后。冬天又冷又潮,简陋的饭店里也没有暖气。我和曜华都发烧了。所以工作结束时,我们很高兴能回到北京休养休养。

1989年再次来华是5月中旬,当时北京形势比较紧张。我反复询问儿基会北京办事处,现在来北京做顾问工作是否"方便"。对方保证说,事态已经得到控制。

来北京的路上,我们在上海短暂停留。社会非常稳定,于是我们便劝女儿女婿带上外孙克里斯蒂安来上海见见曜华年过九旬的祖父母。当时女儿一家正在香港度假。

我们拍了张五世同堂的全家福，这便是中国家庭中最宝贵的财富了。曜华的祖父母颐养天年。1999年的《上海日报》还在首页上登了二老庆贺第八十个结婚纪念日的专访呢。曜华的祖母享年104岁。后来他们住了几十年的老房子要夷为平地，为新的建筑项目腾出土地。曜华的祖父非常愤怒，抱怨道："要是搬走了，天上的爱妻可就不好找我了！"一年之后，地产项目动工之前，曜华的祖父便去了，享年105岁。

到了北京，我们发现整个城市都很平静。我们参加了一个外事晚宴，外籍官员都认为学生们要回家了。

5月底，我们前往内蒙古自治区首府呼和浩特。负责健康教育的蒙古族官员干劲十足，对于新的方法和更为科学的做法非常期待。全国"爱卫会"的负责人是个很有悟性的宣传员，背后有地方官员的大力支持。他们很快就理解了小学健康教育的要义，一年后就将世卫组织、儿基会、联合国教科文组织合力编撰的学校卫生教材译成中文，投入使用。这套教材就是我为世卫组织东地中海地区办事处工作时帮助编写的。

在呼和浩特，我们进行了初步讨论，又参观了一些卫生中心。之后我们便得到消息，天安门广场发生骚乱。政府官员向我们保证，一切都会归于平静的。政府官员让我们前往工业城市包头，再从包头坐一小时车，到一个村子里视察初级健康教育状况。

去包头的路上，蒙古陪同给我们耐心讲解稳定对于国家的重要性。我了解这位陪同的观点，中国需要避免动乱，维持稳定。

按照最初定下的行程，本来应该从包头飞北京。我们打算按照这个安排，开车回包头乘飞机。但是车在沙丘上抛锚了。

到了北京机场，街上已经没有进城的公交车了。好在我们住的假日酒店在市郊，我们包了一辆大轿车。

第十六章　中国同胞和我的访华经历

天刚亮，我们就给儿基会办事处打电话。对方告诉我们，所有联合国工作人员都要到昆仑饭店集合。我们便按照指示，搭乘酒店的出租车，从假日酒店出发，不一会儿就到了昆仑饭店。我们刚在卧房安顿好，就接到儿基会的电话，安排我们跟世界银行的工作团一起去机场，中午飞离北京。

我们上了大巴，车两边都盖着联合国的大旗，驶向机场。

飞机很快就到了东京，我们在飞机上享用了不错的工作餐。下飞机时，无数相机正等着我们，闪光灯几乎要把我们闪瞎了。曜华小声对我说："飞机上肯定有大人物。"后来才发现，我们就是闪光灯要捕捉的对象！

上海，1989年5月全家来华，五世同堂照片。老者为夫人的爷爷奶奶，小孩是我的长孙。

⟨269⟩

任职杜兰大学。在2003年杜兰大学毕业典礼为新的公共卫生博士盖博士罩。

【第十七章】

进入学术界

学术界的魅力

我从小就很想当学者。毕竟,我的祖父是失意的儒生,四十多岁就退了休,在余下的人生中不断攀登学术高度,每日练字吟诗。

在斯坦福大学读研时,我对学术的兴趣越来越浓厚。从麦卡锡盲目反共的利弊到卖淫合法化的意义,研究生之间毫无拘束的头脑风暴不仅让人兴奋,而且非常有趣。奇尔顿·布什博士是斯坦福大学传播学院的创建人,韦伯·施拉姆博士是大众传媒领域的先驱。博士点刚设立时,这两位博士都认为我是不二人选。

完成硕士学位时,明尼苏达大学给我提供了一个读博的机会,有奖学金,专攻社会学,其中就包括传播学研究。但我认为社会学家过于热衷于对人类行为进行测评与预测,也似乎过于自信,便拒绝了这个机会。实际上,当时我对行为学和社会学有些怀疑。对于人类行为进行细致测评,做出精确预测,轻而易举地实施控制,我不能确定这是否可取。虽然我对此存疑,行为学却成了政界商界中不可缺少的一部分。如果我当初去明尼苏达大学读博,我就得离开儿基会,因为超过了离职进修的期限。若真如此,我会成为什么样的人,我的生活又会怎样呢?

几年后,韦伯给我提供了一个机会,让我在斯坦福大学读博士,专攻传播学。但我得挣钱养家。再说,辞掉儿基会那充满趣味、充满挑战的工作,这样的牺牲太大了。考虑到我的状况,韦伯也认同我的想法。读博这件事就搁置不提了。

我喜欢授课,喜欢与学生互动,这份浓厚的兴趣始于70年代中期。当时,我在女王大学和纽约市立大学的朋友问我是否愿意教授一门课程,讲广播比较课。这个朋友临时接受了一项工作,想要正儿八经地找人替工,时间却不允许。当时我管理儿基会的广播电视电影制作部门,在很多国家做过广播方面的调查,于是便欣然接受了这个机会。这个课程每周就上一个晚上,所以也不影响我在儿基会的工作。我还被任命为兼职助理教授。

选择大学教职

1981年休假时,我在斯坦福作为访问学者教授传播与发展课程,很受欢迎。我当时就想着,在联合国工作了35年,离开这个岗位去教课,这样的前景也很有吸引力。我在圣约翰大学、雪城大学、斯坦福大学这三所高校学过新闻学,再加上我当过多年记者,而且还是公共信息领域的专业人士,我认为自己还是有资格的。

我给很多开设新闻系的高校写了信,希望得到授课机会。位于卡本代尔的南伊利诺伊大学、位于厄尔巴索的德克萨斯大学、位于拉斐特的西南路易斯安那大学(已更名为路易斯安那大学拉斐特分校)都给我提供了工作岗位。有些学校希望更为细致地了解我的背景资料和人生经历,请我到学校面谈。华盛顿州一所严格遵守新教教义的大学认为我是一个新职位的不二人选,主要讲授科学技术对社会的影响。不过我表示自己倾向于神体一位论,我们之间的谈话便戛然而止了。

包括哥伦比亚大学师范学院在内的所有面试都没有明确结果。有些学校对我的背景产生了浓厚兴趣,希望在学校里给我找个合适的职位。西南路易斯安那大学新闻系主任保罗·贝尔福德教授非常热情。

他要去德国处理顾问事务，路上还特意来日内瓦见我。我很想接受德克萨斯的工作机会，不过鉴于贝尔福德教授亲自到访，我最终决定接受路易斯安那大学的邀请，成了传播学的客座教授。在日内瓦生活了这么多年，对我来说，拉斐特比厄尔巴索要亲切得多。因为拉斐特是个颇具法国风情的卡津地区，卡津人是在18世纪中叶加拿大法裔迁移到路易斯安那州的后裔，而厄尔巴索则是与墨西哥接壤的边境小镇。

拉斐特是个只有七万人口的小城市，位于路易斯安那中部一个名叫阿卡迪亚那的地区。历史上英法殖民者争夺新斯科舍省，法军战败后，法国籍加拿大人逃到阿卡迪亚那避难。路易斯安那州大概有40万卡津人，大部分都在阿卡迪亚那生活。领导飞虎队的克莱尔·陈纳德将军是路易斯安那州人。他是一个英雄，在抗日战争中他帮助羽翼未丰的中国空军和日本空军战斗。他的家庭可能与卡津有关。

在纽约这样的大都市和日内瓦这样的国际城市生活过，要适应拉斐特的生活绝非易事。在20世纪80年代，拉斐特没有什么与国际接轨的文化活动。当地有卡津音乐，用手风琴或小提琴演奏，旋律颇有乡村风格，还有深受蓝调影响的柴迪科音乐。当地有很多小龙虾、牡蛎，还有螃蟹。附近有沼泽地，再往东走一点就是巨大的阿查法拉亚盆地了，那里植物繁茂，鸟类众多，短吻鳄无处不在。

小镇的另一边是一大片住宅区，那里有很多漂亮的房子，草坪非常整洁。像很多城镇一样，购物中心从寸土寸金的小小城区移到了城市东边的约翰斯顿大道。这条路很宽，东西向，与连接路易斯安那首府巴吞鲁日与德克萨斯大城市休斯敦的十号州际公路平行。约翰斯顿大道上满是中小商场，这就是整个阿卡迪亚那地区的购物中心了。

路易斯安那大学本身就占据了一大片土地，校园风景非常宜人，种着高高的橡树和桉树，还有几个池塘。主楼是典型的南方建筑，优美华贵，一进门，走上面前的楼梯就是二楼了。这所学校的新闻系是全路易斯安那最大的，就在柏树塘边上，池塘里有一对短吻鳄，不时露露头,提醒学生它们的存在。系里开设的课程很全面,从言语交际到公共关系,从广播到平面媒体,一应俱全。作为客座教授,我认为我可以按照自己的想法开课。实则不然,我得与大家"协同合作",教授已有课程。也就是说,我一年总共得教六门课,或者说,一个学期三门课。

被卷入办公室政治,独具学界风格

除此之外,我还发现自己卷入了系里各势力的交火。那位前往日内瓦见我的教授在与公共关系部门主任竞争系主任时败下阵来,不再是系主任了。而那位公共关系部门主任竟然是学校副董的密友!背后中伤现象非常严重。我就是公共关系部的教员。落败的系主任把我招进系里,这使我难以博取部门同事的好感。而且路易斯安那州高校教员收入水平很低,前系主任给我开的工资明显高于部门主任。我来此任职之前没多久系里就招募新的系主任了。不过代理系主任对我很真诚,尽量满足我各种需求,只是没把办公室批给我。

我发现自己的办公区只是一个小隔间,没有窗子,只能放一张书桌和两把椅子。这跟我在世卫组织的办公环境差远了。那时我的办公室里有四扇窗户,能看到博朗峰的美景,外面还设有接待室,可供两位秘书工作。第一个学期很艰难,因为我要找个有家具的临时公寓,还要考驾照(初次参加考试,我和曜华都没能通过笔试),而且还得备课。所有这些事情都要在一周内完成。可以说,一到拉斐特我就跑跑颠颠地忙碌起来。

到了第二学期,我很享受与学生们的互动。他们中的很多人来自路易斯安那,只有少数几个外国人。学校里已经传开我有为国际社会服务的工作经验,于是我便成了一位很受欢迎的教员。我开设的国际传播和公共事务报告课特别受欢迎。当然,在部门主任面前,这并没有给我加分。部门主任在系里代表一股新势力,他自己也参加了下任

第十七章 进入学术界

系主任的选拔。第二学期结束之前,院长找到我,对我的出色工作表示祝贺,同时提供了两个选择,是再当一年客座教授,还是从1987年9月开始成为终生教员。我是学术界的新人,不明白这二者之间有何区别。不过,代理系主任和广播媒体部门主任劝我选择后者。于是我就选了后者。

那年夏天,我为儿基会做了些工作,回到路易斯安那大学后,发现系里的形势完全不同了。新上任的系主任占用新装修好的办公室。前任系主任的办公室略宽敞些,在拐角处,如今却成了人事部门主管的办公室。这种新的党派纷争让我有些不自在了。

新上任的系主任对我说,作为系里的终生教员,我得为系里做更多贡献。也就是说,我不能只教三门课,得教四门课。由于没有人教授摄影课,我便答应整理思路,利用我在儿基会的照片集,为新闻专业的学生开设一门关于新闻图片的摄影课。

当地的《广告人》并非新闻界特别优秀的报纸。报社记者采访了我,发表了一篇文章,介绍了我的国际公务员背景,还提到我和一些儿基会亲善大使有交情。院长恰好是凯特·斯蒂文斯的拥趸。他告诉我,他很高兴我与他心中的音乐英雄有私交。这显然让几位同事看不惯了。

到了11月,新主任和其党人决心重整系里风气,要孤立那些仗着终生教职不肯归顺的老家伙。我在国际组织的官场上混了几十年,尽可能地躲开办公室政治的矛头,不过现在却见证了一场内斗。之前我以为高级知识分子的世界如田园诗一般美好,而学术界野蛮原始的肉搏战真让我开了眼。

最终我决定放弃终生教职。我没有教满第二学年,决定尽快回纽约。新上任的系主任对我早早离任表示惋惜,不过我的离职恰好留出一个空位,让他组建自己的新团队。

最终加入杜兰大学

儿基会和世卫组织对我的顾问工作表示满意,希望继续合作。我相信自己还是有事可忙的。离开拉斐特之前,我接受了杜兰大学的邀请,要去公共卫生和热带医学院做访问。我当时还不知道,这次访问竟把我带上了一条不同寻常又充满乐趣的道路。向我发来邀请的是厄玛·赖特博士,她是个美国黑人,也是杜兰大学健康教育系的教员。她在亚特兰大的疾控中心(CDC)结识了我原来的同事,了解到我在世卫组织的工作。

她把我引荐给院长。而院长则刚从美国国际开发署得到一笔经费,要建立国际交流中心。一些黑人医学院希望扩大规模,开设国际公共卫生课程。建立一个配合这些黑人医学院的交流中心正是我们努力的方向。到杜兰大学的访问非常简短。我们就双方感兴趣的问题交换了意见,我简单地讲了讲世卫组织在卫生促进和健康教育问题上的新方针。

回到纽约,我访问了哥伦比亚大学,看看自己是否有机会修读博士学位。在50年代前期还没有传播学,我获得的新闻学硕士学位已经是这个领域的最高学位。实际上,到1958、1959年传播学才正式成为一个学科。

公共卫生学院不能接收我,因为哥伦比亚大学的健康教育课程设在师范学院。我与系里的两位教授交换意见后,他们对我说,我现在读博还不算太老,可以立刻着手准备。他们对我很感兴趣,希望我可以根据自己在卫生传播领域的工作经验开设一门课程。

校方请我当兼职教员,根据我在世卫组织的工作开课。作为兼职教员,有些课程我就不用交学费了。我欣然接受了这两条建议。根据我之前的教职,校方给我的兼职岗位相当于副教授级别。

作为教员,我发现读博并没有太大意义。不过我还是借机在师范学院选了门很有趣的课程,学习卫生与人类学之间的关系。

在哥伦比亚大学授课时，我那两门课的大纲都是基于过去的工作经历，如阿拉木图初级卫生保健运动，健康教育，还有我长期从事的卫生宣传工作。在健康教育课上，我基本参考我在日内瓦工作时，世卫组织刊发的《健康教育》一书。这些课程的教学效果很好，于是我在纽约城市大学的雷曼学院也开设了类似课程。能在雷曼学院任教得益于雪城大学校友莱恩利夫的帮助。他在雷曼学院当了十多年院长。

从1988年到1989年的一年半里，我在两所高校授课，还要到各地为儿基会和世卫组织做顾问工作。1988年，我在埃及亚历山大帮助完善学校健康教育课程的时候，收到杜兰大学发来的传真。校方请我申请国际交流中心主任一职。我立马抓住机会。正式的甄选工作持续了好几个月，到了1989年我才正式在杜兰大学办理入职。

Tulane University

Scott S. Cowen
President of the University

August 23, 2004

Jack C. S. Ling
School of Public Health and Tropical Medicine, SL-29
Tulane University
New Orleans, LA 70112

Dear Jack:

As the academic year ends, I want to take this opportunity to congratulate you on your recent promotion to Clinical Professor of Public Health Emeritus. This is a fine accomplishment and the university takes great pride in your scholarly achievements.

I want to add my congratulations to those I know you have received from your colleagues in the School of Public Health and Tropical Medicine, and I wish you all the best.

Sincerely,

Scott S. Cowen

SSC:rae

JACK C. S. LING INTERNATIONAL HEALTH AND DEVELOPMENT STUDENT SERVICE AWARD

This award is given to the student who demonstrates academic excellence and has provided service to the department faculty, staff and students during his/her tenure as a student. The award is named for Jack C. S. Ling, emeritus professor of public health. For nearly thirty years Professor Ling worked with UNICEF and WHO as a Director of Information and Communication planning and implementing WHO's global communication and education programs. At Tulane, Professor Ling was Director of Tulane's International Communication Enhancement Center and principal investigator for IDD Elimination Communication Projects, Global Social Mobilization Training, and the Child Survival Video Clearinghouse for UNICEF. He was a superb teacher and mentor for the masters' students and was a great resource for them as they embarked on their careers.

1
2

1 杜兰大学校长给我的贺信，祝贺我升任公共卫生终身荣誉教授。
2 杜兰大学设立以我的名字命名的"国际卫生与发展奖"的通告。

【第十八章】

任职杜兰大学，防治碘缺乏病

在杜兰大学的工作

我在杜兰大学开设了国际交流中心，从美国国际开发署获得启动经费。中心有十位学生工作，却为各个院系提供传播与交流方面的支持。做研究的学生和院系可以从小图书馆领取各种通讯材料。我们还发行了季刊。当然了，我还在交流中心里授课。为了填补外国学生训练的空白，我围绕"初级卫生保健"开了一门课。1978年，在影响深远的阿拉木图会议上，国际社会决定采取"初级卫生保健"的做法，开展"人人享有卫生保健"行动。这个行动需要卫生领域和发展领域的所有机构团结协作。这个主题基本上覆盖了我在儿基会和世卫组织的大部分工作。国际卫生和发展系还围绕卫生促进、媒体关系，以及健康宣传开设了新课程。这个系就是我施展才华的地方。

在中心的支持下，儿基会将推进社会动员的项目交由我负责。我们要通过调查研究，制定跨部门的课程，为在职的卫生官员和发展官员提供培训。社会动员是儿基会的一个行动策略，意图调动社会中所有相关部门的力量，将某一发展倡议落到实处。我着手推进发展传播，而后发展传播演化成社会动员。我成为这项工作的主要负责人。最初的社会动员课程通过了实践检验。从1993年到1996年，我们在夏季学期开设为期三个月的特别认证课程，有18个学分。近百人参加了学习。其中很多人回到家乡，在公共卫生培训机构中教授全部社会动员课程，或是其中的部分课程。至少有六个发展中国家从中受益。中心的另一项重要工作就是为国际防控碘缺乏病行动制定"传播重点"。这项任务是国际控制碘缺乏病理事会（ICCIDD）交给我们的。

此外，在杜兰大学任职期间，我还为世卫组织、美国国际开发署和儿基会等组织做过短期顾问工作，主要为卫生和发展项目提供服务。从中国到塞拉利昂，从沙特阿拉伯到南非，我在担任顾问的同时，走访了很多国家。我当了35年国际公务员，再加上当顾问的经历，基本上为联合国工作超过了半个世纪。

加入国际控制碘缺乏病理事会

1993年，儿基会在纽约为退休官员举办了一个小型的鸡尾酒会。在酒会上，我遇到了前儿基会南亚地区主任大卫·哈克斯顿。他是防控碘缺乏运动中的早期拥护者。在他的举荐下，我加入了国际控制碘缺乏病理事会。这是一个非政府性质的国际技术组织，其中的会员来自近百个国家。我很快便成了董事会传播及教育委员会的主任。

缺碘不是一种新的健康问题，它会导致甲状腺肿大，其临床表现就是颈部胀大。缺碘还会引发克汀病（呆小症），患此病者，身心发育迟缓。长期以来,食碘盐是预防甲状腺肿大和克汀病的有效措施。不过，在20世纪60、70年代，包括很多国际控制碘缺乏病理事会成员在内的内分泌学家掌握证据，证实缺碘对于婴儿大脑的损伤是不可逆转的，尤其是其最初的三年生活，包括胎儿期造成的伤害。就算是轻微缺碘都可能会使一个孩子的智商下降13个分值。据估算，1990年全世界有三分之二人口生活在碘缺乏地区。

这一数字彻底颠覆了人们对于碘缺乏病的认识。之前，人们认为碘缺乏病是地方性疾病，多见于山区，危害几万人的身体健康。后来医学家们认识到，碘缺乏病威胁着几亿人口的健康，尤其威胁着婴幼儿健康。这改变了碘缺乏病的性质和危害性，这不再只是一个地区性的健康问题，而是一个全国和全球性的威胁。也就是说，这不仅仅涉及人道问题和社会现实，这还会影响一个国家的人口素质，更会带来直接的经济损失。曾有一段时间，世卫组织将碘缺乏病作为地区性疾病，不做重点考虑，直到内分泌学家发现这种病会对儿童健康造成更大威胁，碘缺乏病才成了卫生工作的重点。

一直为儿童健康奔走的儿基会与世卫组织联手。在国际控制碘缺乏病理事会的敦促下，儿基会于1990年将这一问题带到了联合国主办的世界儿童峰会上。有效消除碘缺乏病被列为峰会宣言中的一项工作目标，而食碘盐也被定为防控这一疾病的最有效治疗手段。

国际控制碘缺乏病理事会（ICCIDD）成立于1985年，其使命就是防控这一古老病症。理事会中的大多数成员都是医学家。于是，内分泌学家的观念就渗透进整个机构里了。鉴于在1990年的世界儿童峰会上，抗击碘缺乏病已被列为可达到目标，ICCIDD就要加大工作力度，在国际抗击碘缺乏病的过程中起到一定作用。

在消除碘缺乏病的工作中，传媒与教育两方面工作对于激发政治意愿、争取政策支持有重要意义。不仅如此，在这场世界范围的运动中，推行这两方面工作还会让人们养成食用碘盐的习惯。不过在消除碘缺乏病的工作中，基本没人在行为学上花心思。国际控制碘缺乏病理事会需要从一个科学技术团体发展成一个有能力在国家层面提供服务的非政府组织，从而达到普及碘盐的目的。

为消除缺碘而努力

我在国际控制碘缺乏病理事会负责拓宽其工作领域，开展宣传工作、社区教育工作，还要鼓励公众改变行为习惯。

经董事会同意，我们在杜兰大学筹备"消除碘缺乏病的传播焦点中心"。在这里，我们收集可用的宣传资料和科普资料，定期刊发报告。

各国消除碘缺乏工作组都可以拿到这份报告。"焦点"提供有关碘缺乏病的各种基本信息，提供消除碘缺乏病国际项目的当前状况，回答公众对于碘缺乏病以及国际碘缺乏病理事会的常见问题，解释该理事会在国际消除碘缺乏病的工作中起到的作用。我们制作了碘缺乏病的科普卡片，还有国际控制碘缺乏病理事会咨询服务的小册子，将这些资料分发给会员和发展组织。

1995年，我们向董事会大胆提议，创建一个全球范围内的网络期刊，在国家层面监察工作进展，名字定为《消除缺碘倒计时》。当时横扫虚拟空间的网络浪潮还没到来，这个项目的投资需要20万美元，而且董事会成员还不大理解网络的力量。执行主任是一位杰出的比利时小儿内分泌学家，他告诉我，这个网络期刊会抢走秘书处的工作，而且创建网络所需要的预算比给他的预算还高。于是这位主任没有接受挑战，没有采取主动，也没有拓展业务，他只怕自己的工作职权会变小！

董事会原则上接受了这项提议，但是并没启动特别工作，为这个项目筹集必要资金。现在想想，在落实这项提议时的确会遇到困难，我们难以得到当地政府的支持。没有各国的支持，就没法真正落实这个项目。从各方面来说，这个想法都过于超前了。各国消除碘缺乏病工作组难以参与新计划的工作。

两年后，网络成了传播信息的常用手段，创建并运作网站的投入也落到了"焦点"可及的预算范围内。于是我们创建了一个消除碘缺乏病的交流网站，比理事会在弗吉尼亚大学办的官网早了20个月。后者是由国际控制碘缺乏病理事会的第二任秘书约翰·杜恩博士牵头开办的，这位博士就是弗吉尼亚大学医学院的教授。

每遇到一个转折点，我就试图把同事们的目光转到传播工作上来。1997年，在世卫组织和国际碘缺乏病理事会的支持下，我们在慕尼黑召开了特别会议。我在会上呼吁，光普及碘盐是不够的，我们得设法让大家都买碘盐，建立使用碘盐的习惯，这样才能防治碘缺乏病。

我在呈交慕尼黑大会的报告中写道，"防治碘缺乏病，我们要本着'布丁好不好，吃了才知道'的原则，要让公众食用碘盐"。我还详细说明如何才能让人们改变习惯，转而食用碘盐。

撰写消除碘缺乏症宣传指南

1998年，我决定撰写一个宣传及沟通指南，指导消除碘缺乏病的工作人员开展宣传沟通工作。为此，我找到了前儿基会同事辛西娅·里德－维尔斯坦，请她与我合作。我们曾在宣传项目中共事过。辛西娅是个年轻漂亮的女士。70年代中期，我为新的宣传部门招人时，她在康涅狄格州的一个公共广播电台工作，后来我就把她派到国外做实地工作了。

在尼泊尔的儿基会工作结束后，辛西娅就回到美国，在斯坦福大学完成了硕士学位。同时与一位体育记者结了婚，育有一女。不幸的是，辛西娅患了严重的风湿性关节炎，落下残疾。

我在帕洛阿图度过了一周，和她一起规划宣传指南的框架。看到辛西娅的状况，我非常伤感，同时心里又暖暖的。辛西娅坐在轮椅里，尽力跟家人一起过上正常的生活。她的丈夫是体育记者，女儿在加州大学伯克利分校读书。辛西娅得借用轮椅工作，她用脚趾和声音控制一个特别设计的电脑，就这样完成写作。

我和辛西娅借用网络和电话又合作了六个月。修改了很多次之后，我们终于在1998年完成定稿，将指南印了出来。第二年，这本指南被翻译成法语、西班牙语、汉语、俄语，还有葡萄牙语。后来，辛西娅勇敢地与乳癌作斗争，终在一年后去世。这个指南就是她最后的作品。在宣传网站上，我在英文版的指南上加了一句简短的话，向我亲爱的朋友和同事致敬。

国际控制碘缺乏病理事会内部分歧

国际碘缺乏病理事会迎来了它的第十五个年头，医学家和发展专家之间出现了分歧。巴兹尔·赫策尔博士是理事会的第二任主席，曾开设一门非常有远见的早期跨学科课程，还认识到碘盐的作用，将其作为消除碘缺乏病的重要手段。不过，有些医学家不大乐意接受那些盐商，并没有全心全意地把盐商当做是工作中的主要合作伙伴。理事会中占少数的发展专家则指出，在消除碘缺乏病的战斗中，若要在各国落实行动计划，盐商是起主要作用的人，因为他们负责生产并销售碘盐。

为了确保理事会得到大额捐款，科学家组提议动员刚刚建立的盖茨基金会给我们捐款。写提案时，他们并没有咨询发展专家。我做过公共卫生工作，于是便被临时请来，在提案中加了一章，阐述传播和社会动员。提交之前，我敦促撰写提案的工作组向儿基会咨询，并且将动员盐商的工作纳入考虑。儿基会与盖茨基金会在很多卫生问题上有密切的合作，其中就包括消除碘缺乏病。而且，我们还应定下计划，在2000年的世界盐业大会上动员盐商出力扶持。不过，科学家们没有听取我的建议，直接向基金会提交了提案。

事实证明，我让理事会同事向儿基会咨询的想法没有错。盖茨基金会拒绝了我们筹款两千万美元的提案，却让儿基会递交一份新的提案，将理事会在国家层面的作为纳入考虑。这让理事会的发展专家之间起了冲突。起草提案的工作组指出，董事会里有人破坏筹款工作。

从某种意义上讲，2000年的世界盐业大会加深了两个阵营的矛盾。有些人希望理事会能带头动员盐商；可是其他人在与企业打交道时则小心谨慎，而大部分盐商都是企业。理事会主席巴兹尔·赫策尔曾率先完成研究，分析了碘对大脑发育的作用，并创造了"碘缺乏病"一词。但他并没有参加动员主要盐商的准备工作。

Professor Jack C.S. Ling of the Department of International Health and Development, Tulane University School of Public Health and Tropical Medicine, has directed the school's International Communication Enhancement Center since 1989. A former director of information, education and communication for UNICEF(1972-1982) and WHO (1982-1986), he initiated development communication in UNICEF and introduced health advocacy in WHO.

Cynthia Reader-Wilstein, a consultant for international development agencies, served as a communication specialist for UNICEF in New York and Nepal. Her field experience includes surveying remote populations for iodine deficiency and training communication workers to design health education and advocacy materials for nutrition, immunization, water and environmental sanitation programs.

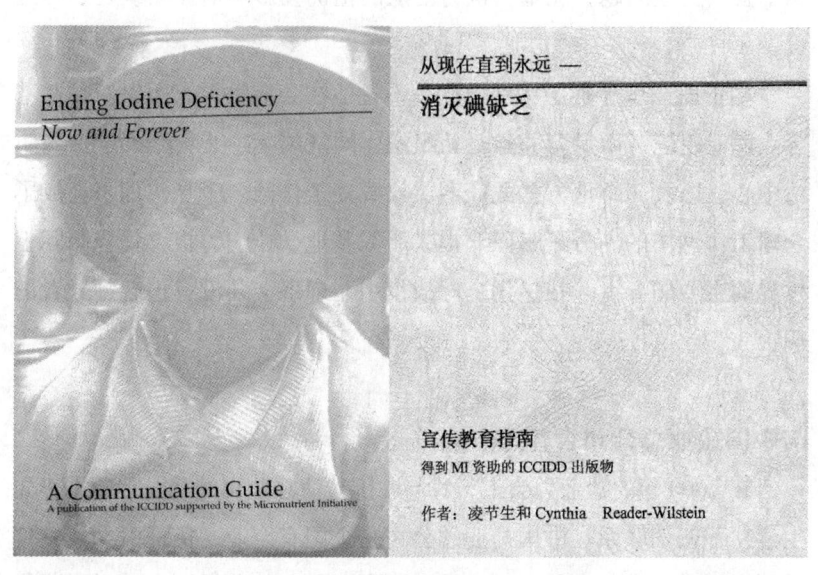

Ending Iodine Deficiency
Now and Forever

A Communication Guide
A publication of the ICCIDD supported by the Micronutrient Initiative

从现在直到永远 ——
消灭碘缺乏

宣传教育指南
得到 MI 资助的 ICCIDD 出版物

作者：凌节生和 Cynthia　Reader-Wilstein

与辛西娅合编的消除碘缺乏症宣传指南。该书出版了中、英、西、俄、葡等多种语言版本。

消除碘缺乏病的全球工作网

我们一直希望将所有致力于消除碘缺乏病的机构整合到一起，建立一个全球工作网。终于，在盐业大会结束时，我们召开了特别会议。会上，消除碘缺乏病工作中的主要国际机构，还有几个盐商会合在一起，定下全球工作网的基本工作框架。这项会议是由儿基会主办的，这让持保留意见的医学家感到不爽，他们觉得理事会还不够格，处理不了国家层面的问题，起不了主导作用。有一件事让科学家们非常苦恼，也惹急了儿基会的工作人员。那就是非洲碘缺乏病的老年患者食用碘盐的问题。很多人患了甲状腺机能亢进。这是一种临床疾病，但是不属于公共卫生问题。儿基会认为公众的担忧会影响消除碘缺乏病的进程。

尽管巴兹尔参加了特别会议，不过他在会上显得有所保留。儿基会、世卫组织、微量营养素行动组织、同济国际、艾莫利大学疾病防治中心，以及三个地方盐业商会决议成立工作网。于是，理事会成了全球工作网中的一分子，而非提供研究基地、拉响警报、集合国际卫生界的主要领导者。在这场全球战役中，理事会并没有担起领导者的职责。

与中国盐业总公司合作

在2000年的盐业大会上，我与中国盐业总公司的总经理董志华先生建立了密切联系。中国盐业总公司是个国有企业，负责引导并管制盐业。那次会上，董先生的助理注意到了我的传播指南。后来这位助理请我帮忙，在中盐和各大国际组织间搭桥。

在2000年的盐业大会上，董先生要应对很多媒体访问，一到伦敦就有记者采访，到了开会地海牙，还有很多采访。他需要帮助，于是我就自愿充当他的媒体顾问。会上，我还设法让中盐公司加入了盐业协会，也即国际盐商协会。并且，我还开始帮助董先生竞选国际控制

第十八章　任职杜兰大学，防治碘缺乏病

碘缺乏病理事会董事。

会前，尽管中国代表团已经订了房间，大家却没法在酒店入住。我便赶来帮忙。前台服务人员坚持说没有他们订房的记录，而酒店客房都订满了。后来才发现，前台服务人员搞错名字了。中文名字中，姓在前，名在后。而在西方，名在前，姓在后。

讨论中，董先生介绍了中国的消除碘缺乏病工作，解释了中盐在其中的作用，展示了极强的表达能力。他还告诉我，中国盐业有175,000个持证经营的零售商。鉴于中国的卫生教育者比较少，我向董先生建议，让中盐动员零售商，使其成为教育者。董先生愉快地接受了这个建议。这个做法后来竟成了中国消除碘缺乏病工作传播策略中的重点部分。

不情愿的候选人

由于理事会总部由澳大利亚转到了加拿大，在2000年的国际控制碘缺乏病理事会董事会上，依照新章程，我们要选出新的主席。巴兹尔的第二任期还没结束，他希望继续当主席。有些董事表示不满，推举我当候选人。我受宠若惊，不过言明，我们应该保持连贯性，让巴兹尔完成其三年任期。

为2001年的选举做准备时，巴兹尔提名吉拉德·巴罗博士为接替自己的候选人。巴罗博士曾任耶鲁大学医学院院长，是一位产科内分泌学家。我也是任命委员会中的一员，支持巴罗博士。董事会中，科学派和发展派之间的分化更严重了。竞选前夜，微量营养素行动组织主席、也是盐业工程师的文凯特什·马纳来到我的房间，对我说，他和几位领导希望提名我为下任主席的候选人。他说，如果不由我来弥合两个派系，理事会将会一分为二。他进一步解释道，我在公共卫生事业中资历很深，应该可以兼顾两个派系的工作。我犹豫了一下，坚定地告诉他，我并不想参加竞选，但是要是他能拿到足够的选票，我

倒也愿意领导这个组织。他回答道，已经为我赢取了足够多的选票。

第二天的选举陷入僵局，我和巴罗博士的前两轮投票结果是13比13，势均力敌。起草新章程的加拿大律师建议，让我们二人平级，都当主席。大多数人都反对这项提议。于是便进行了第三轮投票，我赢得了选举。为了弥合裂缝，首先我提议任命巴罗博士为副主席。董事会通过了这项提议。董事会秘书约翰·杜恩任执行干事。

这是我第一次执掌整个组织。对我来说，在很多事务上都是新挑战。理事会设有董事会、执行委员会、秘书处，还设有地区或亚地区合作部（共有10个，分布在世界各地）。组织内部成员中共有700位专家，涉及各个领域，其中大部分人都是内分泌专家和营养专家。世卫组织授予理事会官方咨商地位，理事会还得到了儿基会的认可作为一个合作伙伴一起工作。

把工作开展起来

此前，董事会开展管理方面的研究，希望让理事会更加适应发展环境的变化。这项研究由玛吉·凯特利-卡尔森负责。她是一位杰出的加拿大公务员，对联合国很了解，曾任儿基会副执行干事。卡尔森发现，机构内部不够透明，机构之间缺少沟通。通过这项研究，一个问题浮出了水面，国际控制碘缺乏病理事会应该继续保持科研机构的本质，还是成为以发展和行动为主导的机构。

很明显，我迎来的第一个挑战就是让理事会转到发展学方向上去，同时又不能失去组织内部内分泌学家的支持。这项任务非常艰难，不断地挑战我的忍耐力。让理事会转变工作方向并不是一蹴而就的事。不过董事会决定的方向很明确。而且我开始强调实地工作，到各国去支持消除碘缺乏病工作。新上任的执行干事约翰·杜恩博士接受了新的工作方向，不过他一直都是认认真真的科学工作者，必须得进行调整才能适应新的发展方向。

我意识到，自己还得落实凯特利-卡尔森在管理研究中提到的诸多意见。我与执行委员会至少开了四次定期会议，并将会议纪要发给了各位董事。我每年给各位董事写五本备忘录，汇报最近的活动，并且坦言我的忧虑。我还希望他们做出回应。除此之外，我扩大了执行委员会，提拔了董事会常务委员会中的四个成员，将他们从没有投票权的会员升为正式成员。我还大幅砍掉各办公室的经费，其中就包括主席和执行干事的办公室，并且不许理事会官员和工作人员乘公务舱出行，就算是远途出差也不行。

各个组织都不能忽略筹款工作，我也开始了这项工作。首先我们重新得到了荷兰政府的支持，有了三年的活动经费。我们还跟进盖茨基金会捐给儿基会的一千五百万美元，约定其中的一百五十万美元由理事会支配，只用于理事会对各国的援助。

盖茨通过联合国儿童基金会授予了很大份额到了中国。在全球 IDD 战争中，中国被公认为占据重要的位置，是举足轻重的国家；如果中国失败，碘缺乏的战斗目标就永远不会达到。因此，作为重中之重，我在中国投入了相当大的努力。

很明显，与碘缺乏病斗争了十年后，其他更为紧迫的卫生问题又登上舞台，我们对碘缺乏病的关注也逐渐减弱。新的流行病如艾滋病、禽流感等造成几百万人死亡。包括疟疾和肺结核在内的古老疾病重新得到公众关注。关注那些未竟的事业，比如免疫行动和其他 GOBI 项目亟需关注。

初步成功和困难依旧

从各方面来说，全球消除碘缺乏病的斗争收效很大。1990 年，全世界只有 30% 人口食用碘盐，十年里，食用碘盐的人数翻了一倍。全世界约三分之二的人口得到了保护，食用碘盐的人数增加了 20 亿。

中国的消除碘缺乏病工作获得成功，消费碘盐的家庭超过了 95%。

作为世界上人口最多的国家，中国取得了巨大进展，引领大家向着全球目标迈进。我多次以儿基会顾问的身份访华，与中盐一起解决贫困地区的问题。作为国际控制碘缺乏病理事会主席，我还直接致信朱镕基总理，向他坦言海南省有些小盐商制无碘盐。这封信引起了大家的关注，从朱总理到卫生部，大家全都行动起来。这可能是食品加工业中，为促进公众健康所做的最大调整，也是市场扩张中规模最大的一次。不过，工作进展停滞不前，出现了更多挑战。

做事的时候总是会先完成简单的部分，困难的部分依然有待解决。消除碘缺乏病的斗争也是如此。世界上还有三分之一的人口没有食用碘盐，这些人非常贫穷，基本没受过教育，生活窘困，居住在发展中国家边远贫困的地区。就是这些人最需要食用碘盐，确保其子女的健康成长。如果他们的子女没有受到相应的保护，使得学习能力降低，那么就更加难以摆脱贫困了。这就需要我们振作起来，坚持不懈地推进工作。

要改变长期养成的习惯，破除文化模式，这比想象的要难。即便是在发展界，很多人都没有充分意识到，消除碘缺乏病需要公众建立起长期的饮食习惯。如果不能长期食用碘盐，摄入少量碘，碘缺乏病就会卷土重来，就像是太阳照常升起一样。

即便是在食用碘盐率较高的地区也出现了滑坡迹象，因为人们并没有真正理解碘缺乏病的实质。实际上，很多宣称食用碘盐率超过90%的国家，受到世卫组织表扬的国家，在一两年后，食用碘盐率也下降到70%以下。

作为国际控制碘缺乏病理事会主席，我有责任警示世人，大家对这项工作的热情减淡了，而前路依旧坎坷。对于全球计划的经济支持也开始跟不上了，不光是理事会缺少行动经费，儿基会也不例外。可是，儿基会正管理着全球最大的实地工作网络，并且为各国提供援助啊。

2002年5月，各国领导人在纽约参加联合国大会的特别会议，讨论儿童问题，回顾1990年峰会上提出的目标，各位领导肯定了工作中的进展，也认识到还有很多未竟之事，于是重新制定计划，预计于2005年达到目标。会议决定建立官方的全球工作网络，为消除碘缺乏病建立一个大联盟，将各个致力于此的组织吸收进来。

离实现新目标只剩下两年半了。世界上三分之一人口依然没得到保护，每年至少有两千万新生儿面临着脑损伤的威胁，其中绝大部分都是来自欠发达地区的贫困人口。要把特别会议上的决策转化为行动，我们得立即跟进此事。

在北京召开消除碘缺乏病部长级会议

2002年夏天，我提出一个想法，让中国举办一个国际部长级会议，呼吁各国重振这个全球项目，着重关注遗留下来的挑战。中国是个成功范例。我们在中国召开会议是为了给大家提供一个特别的机会，让各国交流经验，同时还可以让中国加大力度，达到普及碘盐的目的。在这个全球人口最多的国家，就算是5%的缺口都意味着六千多万人口不吃碘盐，或者说，每年有一百多万个新生儿缺碘！

叶雷博士是个杰出的发展项目管理人，具有过硬的医学专业资质，时任儿基会卫生与营养项目在中国的主管。他很支持我的想法。我们将这一想法正式汇报给卫生部。谨慎思考之后，卫生部给出了积极的答复，不过有一个条件，那就是要由儿基会或者世卫组织这样的政府间组织向中国政府提出开会的请求。

我立即着手开展工作，确保儿基会参与进来。我在儿基会的人脉这时帮了大忙。儿基会东亚与太平洋地区办事处、儿基会纽约总部相继表示参与和支持，最后又获得了执行主任卡罗尔·贝拉米的首肯，并争取到她出席会议。

到了2003年春天，我们得到了儿基会的坚定支持，于是又找到卫生部，希望得到对方的正式支持。曾在80年代初来我家做过客的刘培龙已经成了卫生部国际合作司司长。他在卫生部的会议上对筹备这个大会的事表示赞同。我们便开始筹划准备工作。

"非典"干扰了大会的工作

正在我们为得到中方和儿基会的支持而雀跃之时，SARS，也就是一种新型病症在香港和中国南方爆发，并且迅速传播到其他亚洲国家，甚至传播到了美国和加拿大。当时没有治愈的方法。这个疾病在短期之内夺去了很多患者的生命。世卫组织发布旅行警告。一场流行病就这样凶猛而来。

2003年国际控制碘缺乏病理事会董事会要在泰国北部的清莱召开例会。我和曜华从北京到达曼谷，当局要求我们戴上口罩。我服从泰国卫生部的决定，在为期两天的董事会上一直戴着口罩发言。这次冠状病毒的传播为北京蒙上了一层阴影，由于迟报广东省的病例，北京成了争论的中心。所有要在北京举行的活动都搁置了。于是我们开大会的计划也进入假死状态。

在那几个月里，中国的卫生部门一直都忙于抗击这新的传染病。到了7月前后，患者数目降了下来，世卫组织取消了旅游警告。我们接着筹备大会，想着到了秋季总归还是要召开的。

2003年10月15日至17日，大会终于在北京召开。中华人民共和国副总理、卫生部部长吴仪女士在开幕式上热情讲话。在她后面讲话的是儿基会执行主任卡罗尔·贝拉米，世卫组织助理总干事凯瑟琳·拉盖里－加缪，莫顿盐业的沃尔特·贝基，以及来自同济国际的胡安·托雷斯。联合国秘书长科菲·安南发来祝贺。

有30个国家回应了会议邀请，其中大多是亚洲国家，有19位与会者为部长。将近300位代表参加这个规模最大的国际论坛，聚焦碘缺乏病，其中有来自联合国的代表、双边捐助者、各国政策制定者、盐商，还有来自学术研究所的专家。

2003年防治碘缺乏病北京大会。

在人民大会堂，我作为司仪，主持开幕式，统筹各个技术讨论分会场，并在闭幕式上宣读"北京共识"。"北京共识"声明列出的下一步计划得到了与会者的赞同。出席会议的政府代表与发展机构代表再次表示，坚守承诺，争取达到2005年的目标。

会议本身非常成功。与会者之间相互称赞，对于会议的圆满结束，互致庆贺。我心里清楚，基本上在所有会议上，与会者对于会议结果都非常满意，而对会议决议的执行则是另一回事。所以我不断重申，回国后就要遵循"北京共识"的内容。这个会议是否有意义就在于实际行动是否有效。

在后来的全球工作网络董事会上，同事们热情称赞我在北京大会上的贡献。对我来说，这真是个惊喜。大会的闭幕讲话里也提到了我的贡献，包括酝酿、筹备和指导。

北京会议不仅为类似的地区会议开了先河，而且还成为这类会议准备工作和指导工作的样板。2004年儿基会和国际碘缺乏病理事会再次联手，在全球工作网络的支持下，在秘鲁利马组织了美洲地区消除碘缺乏病大会。一年后，又在达喀尔为西非国家召开了类似会议。

继续对抗碘缺乏病

我为理事会做的一件值得骄傲的事，就是通过世界卫生大会得到继续对抗碘缺乏病的决议。2005年的世界卫生大会上计划商讨一些重要的卫生问题。我意识到，碘缺乏病很容易被忽视，因为很多新问题需要处理，像是疟疾、艾滋病、非典，还有禽流感等。我认为必须达成新的决议，以确保继续抗击碘缺乏病，直到永远地消灭这个病。

有些国家支持包括消除碘缺乏病在内的微量元素行动，为首的便是加拿大，于是我联系了让·拉里维挨博士，希望能得到继续消除碘缺乏病的决议。让·拉里维挨博士是加拿大驻世卫组织代表团的高级顾问。我在世卫组织工作时就跟他成了朋友。他不但答应支持我的想法，还承诺争取广大世卫组织成员的赞成。这让我非常高兴。理事会的地区协调员可以得到辖区国的支持。我草拟了一份决议，交给加拿大代表团，希望可以定期审视这个问题。加拿大代表团修改后又给其他成员国传看。尽管我当时背痛得厉害，不过还是在1月前往日内瓦，参加了由34位成员组成的世卫组织执行董事会。在召开有194位成员参加的大会时，董事会提出讨论的焦点问题。加拿大代表团成功得到董事会的赞同，会在世界卫生大会上讨论碘缺乏病的问题。

5月份，我和埃杜阿多·布雷泰勒博士一起参加了世界卫生大会。我在会上代表理事会做了发言。布雷泰勒博士作为秘鲁代表团成员参加会议，可以发言。于是他在最后一分钟通过一项修正案要求"每三年"检查一次消除碘缺乏病的成果。二十多个代表团都同意决议，于是便一致通过了。尽管现在有了对抗碘缺乏病的长期工作框架，不过最重要的还是这些国家有何作为。因为包括消除碘缺乏病决议在内的联合国决议都不是强制性质的,要是世卫组织成员不服从决议,那么这些文件就要放在各位部长的书架上接灰尘了!

  我在2006年的新德里董事会上卸下了理事会主席的职务,不过继续担任名誉主席,掌管组织中的颁奖委员会。

联合国公务员的通行证

持證人係聯合國局長。依據聯合國特權及豁免公約第七條第二十七節之規定局長因聯合國公務旅行時享有外交使節所享有之同樣便利。

THE BEARER OF THIS LAISSEZ-PASSER IS A DIRECTOR AND UNDER SECTION 27, ARTICLE VII, OF THE CONVENTION ON THE PRIVILEGES AND IMMUNITIES OF THE UNITED NATIONS IS ENTITLED WHEN TRAVELLING ON THE BUSINESS OF THE UNITED NATIONS TO THE SAME FACILITIES AS ARE ACCORDED TO DIPLOMATIC ENVOYS.

附记
做一个国际公务员

联合国的诞生源于人们对第二次世界大战的恐惧。自从1945年建立到如今，联合国一直都在运转。不过有人指责联合国是个超级政府，凌驾于国家主权之上，这让我很惊愕。其实很多国家无视联合国的决议，只是联合国的投票决议的确会对各国产生国际社会的道德压力。联合国不过就是个试图解决常见问题的国家联盟。它只能做其成员国想做和要做的事。

联合国有六大主要机构,在纽约总部有五个：联合国大会（表决时,各成员国只能投一票）；安全理事会（由"二战"同盟国的五大国为常任理事国，这五国有否决权）；经济及社会理事会（与联合国所有机构开展合作）；托管理事会（专门处理殖民地自治化事务）；秘书处（由联合国秘书长领导）。第六个是设在荷兰海牙的国际法院。托管理事会已经完成了职责，于几年前停止运转，涉及托管领土的事务已全部移交联合国秘书处的下属机构管理。

联合国及其专门机构

联合国系统还设有很多专门机构，基本覆盖人类活动的方方面面，从邮政到贸易纠纷、知识产权纠纷，无所不包。处理邮政事务的是联合国最古老的成员机构，万国邮政联盟。该机构比联合国成立还要早

左上：与儿基会第一任执行主任莫里斯·佩特在一起。
右上：我陪同美国、秘鲁的两名中学生与第三任联合国秘书长吴丹见面。

很多年。处理贸易纠纷的是世界贸易组织。处理知识产权纠纷的是世界知识产权组织。这些机构都设有自己的大会，各国政府派代表商议工作范畴。

我曾在联合国儿童基金会和世界卫生组织任职。儿基会是由联合国大会投票产生的，是联合国系统中的一部分，而世卫组织则是联合国的专门机构，设有自己的世界卫生大会。不过，联合国与专门机构的人事制度是相同的。

人们普遍认为联合国工作人员都是外交官。有些联合国官员表现得好像自己就是外交官一样。但是外交官是那些为自己国家的政府服务的人，他们在主权国家的大使馆或者领事馆工作。联合国机构的工作人员和专门机构的工作人员都是国际公务员。这些国际公务员需要签署文件，立誓为国际社会服务，不为联合国个别成员国服务，尤其不偏私自己的国家。

联合国秘书长

我在联合国工作的那些年里，有幸见到了历任秘书长，唯独错过了第六任秘书长布特罗斯·布特罗斯－加利。

1951年10月我加入儿基会时，来自挪威的特里格夫·赖伊任联合国秘书长。我持的第一个通行证上就有他的签名。不过我还真见过他。多年之后他回到挪威。1965年诺贝尔和平奖颁奖典礼在奥斯陆举办，他坐在嘉宾区，我走过去握了握手。

第二任秘书长是瑞典人达格·哈马舍尔德，在刚果的飞机失事中殉难。1955年我在斯坦福大学完成雅阁比奖学金项目的学习后回到儿基会，我们同乘一部电梯。我向他打了招呼，他对我笑了笑。

哈马舍尔德是我们的英雄，是位典型的、独立的国际公务员。他顶住苏联施加的压力，订立所有联合国工作人员必须遵守的规范。在为人处世上，他如外交官一样八面玲珑，这一点从他与一位儿基会同事的对话中就可以看出来。

格蕾丝·赫尔墨斯负责处理儿基会的非政府组织事务。哈马舍尔德当上秘书长后没多久,格蕾丝受邀去瑞典参会。她提出申请,预约到三十八楼见见新上任的顶头上司。格蕾丝对自己在斯德哥尔摩的工作做了说明,又说:"秘书长先生,我知道您工作紧张,我耽误了您宝贵的时间。不过,我要前往您的故乡,可能被问到是否认识您。所以我来见见您。"哈马舍尔德回答道:"刚好相反,您能来见我,我感到非常荣幸。实际上,下半年我得回家乡一趟,我想,大家会问我是否见过您呢。"

我最喜欢的秘书长

第三任秘书长是来自缅甸的吴丹。他是位和蔼可亲的教育家兼外交家,是我最喜欢的一位秘书长。他上任没多久,我就和一个电视节目制作组一同从波士顿出发,到仰光工作。制片人希望为新上任的秘书长拍摄一个短片。于是我们来到了吴丹的家,访问其家庭成员,包括他的母亲。

1962年调到纽约总部后,我将吴丹母亲抽方头雪茄的照片交给了他。吴丹在三十八楼工作的那些年里,我跟他之间的共事机会多得数不清——帮他准备有关儿基会和儿童事务的讲稿,帮他录制新闻消息,安排亲善大使前去会面。实际上,他常常看到我,就直接称呼我"杰克"了。

吴丹第一个提出贫富差距不断扩大这个问题,他坚持联合国的很多工作是为了筑造和平世界。他温和的态度总能体现佛教的慈悲,但很多西方人认为他在应对国际上严酷的现实问题时太过温和了。

实际上,吴丹采取了很多大胆的策略——中华人民共和国还没取得联合国席位时,他就来到北京,希望当局释放在朝鲜战争中俘虏的美国飞行员,他还反对越南战争,立场相当坚定。其实从修正主义角度来看他在联合国的领导,他的威望是相当高的。

库尔特·瓦尔德海姆授予我和平奖章

第四任秘书长是奥地利人库尔特·瓦尔德海姆。跟其他几位秘书长相比,我与瓦尔德海姆打交道的机会可能比较多。基本上,他与安静平和的前任性格相反。他身材颀长,衣着正式,非常活跃,十分高调。

我常与他的办公室打交道,尤其涉及亲善大使时,还有我们利用联合国场地开展儿基会筹款活动时,都要与他商议。1979 年,"Gift of Songs(歌声献礼)"音乐会开启了"国际儿童年"。瓦尔德海姆亲自浏览了工作计划,同意我们用联合国大会厅作为活动场地,附加条件就是"保持大会厅的庄严"。他苛求细节,这一点人尽皆知。他的助手告诉我,就连官方晚宴上的面包,他都要检查一下。我们将音乐会录成了特别节目,在电视上播放,他很满意。节目中还有他的简短发言。瓦尔德海姆是第一个在黄金时间面对全球观众的联合国秘书长!最后答谢表演嘉宾时,他授予这十位艺人嘉宾联合国和平奖章。为了嘉奖我的勤奋工作,他的办公室将第十一枚奖章授予了我。

瓦尔德海姆离开联合国后,他被推选为奥地利总统候选人。可惜他的纳粹背景曝光,包括美国在内的很多国家将其拒于门外。作为联合国秘书长,他在当时的局势下已经为国际社会竭尽所能了。我一直收藏着有其签名的和平奖章,留作"Gift of Songs(歌声献礼)"音乐会的纪念。

接替瓦尔德海姆的是秘鲁人哈维尔·佩雷斯·德奎利亚尔。我带社会名流对他进行礼节性拜访时,在他办公室见过几面。他特别喜爱女演员丽芙·乌尔曼。丽芙从 1980 年开始就为儿基会当亲善大使了。

我从没见过来自埃及的布特罗斯·布特罗斯-加利本人。他来自基督教科普特教派的贵族家庭。据说他有点冷漠。我从联合国退休之后,他被任命为秘书长。我只在电视上见过他。

我们自己人

第六任联合国秘书长是科菲·安南。他是从国际公务员起步的，和我们一样。刚进入联合国时，他还是实习生，后来一级一级升上去了。1998年我参加了一个专为彼得·乌斯季诺夫爵士举办的特别晚宴。这次晚宴是由安南和儿基会执行主任卡罗尔·贝拉米主办的，为了纪念彼得担任儿基会亲善大使三十周年。

在安南的任期里，更多的职业公务员升到了助理秘书长级别。凭借从容庄重的风度，安南的表现得到了很高的评价。不过安南的儿子卷进了伊拉克的石油换食品丑闻，影响了他的声誉。我未与现任秘书长潘基文见面。其实，秘书长有多大职权取决于五个常任理事国是否投票否决其提议，世界政坛的现实就是这样。

在联合国的职级

我作为国际公务员，度过了相当漫长的职业生涯。1951年儿基会从香港把我招募进来，当时只是一般秘书及行政服务事务人员。在一年之内，我就晋升到了一般事务类别中最高的一级。1955年留学归来，我拿下了斯坦福大学的硕士学位，晋升到专业类别中的最低级别。

在这35年中，我得到了八次晋升，其中有五次是破格晋升。也就是，还没工作到这一级别的最低年限就升到了上一级别。1978年马尼拉董事会议结束后，我们正要离开会场，执行主任拉博伊斯将我拉到一边，对我说已经把我升到职位级别中的最高司级了。1982年我调到世卫组织时，对方承认我的长期付出，在最高职位级别，也就是司长之上又加了几步，作为嘉奖。

直到20世纪90年代末，司长级别以上的官员任命，也就是助理秘书长和副秘书长的任命，基本上都由各国政府提名，通常任命结果都出于政治考虑。秘书长位置基本上都通过竞选产生，由安理会和联合国大会决定。

不过近些年,科菲·安南开始提拔一大批职业官员,让他们晋升到助理秘书长级别,只是这样的任命还要考虑政府因素、地域因素,以及性别上的平衡。很荣幸,我招进来的工作人员中,有三位升到了助理秘书长级别,其中有两位是女性。三人中有两位日本人:渡边英美当上了联合国开发计划署的助理署长,和气邦夫当上了联合国人口基金的副执行主任。第三位就是来自巴基斯坦的莫赫尔·汗。70年代初,我亲自把她招进了公共信息司的写作团队。加入我们之后,她很快便崭露头角。她这些年里青云直上,全在我意料之中。退休之前,她当了三年联合国人权高级副专员。

儿基会是非政治性组织

让儿基会引以为傲的是,它并非政治性组织,而且其人事制度也反映了这一立场。我被儿基会从香港招进来时,只是个没有护照的中国公民。中国重新在联合国获得席位后,很多人猜测新中国政府会如何看待这些中国籍工作人员。在那个时候,拉博伊斯决定任命我为公共信息司的司长。他并没犹豫,也不顾忌中方代表团如何看待这个任命。

后来大家才发现,中国使团对所有的中国籍工作人员表示热情的欢迎。联合国的工作人员都是国际公务员。所有工作人员签署的聘书都是联合国与个人签署的合约。

总体上看,对于国际公务员来说,儿基会是个不错的机构。成员国试图干涉儿基会人事变动的事例倒也有。我自己就亲身经历过两次,驻联合国外交官公然对我施压。

一件是关于广播、电视、电影制作部门新职位任免的事。伊朗使团驻联合国代表走进我的办公室,手里拿着一个在联合国图书馆工作的伊朗人的档案,他认为这个人适合我部门的新职位。我跟这位来客说,很多候选人都申请了这个职位,而他推荐的人选并非最佳,从资历来看,也不是最合适的一个。"不好意思，您推选的人并不合适。"他非常不爽，跟我说："你要是不选我们的候选人，我恐怕要向德黑兰汇报情况了。""您想汇报就汇报吧。"我答道。这件事便没有下文了。

第二件事与一个在图片部门工作的秘鲁人有关。她来见我时，手里拿着墨西哥驻联合国大使写给我的信。那位大使是她的朋友，在信中请我考虑让这个秘鲁人晋升。她竟然明目张胆地耍政治手段，我很气愤，便告诉她："你这位墨西哥朋友给我写信讲你的事，这完全没有道理。"我把信撕了，对她说："我不把这封信留底就是帮你朋友大忙了。这样的干涉让我无法接受。我想，墨西哥外交部也不想知道他们派到联合国的人给秘鲁工作人员帮这种忙。"这次也是，全无下文。

不过，我还真了解到，至少有那么一件事是跟政治有关的。一个从亚洲国家来的皇室成员因为发行小册子的事，对一个儿基会代表感到不满，便直接找到执行主任表示抗议。没几周，那位代表就被调到邻国工作去了。我相信还会有后果更为严重的政治干预，只是没被揭露罢了。

很多这样的政治干预并不因政治而起。大多是借着政治发挥的个人好恶问题。

自愿放弃探亲假

作为儿基会的专业人员，我每年可以休假六周，每两年可以休一次探亲假。按照人事章程，年假可以累积，最高为三个月。大部分工作人员都攒年假，用于回国探亲。最多可以累积三个月的假期，超过三个月的部分视为自动放弃。

不过，我在联合国工作的三十多年里从没休过多于两周的年假，所以说白白浪费的假期累积起来将近两年之多！而且，虽说我是从香港招进来的，我可以隔一年便带家里人去香港度一次假，不过我从没这样做过。原因在于，我的父母和曜华的父母都移民到美国加利福尼亚州了，我用儿基会的旅费探亲就行了。我们定期去旧金山探望父母，不过因为我在美国纽约工作，加利福尼亚与我的工作地点在同一个国家，我们就得自费出行了。

联合国工作人员分类

联合国的职务分为三种：普通事务人员、专职官员和管理人员。这三种职务之上是助理秘书长和副秘书长。级别最高的职务就是秘书长。这是由联合国大会选出来的。普通事务人员是从当地招募的，分为七个等级，不过因地区不同，具体情况会有差别。在曼谷，普通事务人员分为八个等级，而且我是从香港招进来的。专职人员中分为五个等级：刚升上来的助理属一级专员（P1），新上任的副职为二级专员（P2）；二级官员属三级专员；一级官员属四级专员；高级官员为五级专员。在管理层中，主管属于一级管理人员，司长属于二级管理人员。

除此之外，儿基会为了绕过联合国国籍名额人员系统限度以便动员每个国家的专业人力资源在他们自己的国家工作，建立了一个单独国家专业工作人员系统，吸收本地熟悉国情的专业人才，依照各国状况为当地官员分配工资。联合国很多机构效仿这一做法。

联合国官员出差要用到联合国通行证。在1946年的联合国大会上通过了《联合国特权和豁免公约》，联合国颁发的通行证正是基于这个公约。联合国的出境文书有三种：短期顾问证书，一级管理人员及以下级别都用蓝色通行证，司长、助理秘书长、副秘书长和秘书长都用红色通行证。

持红色通行证的人可以享受与外交使节同等的特权。我持红色通行证的十年里从未用过特权。我真心认为国际公务员不该享有任何特权，特权只属于效忠祖国的外交官。

如今，联合国的专职人员工作岗位已经开放，大家可根据专业资格进行申请，不过联合国会根据各国贡献考虑地域因素。普通事务职位不受地域限制。包括中国在内的很多国家原先都不许联合国直接聘任自己的公民,要由政府推荐候选人。如今这种做法已经发生改变,中国的申请人可以直接申请各个联合国机构的工作岗位。要想申请联合国的工作,就必须有良好的英语水平,除此之外,至少要掌握一门联合国工作语言(法语、西班牙语、汉语、俄语、阿拉伯语)。

由于专职官员不在国内任职,他们会得到一些外籍人员优待,比如住房补贴,子女的教育经费,还有探亲假。探亲假比较长,每隔一年,专职官员便可回国重拾乡音。总体来说,联合国的工资水平比较高,尽管比不上富国的外交官,但是比各国公务员挣得要多。

后 记

我在最后一章中讲到全球合作共抗碘缺乏病作为本书的结尾。再次感叹自己的一生有多么幸运。虽然当记者的经历比较短促，不过我曾当过一阵子联合国特派通讯员，还曾奔赴朝鲜战场。作为国际公务员，我一帆风顺，数次破格晋升，四十多岁便升到了专职工作人员中的最高级别。没有想到，我的学术生涯也硕果累累，尤其是在杜兰大学，工作成果可以说是出人意料的丰硕。

这一切似乎难以置信。我生在一个好家庭，有一些先天的优势，有机会从周围人身上学到很多智慧。但对我来说最重要的是，我有机会参与到提高欠发达地区人民生活水平的事业中去。

我曾参加1965年举行的诺贝尔和平奖颁奖典礼，曾发起并组织2003年在北京人民大会堂召开的国际消除碘缺乏病部长级会议，曾在20世纪70年代首创并筹备筹款慈善音乐会。后来我被杜兰大学国际卫生和发展学院任命为名誉教授，该校甚至设立了以我命名的奖项。这些经历让我难忘，又让我激动。不过最让我骄傲、最有意义的经历则是：发起"发展传播学"，目的是提高发展中国家人民的生活水平。这是在我所有项目中最有意义的工作．

如今，我已年过八旬了，依然站得很直，还能走路，虽然没有年轻时那样的足下生风，但却多了几分从容。我牙口也好，还能享受美食。

我的职业生涯中所获奖项。

现在，我和终身伴侣曜华欢度晚年，吉纳维芙和劳伦斯这一双孝顺的儿女常伴身边，克里斯蒂安和菲利浦这两个可爱的小外孙也承欢膝下。这两个小家伙是女儿吉纳维芙和女婿谭敬德的孩子。

我借助网络与很多同窗老友恢复了联系。我终于又做起了报道工作，这可是我的老本行啊。不过这一次，我写的报道是围绕我自己的一辈子。如今，我只为国际控制碘缺乏病理事会做一点工作，负责管理其颁奖委员会。

确确实实，我游遍了世界。没有人，绝对没有人能比来自上海的凌节生还要幸运、更有福分。

致　谢

　　我的一生充满了各种幸运，这本书的诞生亦复如是。

　　我要感谢的朋友和同事可以列一个长长的名单，但我无法在此一一列举。

　　我最想感谢的人是刘雁女士，她是一位资深出版人士，富于想象力。几年前她第一次跟我联系时，是想约我写一本关于中国与联合国的关系的书，但我认为那超出了我的所能。幸运的是，我们的交流继续了下去，并且转向了我的个人经历。她鼓励我、指导我完成了这本书的写作，没有她就不会有这本书。

　　同样重要的还有张蕾女士，她是位精通中英双语的一流作家，也是联合国儿童基金会在中国对抗艾滋病的战略性人物。多年来，她和她的同事许文青大夫一直催促我，希望我将在联合国的经历记录下来，可以对有志于国际工作的中国年轻人有所帮助。张女士的不懈努力同样使得这本书的诞生成为可能。

　　我还要感谢商务印书馆的团队：刘嘉程编辑审读了书稿全文和全部图片，马浩岚女士协助完成了书稿第一阶段的工作，并为我找来翻译李昆之女士，她将我的英语原稿翻译成了现代汉语，还有大众文化编辑室的蔡长虹主任。他们的工作保证了这本书的最后出版。

　　人们总是说，做好一件事需要"众志成城"，对于这本书来说同样如此。

凌节生